科技部、教育部“高等学校学科创新引智计划”（111计划）“国外马克思主义经济学与中国特色社会主义政治经济学学科创新引智基地”资助项目

教育部人文社会科学重点研究基地——西北大学中国西部经济发展研究院资助项目

采用与历史传统相结合的马克思主义方法，对资本主义当代形式进行各种解读

资本主义政治经济学

调节与危机理论

【法】罗伯特·博耶（Robert Boyer）著

桂泽元 译

Économie politique des capitalisms

Théorie de la régulation et des crises

中国经济出版社
CHINA ECONOMIC PUBLISHING HOUSE

北 京

图书在版编目（CIP）数据

资本主义政治经济学：调节与危机理论/（法）罗伯特·博耶（Robert Boyer）著；桂泽元译．--北京：中国经济出版社，2021.9

ISBN 978-7-5136-5322-0

Ⅰ.①资… Ⅱ.①罗… ②桂… Ⅲ.①资本主义经济-研究-世界-现代 Ⅳ.①F112.7

中国版本图书馆 CIP 数据核字（2020）第 006982 号

感谢原出版方 Editions La Découverte 授权出版。

北京版权保护中心引进书版权合同登记号：图字 01-2020-6874

责任编辑　贺　静　郭国玺
责任印制　巢新强
封面设计　任燕飞工作室

出版发行　中国经济出版社
印 刷 者　北京富泰印刷有限责任公司
经 销 者　各地新华书店
开　　本　880mm×1230mm　1/32
印　　张　15.5
字　　数　297 千字
版　　次　2021 年 9 月第 1 版
印　　次　2021 年 9 月第 1 次
定　　价　98.00 元
广告经营许可证　京西工商广字第 8179 号

中国经济出版社 **网址** www.economyph.com **社址** 北京市东城区安定门外大街 58 号 **邮编** 100011

本版图书如存在印装质量问题，请与本社销售中心联系调换（联系电话：010-57512564）

中文版序 | PREFACE

以法国调节学派为借鉴
研究中国特色社会主义政治经济学

任保平

法国调节学派是欧美马克思主义经济思想流派之一，是马克思阶段理论发展的产物，其学说的目的在于解释资本主义危机的根源和走出危机的原因。20 世纪 90 年代以来，调节学派的理论进一步发展，被广泛运用到对转型经济、发展中经济和经济全球化、亚洲金融危机及拉美经济危机、国际合作和区域经济一体化等新问题的研究之中。调节学派继承了马克思经济学中的核心理论与范畴，同时又从马克思理论中那些高度抽象的概念中分离出若干中间概念，来解释经济主体的相互作用及其规律。因此，系统地梳理和评析法国调节学派的经济理论，研究马克思主义政治经济学创新发展的规律，对中国特色社会主义政治经济学的研究具有重要意义。

一、调节学派的方法论与核心概念

自20世纪70年代中期以来，法国的一些经济学家通过对马克思、凯恩斯和卡尔多经济理论的独特结合，并从以布罗代尔等人为代表的法国年鉴学派和波拉尼、熊彼特的理论中汲取灵感，发展了一种研究资本主义经济长期演化的独特方法，在制度与演化经济学的发展中，形成了法国的“调节”学派。调节学派自20世纪70年代最早在法国形成以来，在世界范围内引起了广泛关注，并在理论和经验研究方面取得了很大进展。

1. 调节学派的方法论

调节学派的方法论特点是在对资本主义经济发展的研究中，运用历史的、理论的、比较的方法来探索积累体制和调节模式二者关系所表现出的规律性的东西。调节学派积极运用多学科方法，主张充分利用历史学、政治学、经济学、社会学和法学等各学科的研究成果，认为没有纯粹的经济现象，各种经济行为都是在密集的社会关系和政治规定的网络的框架中进行的。

2. 调节学派的核心概念

调节学派在继承马克思经济学核心概念、基本范畴和基本规律的基础上，发展出了一些新的概念来解释当代资本主义经济。这些核心概念有：①工业或科技生产范式。调节学派用这个概念来说明社会劳动分工的程度，其含义是劳动过程中的技术和分工，主要用于进行微观层面的经济分析。②积累体制。调节学派认为一个稳定的积累体制需要外在于经济的政治社会机制来调节，需要一种调节模式。积累体制是指维持稳定经济生产与消费平衡类型的模式，这个概念主要用于宏观经济层面的分析，针对市场的稳定而建立，调节学派认为稳定的积累体制的形成机制是大规模生产需要大批量消费来配合。③调节模式。这是一个融合规范、制度、传统、组织形式、社会网络、行为类型等于一体的复合体概念，其功能是使得行为人遵守规则，形成体制再生产的模式，从而维持一个积累体制的稳定。这个概念主要处于介于微观和宏观中间的社会制度层面。④发展模式。工业范式、积累体制和调节模式相互调整，互为补充，从而能够维持一段相当长时期的资本主义稳定发展，这样的发展可称之为发展模式。

3. **调节学派的理论框架**

在调节学派的分析框架中，积累体制、调节模式和发展模式构成了其理论的概念基础。调节学派认为，社会经济结构中主要制度的组织一致性匹配能推动经济持续发展，而不匹配则产生了不稳定性、危机和宏观经济的衰退。在调节理论中，长期动态被看作是不连续的。当一种发展模式的潜力趋于耗尽时，从前各部分之间的连贯性就会消失，在新的连贯性出现之前，存在着不稳定和无序。在这种情况下，积累过程变得越来越与制度形式的稳定性不兼容，它无法完成在现有制度基础上的自我再生产，不平衡已达到这种情况：在给定的调节模式中，从前自我修正的机制变得无效了，发展模式陷于危机，经济增长缓慢，甚至出现停滞，从而产生了不得不进行制度变革的压力。

二、调节学派的理论渊源

（一）调节学派理论与马克思主义政治经济学的关系

调节学派坚持和继承马克思经济学，而不是马克思主义的政治经济学，也就是说，其学理基础是以《资本论》为基础的马克思经济学，而不是以《帝国主义论》为基础的马克思主义经济学。

1. 调节学派理论对马克思政治经济学核心概念和范畴的继承

（1）马克思关于生产力—生产关系以及社会再生产的论述。调节学派核心概念间相互作用的机理遵循了马克思关于生产力—生产关系以及社会再生产的论述。调节学派始终围绕马克思的生产方式概念进行分析，他们认为每一个稳定的积累体系都一定需要生产力与生产关系之间保持系统稳定性。在研究社会再生产理论时，马克思将生产关系的再生产问题放在非常重要的位置，认为生产关系的再生产是随着生产力的发展而不断完善的过程。在这一过程中，生产关系的再生产是对生产关系中不适应生产力发展的某些方面和环节进行改革，从而以新的内容和形式来代替。这些思想认识在法国调节学派的理论中都得到了继承。

（2）调节学派继承了马克思经济学中的核心理论与范畴。虽然他们创造了一些概念和范畴，但是基本的概念和理论基础仍然是马克思的，如资本积累、利润率下降等。

（3）调节学派坚持和继承了马克思的利润率下降趋势理论。调节学派认为马克思关于利润率下降趋势的规律是分析资本主义经济运行机制时最重要的理论工具；在坚持这一理论的同时，结合资本主义发展的历史和现实，从各种制度结构及其功能角度就资本积累的过程、动力、障碍因素及绩效进行了分析。

2. 调节学派理论对马克思政治经济学的发展

（1）调节学派认为马克思理论中的一些概念高度抽象，应该从中分离出若干中间概念，来解释经济主体的相互作用及其规律。在生产方式概念的基础上，调节学派提出了积累体制、调节模式、工资关系等概念。

（2）在马克思剩余价值理论基础上，调节学派提出了内涵型积累和外延型积累等概念。

（3）调节学派对马克思的再生产概念进行了解构。在马克思那里，再生产一方面是物质资料再生产，另一方面也是生产关系再生产。调节学派则不再强调这是同一过程的二重性，而是把“调节模式”和“积累体制”这两个概念分离成两个单独的概念来解释。对于物质资料再生产的环节，调节学派以工业生产范式这一概念进行分析；而对于生产关系再生产的环节，则以制度形式为分析对象。

（二）调节学派理论与新古典理论、凯恩斯理论的关系

1. 调节学派理论与新古典理论的关系

调节学派理论与新古典经济学理论是对立的。新古典学派以经济行为的不变性为前提，不考虑任何时间和地点，提供的是一种非历史的经济规律，从而把历史排除在外，因而它不能解释资本主义经济的历史演变过程。

2. 调节学派理论与凯恩斯主义经济学的关系

调节学派认为凯恩斯主义经济理论研究的是开放程度较低的经济，而我们现在面临的却是全球化经济。调节学派试图发展马克思的制度理论，把制度与凯恩斯的宏观经济结合起来，开创一种不同于以往的历史的和制度的经济理论。调节学派理论以现实前提为基础，它认为，适用于任何时间和任何地点的理论是不存在的，相反，必须把概念工具和现实条件结合起来，因此必须不断创立新的调节方式和经济制度。

三、调节学派的其他经济理论

1. 调节学派的制度经济学理论

21 世纪初，法国调节学派完成了第一代和第二代的新老

交替，对制度经济理论进行了研究，做出了巨大的贡献。他们认为“各个社会主体都有各自的利益，他们在追求自己利益的过程中会产生社会冲突，而制度就是为了调节社会冲突而产生的，是社会主体在社会冲突中相互妥协的产物，其中，制度形成时的历史条件和政治交换对于形成什么样的制度起着关键性的作用。同时，制度、意识形态和政治媒介的相互作用形成了社会冲突调节的一般机制”①。第二代学者继承了调节学派初建时期的方法论，继续强调了调节理论的独特性，并在制度理论重建方面做出了巨大贡献。自 19 世纪以来，如何把经济的历史特点和经济理论结合起来是持久争论的主题。调节学派认为，新古典经济学不考虑任何时间和地点，提供的是一种非历史的经济规律，因而它不能解释资本主义经济的历史性演化过程；而马克思有关资本主义发展的长期动力学说虽然强调了社会关系和积累过程的历史特定性，但他使用的概念过于抽象。因此，阿加利塔和博耶这些调节学派的开创者们认为，为了发展一种对资本主义多样化经济形态的演化进行解释的理论框架，“调节”方法应该从更抽象的概念（如生产方式）中找出中间概念和模式，如积累体制和制度形式等，用来解释经济行为者在相互作用时表现出来的规则性，最后再与观察到的事实进行相当细致的比较。调节学

① 吕守军. 法国调节学派的制度理论［J］. 上海交通大学学报（哲学社会科学版），2009（12）.

派试图通过发展马克思的制度理论，把制度与凯恩斯的宏观经济学结合起来，开创一种不同于以往的历史的和制度的经济理论。在调节学派制度经济理论的分析框架中，积累体制、调节模式和制度形式构成了调节理论的概念基础，当积累体制、调节模式和制度形式相互补充，一度足以确保资本主义扩张的长波所需的条件时，由此产生的复合体常常被综合性地认定为发展模式，调节学派运用上述框架对美欧资本主义从福特制向后福特制的转变进行了分析。调节学派第二代的制度形成理论，在继承第一代学者理论的基础上，形成了不同于新制度经济学、比较制度分析理论、美国激进学派和法国公约经济学的具有自己特色的理论。

2. 调节学派的经济危机理论

调节学派不认同新古典经济学的外来冲击造成危机的观点，认为经济危机可以从不同层次来解释，他们从对资本主义特定历史条件下资本积累过程与经济发展过程的统一入手，将经济危机划分为五类，然后进行解释。第一类是外部扰动造成的危机。这类危机是因为某一既定实体的持续经济再生产受到阻碍，或者是与自然灾害相关的短缺造成的，或者是由源于外部事件或战争而导致的经济垮台造成的。这种危机既不是因为调节模式的正常运行出现问题，也不是因为积累体制的衰竭而造成的。第二类是周期性危机。这种危机是在一个既定国家某个时期的主导调节模式内发生的，它只能部分且缓慢地影响主导制度形式，而且它是一个稳定发展模式中调节机制的必要组成部分。第三类是调节体系的危机。与主导调节模式相联系的机制被最终证明不能克服不利的短期趋势，因此在这样的时期出现的危机就被定义为调节体系的危机。当局部不均衡逐渐聚集并不再能被现行社会经济程序处理的时候，调节体系的危机便出现了。第四类是发展模式的危机。这类危机是由达到最本质制度形式的极限以及这些制度形式之间矛盾的产生来定义的。这类危机是由于最本质的经济模式出了问题而导致的危机，比如生产组织、资本增殖过程、价值分配以及社会需求的组成都或多或少存在问题而导致的危机。这类危机是由于经济再生产动态过程受阻的问题而形成的，因而是比较严重的危机。第五类是主导生产模式的终极危机。当一种经济结构达到一种制度形式安排的极限，对现行社会关系集合的最基本层面提出挑战时，这类危机便发生了。这类危机与马克思主义理论中的危机相似。

3. 调节学派的比较资本主义研究

调节学派作为比较资本主义研究中一个重要的理论派别，将分析重点从对资本主义发展阶段转换的研究转向对资本主义多样性的研究，并运用制度层级、制度互补、协调机制等概念，对不同国家资本主义的制度结构和发展模式进行了比较分析。“从马克思主义理论那里，调节理论保留了对资本主义长期演化的兴趣，但是调节理论不接受马克思的继承者们坚持的宏大的资本主义理论。”① 把资本主义特定发展阶段的稳定存在条件及其发展阶段的转变作为研究的核心问题，把资本主义的历史视为连续的阶段，为了对资本主义的结构形式和发展阶段进行理论上的深入分析，调节学派通过一系列中等层次的模型建立起了理论和历史之间的联系，提出了一系列能够把马克思主义政治经济学应用于实际历史的中间概念，并用于研究资本主义的制度和实践。调节学派的资本主义多样性研究，是在批判已有的资本主义多样性理论，把资本主义多样性分析纳入调节学派的概念工具和理论框架中向前推进的。

四、调节学派的政策主张

法国调节学派从其基本理论出发，主张对资本主义的“国家与市场的关系、政府和企业的关系、雇主与雇员的关系、国际经济关系”② 四大经济关系进行调节。

1. 调节国家与市场的关系

虽然“调节学派在国家与市场关系的问题上持后凯恩斯主义观点”，但是他们强调了国家在积累体制中代表社会集

① 张旭．调节学派的比较资本主义研究及其启示［J］．山东社会科学，2016（2）．

② 李其庆．法国调节学派评析［J］．经济社会体制比较，2004（2）．

体价值并对个人的意志和利益进行调节的观点，认为现代社会的复杂性、社会和技术发展范式的内在要求，以及各国经济发展依赖性的加强更加突出了国家干预的作用。他主张在加强国家干预的同时，通过制度建设规范政府行为，以最大限度地减少寻租活动，充分发挥中介组织和机构的作用，使国家与市场相得益彰。

2. 调节政府和企业的关系

调节学派认为当代资本主义国家调节方式的转变始自20世纪80年代，其背景是主要发达国家经济进入滞胀时期，凯恩斯主义破产，国家垄断资本主义陷入危机。国家调节方式转变的目标和任务是改变战后经济增长方式，使之适应新技术发展和国际竞争日益加剧的需要。其特点是：在生产和技术方面，强调对资本的集约投资，重视劳动生产率的提高；在企业治理方面，强调内部监督机制；在企业效益评估标准方面，注重企业规模的扩大；在劳资关系方面，采用集体谈判方式决定国民工资标准；在市场竞争方面，强调产品价格由生产成本加边际成本决定。

3. 调节雇主和雇员的关系

调节学派认为雇主与雇员关系的调节对积累体制的稳定具有关键性作用。雇主与雇员关系的调节包括雇佣关系的调节，劳动力使用和管理的调节，工资的调节，国民收入再分配的调节，就业培训、再就业培训、终身教育、分担失业风险的调节。他们认为，为了确保由利润转化而来的投资增长与工人购买力增长相配合，需要实施凯恩斯主义的国家干预政策，保证资本主义企业的雇主与雇员之间建立起较长时期和稳定的合约关系。

4. **调节国际经济关系**

调节学派认为国际经济关系的调节包括：保护正常情况下的市场资金的流动，保护消费者；确保银行支付能力，监督支付能力比率和内部控制；处理金融危机，解决银行破产问题，抑制系统性风险扩散。

五、调节学派理论对中国特色社会主义政治经济学研究的借鉴与启示

法国调节学派理论被引入中国后，受到了马克思主义经济学研究领域学者的广泛关注。早期贾根良对学派的起源、研究纲领的形成、分析框架等进行了介绍。李其庆对调节学派的基本理论观点和政策主张进行了全面的梳理和评析。吕守军发表了一系列的文章对法国调节学派的理论体系、危机理论、制度理论、最新进展进行了研究。杨虎涛就马克思经济学对法国调节学派的影响进行了研究。唐正东对调节学派的方法论、货币哲学进行了研究。夏明对调节学派的经济增长理论进行了研究。张旭对调节学派的比较资本主义理论进行了研究。吴易风教授的《当代西方经济学流派与思潮》一

书中，在第9章中全面介绍了调节学派。陈叶盛的著作《调节学派理论研究》（中国人民大学出版社，2012年版），归纳了从20世纪70年代调节学派理论诞生开始，直到当今调节学派理论的发展历程，并对其主要分析框架进行了概括，形成了完整的调节经济思想史概述。吕守军的《法国调节学派理论与马克思主义经济学创新》（上海人民出版社，2015年版）从经济思想史的视角出发，对法国调节学派第一代、第二代学者的理论进行了综合考察，以期全面把握法国调节学派理论发展的来龙去脉，为中国马克思主义经济学创新提供了理论借鉴。近年来，法国调节学派的理论日益受到国内经济学界的重视。

中国经济发展进入新常态的新阶段，2015年11月23日，习近平总书记在十八届中央政治局第二十八次集体学习时的讲话中指出，要立足我国国情和我国发展实践，揭示新特点新规律，提炼和总结我国经济发展实践的规律性成果，把实践经验上升为系统化的经济学说，不断开拓当代中国马克思主义政治经济学新境界。在目前我们研究中国特色社会主义政治经济学、开拓马克思主义政治经济学新境界的过程中，可以从法国调节学派中吸收思想借鉴。

1. 借鉴调节学派的基本理论，研究中国经济发展的新问题

法国调节学派是在马克思主义政治经济学的框架内发展

而来的，他们依据资本主义的新变化，研究了资本主义经济发展的新问题，建立了自己的基本理论。19 世纪中叶，马克思和恩格斯以机器大工业时期的欧洲为蓝本，以资本主义生产方式为研究对象，创立了马克思主义政治经济学。此后，列宁也以资本主义生产方式为研究对象，分析了当时帝国主义阶段的经济特征。马克思、恩格斯和列宁时期的经典马克思主义政治经济学的研究对象是资本主义生产方式，研究任务是揭示资本主义社会的基本矛盾，研究社会主义如何代替资本主义。伴随新中国经济建设和改革开放实践，我国社会主义生产方式不断发展完善。与经典政治经济学时期相比，我国经济发展进入了新阶段，也出现了许多新问题、新情况和新矛盾。借鉴调节学派的理论，开拓当代中国马克思主义政治经济学新境界，需要立足中国国情和经济发展实践，拓展政治经济学的研究对象和研究任务，在研究社会主义初级阶段生产方式的基础上，重点研究社会主义经济发展和经济运行，揭示中国特色社会主义经济发展和运行规律。对于中国特色社会主义政治经济学研究来说，非常重要的就是对我国经济结构转变的理解，必须在分清经济结构转变过程中出现的问题的不同层次和不同性质的基础上，提出相应的对策。调节学派理论可以为我们解决现实问题提供理论指导。

2. 借鉴调节学派的基本理论，概括和总结新材料、新事实

借鉴法国调节学派的理论，开拓马克思主义政治经济学新境界，要重视对新中国经济建设特别是改革开放以来新材料、新事实的研究，进而概括总结为系统化的经济学说。2013 年 6 月 25 日，中共中央政治局就中国特色社会主义理论和实践进行第七次集体学习时，习近平总书记强调，在对历史的深入思考中做好现实工作、更好走向未来，不断交出坚持和发展中国特色社会主义的合格答卷。政治经济学是人们在占有充分的历史和现实材料基础上，运用科学的抽象方法，透过经济现象而探讨其内在联系的科学。它以一定社会生产方式作为自己的研究对象，研究其发生和发展变化的客观规律。借鉴法国调节学派的理论，我们要研究改革开放以来经济建设的新材料。

改革开放以来，我国经济发展取得了举世瞩目的成就，在理论探索上取得了重大成果，形成了许多新材料。例如，在社会主义市场经济发展、初级阶段基本经济制度完善、国有企业改革、对外开放、农村经济改革发展等方面都形成了许多新材料，需要运用马克思主义政治经济学的科学方法，概括和总结其中的规律性，进而上升为中国特色社会主义经济理论。借鉴法国调节学派的理论，我们要研究现阶段经济发展中的新材料。我国经济发展进入新常态，出现了许多新问题、新情况，也出现了许多新的事实材料，如经济发展从高速向中高速的转换、“四个全面”战略布局的展开、新发展理念的提出、“五化”同步协调发展、政府与市场关系的处理、跨越“中等收入陷阱”的实践等。中国政治经济学的创新发展需要系统概括和总结这些新的事实材料，探索新常态下经济发展和经济运行的新规律，并把它们上升为当代中国马克思主义政治经济学理论。

3. **借鉴调节学派的理论，提炼升华新理论、新话语**

理论是对现实生活的反映、对实践经验的升华，理论必然要随着实践的发展而发展。从来就不存在可以脱离特定历史背景和现实生活的普适的经济学。借鉴调节学派的理论，开拓马克思主义政治经济学新境界，要在坚持马克思主义政治经济学基本原理的基础上，依据马克思主义政治经济学与时俱进的特征，依据不断发展变化的经济实践，推动当代中国马克思主义政治经济学创新发展。借鉴调节学派的理论，形成新的理论体系和话语体系。在广泛学习借鉴的基础上，要依据新问题、新情况、新矛盾和新事实，不断提炼形成新的当代中国马克思主义政治经济学理论，包括经济发展新常态的理论，新发展理念的理论，使市场在资源配置中起决定性作用和更好发挥政府作用的理论，推动新型工业化、信息化、城镇化、农业现代化、绿色化协调发展的理论，发展更高层次开放型经济的理论，实现全体人民共同富裕的理论等。

当前，适应和引领经济发展新常态，尤须坚持以中国问题为导向，构建中国版的马克思主义政治经济学理论体系和话语体系。马克思主义政治经济学的科学性集中体现在其立场、方法论和世界观上，而不是一些具体论断上。借鉴调节学派的理论，开拓马克思主义政治经济学新境界，必须克服教条主义，适应时代变化，关注当代中国重大理论和现实问题，加强对中国模式和中国经验的研究，从中国经济改革、发展和运行的事实中概括出具有普遍意义的规律和论断；概括提炼与中国历史、文化、传统、制度和实践相适应，具有中国特色，体现时代特点和世界发展趋势的马克思主义政治经济学概念、范畴、论断和基本规律，形成既体现马克思主义政治经济学立场、观点、方法，又不同于西方经济学，并能同世界对话的政治经济学理论体系和话语体系。

六、《资本主义政治经济学：调节与危机理论》译介

2013 年，法国调节学派的创始人之一罗伯特·博耶教授来西北大学经济管理学院讲学，做了三场报告，在此次学术交流中，我们发现了法国调节学派的理论价值。次年法国调节学派的会议在巴黎召开，国内许多政治经济学研究者和马克思主义研究者参加了大会，我和康蓉老师也投了稿，文章入选了大会，但是我由于其他事务的耽误未能成行，康蓉老师代替我参加了会议，并作了大会发言。从此，我们就和法

国调节学派建立了联系。罗伯特·博耶教授退休以后，他介绍法国里尔一大的弗洛朗丝·雅尼－卡特里斯（Florence Jany－Catrice）教授和我们联系。2016 年，我们通过国家外专局聘任弗洛朗丝·雅尼－卡特里斯教授为我院的专家，在我院做了三次讲座，在讲座期间聘任她为我院的兼职教授，我与她就调节学派和中国特色社会主义政治经济学的相关问题进行了对话，其间她送了自己的三本著作给我，我读了以后深受启发，萌生了翻译的想法，于是委托康蓉老师联系翻译事宜，经过紧张的工作，完成了弗洛朗丝·雅尼－卡特里斯教授的《财富新指标》《总体绩效：资本主义新精神》《经济增长值得期待吗》三本著作的翻译工作，这三本书于 2018 年翻译出版以后，在国内产生了比较大的影响，许多马克思主义政治经济学领域的学者鼓励我们继续进行翻译和介绍。与此同时，弗洛朗丝·雅尼－卡特里斯教授又给我们介绍了几本专著，我们发现内容非常好，在原来三本的基础上，把“法国调节学派译丛”扩大到了多本。2019 年在我牵头下，西北大学经济管理学院与教育部人文社会科学重点研究基地成功获批了“国外马克思主义经济学与中国特色社会主义政治经济学”111 引智基地，这个基地就是以调节学派的学术译丛和 2013 年以来与调节学派的学术联系为基础而申报的。

《资本主义政治经济学：调节与危机理论》是法国调节

学派的创始人之一罗伯特·博耶教授的著作，是我们西北大学经济管理学院翻译的调节学派学术译丛的第六本，也是“国外马克思主义经济学与中国特色社会主义政治经济学”111引智基地的重要成果。

本书围绕20世纪70年代起的三十年辉煌经济发展缘何戛然而止；如何解释金融创新首先加速了经济增长，后又导致了1929年以来最严重的经济危机；欧元本应使欧洲走向联合，却为何逐步导致欧盟的南北分裂；华盛顿共识的支持者又为何会错误地预判中国在20世纪90年代末会陷入重大危机等问题展开研究。针对这些问题，作者分析了新古典宏观经济学的失败，提出了资本主义概念的回归，分析了与历史传统相结合的马克思主义方法和调节学派的调节理论的七个问题。本书除前言外，主体部分共有十章内容。

第一章　资本主义经济的基础：制度形式。内容包括：回归政治经济学；隐匿于市场经济背后的制度；调节理论的核心问题；国家—经济的关系。本书从质疑资本主义经济的基础——制度形式开始，就制度形式的两种差异性衍生形式进行了论述，制度形式是调节模式的基础。第一种衍生形式是传统的沿袭，它从古典政治经济学出发，随着一般均衡理论的出现而达到巅峰。第二种衍生形式是对马克思主义再生产理论的重要发展。

第二章　从资本主义铁律到调节模式的承袭。内容包括：

对传统马克思主义的批判性解读；设计中间概念——制度形式；数百年间迥异的调节模式；当代调节模式。

第三章　积累制度与历史动力。内容包括：从再生产图示到积累体制；发展模式的特点；将福特制模型化以研究其可行性与危机；适用于多重体制的一般模型。

第四章　危机理论。内容包括：增长与危机的辩证关系；发展模式的内生衰竭；积累向调节范围外部溢出；不稳定的积累体制金融自由化。

第五章　行动逻辑、组织和制度。内容包括：一切理性都是制度性安排；市场——社会建构；制度形式是体制安排的集合；组织和制度——从同构性到等级化；制度形式塑造行为。

第六章　当代资本主义的新制度安排。内容包括：多样的生产模式、分化的资本主义；各行业和地方性的制度设施；社会创新体系（SSI）；培训关系——劳资关系与教育体系之间的相互作用；国家社会保障体系；不平等体制和发展模式；环境制度机构。

第七章　政治与经济：当今世界的政治经济学。内容包括：通过经济分析论证国家干预；政治学与经济学——从分离到交织；葛兰西与普兰查斯理论的回归；政治经济体制的形成；思想观念的作用——凯恩斯是否正确；重大危机中的政治；调节理论中经济政策的矛盾性。

第八章　资本主义形式的多样性与革新。内容包括：从体系趋同论到“资本主义反对资本主义”；资本主义的多样性；资本主义的历史仍在继续；中国发展模式；发展动力——轨迹的多样性；全球化丰富了资本主义多样性；透视当代资本主义。

第九章　调节层级：国家、区域、超国家和世界。内容包括：国家框架是福特主义存在的空间；制度等级翻转的两个阶段；各类调节模式应对全球化的重新配置；食利体制及其国际角色；全球化——一个过于全面的概念；在国家层次与全球层次之间——欧洲一体化；何种国际制度。

第十章　过渡到另一种调节模式。内容包括：制度转变因何如此困难；战争是新调节模式的锻造模具吗；制度架构的重建；从一系列边缘变化到另一个霸权集团的兴起；参与者在相互连通网络中的博弈；观念、利益和政治偶然催生了新的调节模式；当代世界的嵌套与复杂性。

全书总的结论认为，近几十年来的研究表明，各类制度的多样化和复杂化保证了当代资本主义之间能保持相对稳定。生产模式、社会创新体系以及国家社保体系就是很好的例子。从这个角度看，无数的组织和制度在几个基本市场间进行互动，其中居于首位的是信贷市场和金融市场。这些制度的建设首先表明了资本主义的恢复力。直至今日，资本主义已经能够承受重大危机，而现如今正是社会集体重新控制由其自身创造的市场逻辑内在不稳定性的机会。一种发展模式的成功与其标志衰竭的危机类型有关。危机不是以国内生产总值或失业率下降为评判标准的，而要看制度秩序是否已经没有能力找到可行的调节模式。

本书的各个章节表明，对制度结构的承袭并不能最大限度地提高经济效率。从根本上说，制度变迁有两个来源：一是保证某种增长体制红利分配的谈判妥协；二是不过多考虑经济效率而强制转变的霸权逻辑。

党的十九大做出中国特色社会主义进入了新时代的重大判断。新时代中国特色社会主义经济理论中提出了绿色发展、生态文明、由高速增长阶段转向高质量发展阶段等新的发展理念，本书对于我们理解党的十九大精神，研究新时代中国特色社会主义经济发展、推进中国特色社会主义政治经济学研究都具有重要意义。

《资本主义政治经济学：调节与危机理论》一书的翻译，感谢罗伯特·博耶教授和弗洛朗丝·雅尼－卡特里斯教授与我们的合作，他们在版权授权沟通方面做了积极的工作。感谢西北大学经济管理学院副院长康蓉副教授在我们与调节学派的联系、国家外专局项目的申报方面付出的辛勤努力，罗伯特·博耶教授和弗洛朗丝·雅尼－卡特里斯教授的几次来访接待、111 引智基地的申报等方面，她都做了大量工作。由于本书原稿是法文版，我们委托对外经贸大学法语系主任桂泽元老师进行了翻译，在此对译者表示衷心的感谢。同时感谢西北大学学科办、外事处对此项工作的支持。而且感谢中国经济出版社编辑的辛勤工作。

任保平

2021 年 1 月于西北大学

前　言

自 20 世纪 70 年代起的三十年辉煌经济发展缘何戛然而止？如何解释金融创新首先加速了经济增长，后又导致了 1929 年以来最严重的经济危机？欧元本应使欧洲走向联合，却为何逐步导致欧盟的南北分裂？华盛顿共识的支持者又为何会错误地预判中国在 20 世纪 90 年代末会陷入重大危机？

一、新古典宏观经济学的失败

大多数当代经济理论只关注市场经济所面临的问题，如同米尔顿·弗里德曼所代表的芝加哥经济学派那样夸大道德的不可替代性，抑或如约瑟夫·斯蒂格利茨和保罗·克鲁格曼所代表的新凯恩斯主义那样提出市场能够实现自动纠错的相关理论。这些研究框架都基于同一个前提：市场是形式上平等的主体之间进行经济协调的规范形式。诚然，传统的凯恩斯主义认为国家可能会纠正市场的缺陷，但是在理想条件下，完全竞争市场是白璧无瑕的，国家干预只是权宜之计。

二、资本主义概念的回归

为了重新提出马克思创造的概念和术语，我们在参考资本主义的概念时，需要将资本主义生产模式与从事小规模商品生产的经济模式进行切割。商业主体间的激烈竞争并不足以概括资本主义的特点。事实上，资本主义的基本实体是企业，它们催生了一种十分另类的社会关系：生产关系。依照此种关系，企业员工听从企业家/管理层的命令，而后者负责管理，并向员工支付工资。这种社会关系并不能被简单地概括为纯粹的商品关系，因为生产关系呈现出了下级隶属于上级的等级制，这显然是与人们所了解的市场水平运行模式相悖的。

这一特质被新微观经济理论所认可，新微观经济理论突出强调劳动合同中的信息不对称、逆向选择以及道德风险问题，但其对劳动这一领域的分析并未考虑宏观经济在中长期内的发展特点。资本主义概念的价值就在于它突出强调了竞争关系与薪酬制生产关系是如何通过相互作用来推翻纯商品经济观点的。实际上，小规模商业生产的目的是满足对商品的需求，以及满足以货币为媒介的商品流通的需求。在资本主义的概念中，资本积累法则占据了绝对主导地位，而商品生产同“价值转化”一样，只不过是资本循环的过渡阶段（马克思，1890）。

三、与年鉴学派历史传统相结合的马克思主义学派

调节理论延续了这种理论的历史传统，但其旨在修正及延伸《资本论》的分析，既要依据经济学家所用的现代分析方法，也要从 19 世纪末资本主义的转变中吸取教训。

调节理论的第二个思想源泉正是资本主义漫长的历史。一方面，资本主义的历史展示了商人、生产者、银行家、金融家甚至国家之间关系的重要变化。难以想象会有一种理论能够将这些变化抽象化。另一方面，20 世纪资本主义的历史给我们带来了许多教训与疑惑。如何解释 1929 年经济危机的非典型性？相反，我们是否能够理解第二次世界大战后经济的显著增长？为什么这种增长过程会在 19 世纪 60 年代末陷入停滞并转向危机？此外，美国、欧洲、日本以及近年来中国所采用的发展轨迹呈现出多样化，使得人们从对一成不变的生产模式进行分析转向对当代资本主义形式多样化进行解读（见专栏 0－1）。

（一）调节理论的七个问题

因此，继最初“三十年辉煌增长遭遇瓶颈的原因”这一问题之后，调节学派理论在双重影响下逐渐拓展其分析范围。

其一，一些基本概念与研究方法的发展变化带来了新的问题和挑战。其二，过去25年间经济和金融发展的历史充斥着诸多意外惊喜。

以下是调节理论研究聚焦的一些主要问题：

1. 哪些基本制度对于构建资本主义经济是充分且必要的？

2. 在何种条件下，这些制度的结构能够引起具有动态稳定性的经济调节进程？

3. 如何解读危机会周期性地出现在此前获得成功的增长体制内？

4. 在何种因素的影响下资本主义制度会发生转变？是如同大多数经济理论所假设的那样将经济效率作为评判标准，还是政治发挥了决定性作用？

5. 为何资本主义的众多危机会接连发生，而并不是同种危机重复爆发？

6. 是否存在能够分析新资本主义形式可行性与可信性的工具？

7. 在分析过后，我们是否能同时将调节模式及其所包含的危机形式作模型化处理？

（二）理论基础

本书第一部分涉及的主题即调节学派的理论基础。制度形式是调节模式的基础，我们首先就制度形式的两种差异性衍生形式进行了论述。

第一种衍生形式是传统的沿袭，它从古典政治经济学出发，随着一般均衡理论的出现而达到巅峰。对其研究的目的是揭示隐藏在市场经济背后的制度（第一章）。第二种衍生形式是对马克思主义社会再生产理论的重要发展。通过一定数量制度形式的结合，我们便能够定义一种调节模式。这也正强调了调节模式的存在具有开放性特点，同时还引入了危机的概念，作为对调节的补充。此外，历史分析让我们发现差异巨大的调节模式会相继出现（第二章）。

由于制度形式会限制积累条件，制度形式不仅会影响中短期的经济调整，也会影响长期的增长体制。事实上，消费者能够看到技术的未来潜力，如果长期均衡仅由消费者偏好决定，那么制度形式并不会与长期均衡产生冲突。而对长期的历史分析则再次凸显了积累体制的多样性（第三章）。

大多数经济理论完全不会触及危机的概念，或者对此谈论甚少。调节理论的独特性在于，其能够同时探查到调节模式的特征以及造成其不稳定性的内生因素。此外，危机模式至少有五种形式，对其进行区分十分必要。我们或许能够解释调节模式危机或者积累体制危机的一小部分产生机制（第四章）。

专栏0-1　调节理论并非如是

——对调节理论的一些误读

随着经济学家在不经意间接受的英语词汇越来越多，有一种对调节理论的误读也在逐步加深，因此，在本书的开篇我们首先作出声明，以避免这种误读。实际在国际文献中，调节理论是指国家应当依照某种方式将公共服务和集体服务的管理委托给私有企业，但前提是已经建立起独立的行政机构，即调节机构。事实上，这些机构的数量已经翻倍了，如法国最高视听委员会、电信监管局以及金融市场管理局。

“先前各自独立的制度化妥协，最终如何能够达成一种可行的体系？”我们对资本主义的分析经常围绕这一问题展开，回答这一问题的标准建议是通过制定规章制度和合同协商，实现公共权力的委托，但此时对调节理论的误读就会被放大。这一误读主要源于人们直接将法语的“régulation”（调节）与英语中的“regulation”相对应，并且错误地翻译了英语中的“regulation”一词，因为它在英语中的实际含义是“规章、条例”。

这只是诸多误解中的一个。在法国，调节常常被解释为国家行为的结果，而国家又被设想成设计师和组织者，简而言之，即系统工程师。然而调节学派的研究成果表明，即使在辉煌三十年时期，受凯恩斯主义启发而推行的经济政策也只是当前调节模式的一部分。相应地，所谓的放宽管制政策——事实上，在法语中指的是“取消规章制度”——则被解读为利于回归完全竞争市场。

最后一点疑虑也应该被消除。战后的增长模式在很大程度上侧重于各民族国家在相对宽松的国际环境中所作出的具体妥协。这也是为什么许多调节学派的研究都聚焦于某一国家范围内。但当人们感受到国际化和金融化的影响时，调节理论也并未丧失意义。实际上，它为人们提供了最佳的分析层次：地方层面、区域层面、国家层面和全球层面。在此方面，欧洲的一体化建设为调节学派理论发展提供了绝佳的案例。

四、以发展回应第二次“大转型”

下面介绍本书第二部分的主线脉络。与大多数制度主义分析不同，调节理论从一开始就侧重于理解资本主义的长期转变（Aglietta，1976）。20 世纪 90 年代以来，调节理论的核心问题变得既简单又令人望而生畏：自由化进程为何让二战后大多数能够有效刺激增长的制度和组织饱受质疑？

当然，这与两次世界大战之间所发生的悲剧并非毫无联系，经济学家卡尔·波兰尼（Polanyi，1944）就对当时的情况进行了研究。但仅靠重复前人的研究是远远不够的，因为国家经济和全球体系较彼时已经发生了巨大变化。事实上，不仅劳动分工显著加深和细化了，决定资本主义的制度形式也变得更加复杂，需要对其进行进一步的理论研究。宏观经济的微观基础遭遇失败，这使得我们开始思考除市场以外，是否还存在大量其他的媒介来确保调节模式的可行性。我们也可借此机会明确各类行为原则和理性形式的具体内容。然而错综复杂的媒介也阻碍了个人和企业向社会整体流动，因此，调节理论在此开启了对中间层面的研究，我们可以将其视为中观经济（第五章）。

制度安排是当代资本主义的核心，而上述的基础性概念则可以推动制度安排的革新。生产模型和国家创新体系对国家制度结构的发展动因和多样性起到了决定性作用。自马克思和熊彼特以来，我们便开始认识到关于新产品、新技术以及新组织的研究决定着企业和国家在竞争中的地位。劳资关系（包括其另一种差异化表达——雇佣关系）的组织本身就反映着创新性，当然这种关系地位要依据人们可以在教育体系或企业等部门中所获得的技能而定。部门制度机构的出现与国家标准模式的衰落没有任何关系。当我们分析国家社会保障体系时，制度主义分析的核心关切便展现出来。国家社会保障体系试图调和各种迫切需求，但前提是这些需求不能相互矛盾或产生冲突。最后，在2000—2010年的十年间，人们对两种制度安排的讨论声音日益高涨，分别是不平等体制和环境制度机构（第六章）。

面对如此众多的制度安排，我们如何才能判定调节模式与发展特点大体保持一致呢？政治和经济领域相互作用的本质是具有决定性的，因为制度结构可行性的判定标准必须以政治合法性和最低限度的经济效率为条件。安东尼奥·葛兰西提出了“霸权集团”的概念，而后尼科斯·普兰查斯又对其进行了拓展。这一概念理论对导致集团形成和衰落，并且经常引发经济和政治危机的进程进行了模型化处理。当然，除了模型化外，我们还应当推动分类研究，首先将新兴的机制进行分类，然后对制度架构重组的过程进行分类。本着同样的理念，我们也可以定义公共空间概念，论证经济政策产生影响的代表制度，以及考察结构性改革的含义，这些都是非常有意义的工作。上述如此多的要素让我们意识到在应对2008年危机时，为何各国会出现应对政策和路径方面的分歧（第七章）。

五、资本主义的非确定重组

在上述研究成果的基础之上，我们理应摈弃存在所谓“标准资本主义”的假设，转而将目光投向各国结构组织方式的差异性。相较于其他资本主义而言，盎格鲁—撒克逊资本主义模式当然具有更大的影响力，但其霸权地位却最终凸显出了其他非主流经济的特性，这些非主流经济自身也反映出不同的制度化妥协。社会科学的各学科对资本主义多样性能够长期存在提出了一系列诠释，既有从生产体系和创新体系特点出发的观点，也有从霸权集团的战略选择出发的观点（例如在重大危机中的抉择）。问题的关键是对那些随着时间推移仍能够保持资本主义形式内在凝聚力的进程加以解释，进而克服资本主义形式的不稳定倾向、危机倾向以及不平等现象爆发的倾向。毫无疑问，中国是社会形式开放性特点的最佳例证：大量地方性社团进入市场参与竞争，这与1989年瓦解的苏联集中化模式形成了鲜明反差。拉美各国之间、亚洲国家之间发展轨迹的差异也令人瞩目。而欧洲三种资本主义形式的艰难共存最终引发了重大危机。由此可见“内生代谢”与“交叉融合”共同构建/重构了资本主义的形式（第八章）。

调节理论曾经被认为是福特主义理论，这一观点不断地引来批判之声：社会经济体制以民族国家主权为基础，而在全球化时代，民族国家的概念已显得不合时宜。按照历史研究方法，我们可以分析国际影响替代薪酬关系成为主要等级化体制形式的过程。这样的重大转变在世界各地引起了各具差异的巨大变化。一些老牌工业化国家可以主导价格形成，其他国家则不然。专门从事国际金融中介活动的经济体经历了接连不断的投机失利，随后又遭遇了严重程度不一的危机。原料出口国显然受到了食利体制的负面影响，其发展完全取决于世界经济是处于扩张期还是调整期。由此可见，并非所有国家未来都会按照福特制的设计而趋同，实际发展与这种颇具风险性的假设相去甚远。在各国宏观经济相互依存度不断提高的背景下，我们应当重点关注全球化层次中不同调节层次的嵌套。各国宏观经济相互依存度提高，从更本质上来看是各种社会经济制度的相互依存度不断提升，无论是资本主义制度还是食利制度。这种相互依存关系应当有助于公众认识一些全球化公共产品，并将其制度化：民族国家间的利益冲突没有解决，同样，各国的发展模式也存在异质性。在这种情况下，全球贸易发展放缓造成的紧张局势再次激发了区域经济一体化的动力，尽管欧盟自2010年以来就已陷入系统性危机，但亚洲和拉美地区的一体化进程得以重启。然而由于金融在短期内仍占据支配地位，建立超国家机构显得异常困难（第九章）。

六、有关思想产生的重要问题

这是在当代众多制度主义学派的对比之下，调节理论得以显现出特殊性的核心问题：新的调节模式如何产生，以及如何确保资本主义的形式从一种变化过渡到另一种？这些变化本质上是内生的：当一种发展模式成熟、扩散并且取得成功时，便会产生破坏这种模式稳定性的力量，进而使其陷入重大危机。这些进程相互之间差别较大，主要取决于这些制度是地方性制度、行业制度抑或是国际制度。重大危机只能通过政治手段在社会冲突中充当协调媒介而解决：这一点可以从美国、中国和欧盟对雷曼兄弟银行破产的应对以及雷曼兄弟银行破产对全球经济破坏性后果的分析中得到印证。分析社会各领域（金融、学术界、政府）集体参与者之间的互动为人们打开了新的视角，也使得人们更容易理解那些大转型时期（第十章）。

由此可见，社会科学理论是历史的产物，而非相反。

目 录 | CONTENTS

第一部分

研究基础

第一章 资本主义经济的基础：制度形式

我们在开篇便对资本主义经济的基础制度提出了质疑，这不失为一种较为正确的研究方式。大量的当代制度主义研究提出了极为丰富的制度种类：规范、价值观、公约、法律规则、组织、网络、国家等。如此繁多的制度概念不断积累，虽然我们没能找到它们之间的共同特征，但也正因如此，这些制度概念构成了同样繁多的协调机制来替代市场发挥作用。我们是否能够为制度经济找到更为坚实的基础呢？

这就好像人们致力于解答经济学和其他大部分社会科学自产生起便存在的根本问题一样：为何只关注自身利益的独立个体在相互竞争时并不会导致混乱？一般均衡理论一直致力于解答这一问题。根据一般均衡理论，市场经济的可行性不单单取决于特定的分析条件（外部性缺失、公共物品、经济效率与公平的可分割性等），还取决于一些隐性制度，涉及货币制度、产品质量以及竞争性组织。如果这些概念逐渐被重新引入，人们会惊讶地发现大部分制度形式都是调节理论分析的核心内容。

一、回归政治经济学

经济活动历经几个世纪，逐渐脱离了政治和承继自封建传统的社会关系后，最终以一门独立学科的形式出现。这就意味着出现了追求自身利益的个人经济主体，同时也引发了一个新的问题，这个问题是现代化的核心所在，并在某种意义上构建起了社会科学的基础：我们是否应该担心，由于一味追求个人利益而导致的竞争和冲突，最终会陷入无序、混乱和无政府状态？

就大多数当代研究而言，政治哲学和政治经济学都建立在试图解答上述问题的基础之上，无论它们给出的答案是含蓄的还是明确的（见图 1－1）。

但从一开始，思想家们就给出了两种截然相反的答案。

（一）从托马斯·霍布斯到亚当·斯密

对于托马斯·霍布斯而言，“所有人对所有人的战争”便是个人之间相互竞争的直接结果。只有将至高权力授予君主，才能安抚整个社会。可见国家的出现保证了秩序，这也是社会形成的第一条件，同时，在秩序的保障下经济体中的每个人能够自由地追求个人利益。

亚当·斯密给出的答案完全不同，因为他将交换和易物作为人的“天然倾向”。随着劳动分工的深入，货币秩序也因此得到保障。个人在市场中竞相逐利的同时，也为国家带来了繁荣。

因此，从一开始，政治经济学就在这两种对立的观点间摇摆：要么依靠国家，要么依托市场，以确保协调个人间的竞争。按照传统的马克思主义历史分期，无论是商业资本主义、工业资本主义，还是更后来的金融资本主义，这一问题都引起过激烈争论。时至今日，这两种立场的两极对立依旧存在，但社会科学的进步使得人们又重新思考托马斯·霍布斯和亚当·斯密所提出的简单解决方案。更何况，亚当·斯密所提出的个人不单是一个经济人（homo oeconomicus）的概念，因为他同时承载了道德准则。

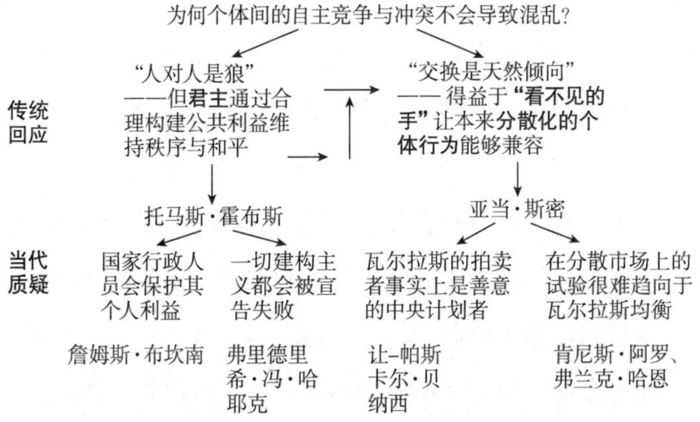

图 1－1　政治经济学核心问题的演变

（二）个人主义原则与市场乐观主义

公共选择理论将方法论个人主义（见专栏1－1）的原理运用到政治领域，詹姆斯·布坎南从中得出结论：得到国家授权的政治家和行政人员可能会为了追求自身利益而损害人们期望他们实现的集体目标。随着对国家干预、腐败行为和低效率经济研究浪潮的到来，这些理论在当代资本主义概念中仍有一定影响力。

一般均衡理论的发展导致了与人们直觉相反的结论，这也是将一系列自由化市场比喻成“看不见的手”的根基所在。事实上，瓦尔拉斯将直觉数学化，并通过反复试验使我们相信市场可以达到均衡。但试验失败的情形却也是成倍存在的。

一方面，在不动点定理的严格限定之外，有学者提出了新的基本假设，即只有当所有的信息被一位善意的主体收集起来，并且各主体之间的交易行为都以善意主体为中间媒介时，才会真正出现能够分化个体行为的价格体系。总之，一般均衡理论构建了一种集中化的体系。矛盾的是，肯尼斯·阿罗、弗兰克·哈恩和吉拉德·德布鲁的研究实际上证明了社会主义市场经济的可行性，即在社会主义市场经济中生产可以由价格体系来协调。

另一方面，只有在所有产品都大致上可以相互替代和/或市场间相互依存度很低这种极特殊的框架下，经济才会趋向市场均衡。这些都是“现实存在”的经济体所无法满足的条件。

历经近两个世纪，在人们对个体主义社会和市场经济的反思中，出现了一种极端悖论。在较短的历史时期中，运用方法论个人主义最终无法解释资本主义主导下社会的可行性和恢复力。但这一失败也表明了制度的重要性和多样性，从逻辑角度而言，其对市场经济，尤其是资本主义市场经济是必不可少的。经济发展的历史证实了这些制度的重要性。

专栏 1－1　何谓方法论个人主义？

方法论个人主义是一种社会科学研究的方法，它旨在解释个体行为之上所产生的经济和社会现象。在当代理论中，方法论个人主义的研究方法赋予每个主体理性的行为准则，并试图将个体行为结果加总，得出个人主体相互作用所产生的特点。它采用部分既定模型，例如形式简化和抽象化，进而从个体相互作用中提炼出整体特点。这种方法在经济学中尤为适用，但也可拓展到社会学、政治学乃至历史研究中。在方法论个人主义的概念中，制度、惯例、规则和习惯被当成缺乏社会属性的主体之间博弈达成均衡的产物。但它忽视了一点，即任何博弈都要按照参与者所接受的规则进行，这就意味着博弈本身就隐含了已经存在的集体性规则，首先便是参与者需要通过同一种语言交流。

此外，也有研究致力于从特定规则出发解释一些制度的起源（Aoki，2001），这些研究遵循的程序也适用于其他层级。

因而人们又重新回到整体—个人主义的概念。这种研究方法旨在衔接微观层面和宏观层面，既摆脱了将个体行为结果等同于宏观的标准整体主义，也避免了拒绝参照一切社会和集体活动的纯粹方法论个人主义。“这种衔接体现在宏观制度层面与微观制度层面之间：在宏观制度层面，个体行为产生制度；而在微观制度层面，个体行为在特定制度框架中运作。因此，宏观制度层面也是制度主体的层面，主体的行为可以制定规则；微观制度层面则是完全短期的主体层面，主体只能在给定的规则框架下行动”（Defalvard，2000：16）。这种研究方法既避免了为集体组织寻找个体基础的无限倒退式研究，也避免了混淆制度建立的时间以及制度对主体日常决定的影响。

二、隐匿于市场经济背后的制度

既然不存在“市场书记官”① 这一角色可以发挥瓦尔拉斯后继者所赋予的作用，那么还有哪些制度可以保证贸易完

① 法语“Secrétaire de marché”，是吉拉德·德布鲁为证明一般均衡所创造的概念，位于生产者和消费者中间，确定市场价格使需求总价值最大化。——译者注

全自由化呢?

(一) 货币体制：居于首位的基本制度

显然，货币是商业经济的基本制度（见图 1 –2）。更具体地说，在当代经济中，银行网络为企业和消费者提供信贷；同时允许其之后逐步偿还贷款，保障交易得以顺利进行。但在各个时期，经济主体以及其在各银行财富之间存在账户非均衡的现象，为了调整不同银行账户的赤字和盈余，就有可能建立起银行间的再融资市场。只要不发生全球性的危机同时波及所有银行，使市场流动性枯竭，该制度就是有效的。

人们也会考虑创建私人保险，这正好为银行提供了必要的流动性。尽管这种机制可以有效预防个别银行挤兑现象的发生，但当一些银行同时陷入资金短缺困境时，该机制便无法遏制系统性危机的出现。在此背景下，中央银行会成为最终贷款人，且这一原则在历史上已经存在。我们也应当意识到，历史上一部分货币发行与国家债务的再融资有关。

对金融稳定条件以及货币历史的分析，论证了银行发行信贷货币的等级化结构，而中央银行则负责发行法定货币。在这个体系中，中央银行最终等同于“市场书记官”，对整个经济层面出现的失衡问题负责。

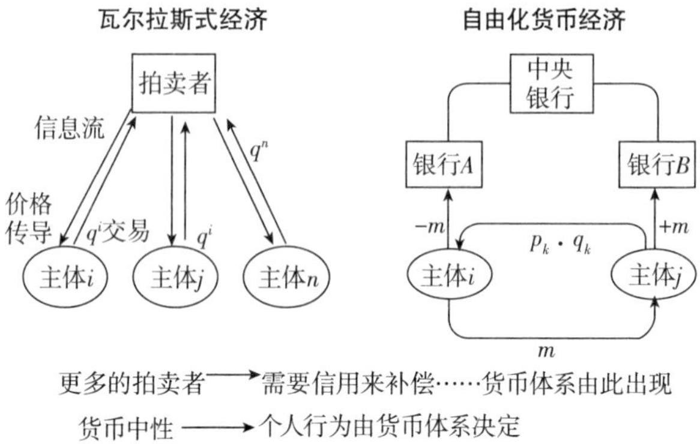

q^i—主体 i 交易的商品数量；
p_k—商品 k 的价格；
m—货币交易价值。

图 1-2　从“拍卖人”体系到货币推动的交易自由化

将货币体制定义为管控支付和信贷体系的一整套规则是较为恰当的。使用“体制”一词，意味着其中还包含货币的局限性以及对支付手段流通非均衡的解决措施，如负债银行破产、银行之间建立清算中心、中央银行购买公债以刺激银行流动性等内容。

因此，只有当货币制度被建立起来且被认定合法化后，商业主体才能进行活动。这与传统假说，即货币制度产生于物物交换的商品经济出现困难之时截然相反（Aglietta & Orleans，1998）。因而在经济范围内，货币的出现可以被视为语言的等价物。但依据瓦尔拉斯的理论以及之后新古典主义的分析，仅仅建立货币制度是不够的，经济主体追求个人利益仍会导致他们依赖于市场。

（二）市场是一种社会建构

货币实际上为交易自由化提供了前提条件，它使得商品能够在日常交易中交换货币，进而消除了以物易物所隐含的需求双重耦合问题。如果说此前的交易涉及众多产品与质量因素，那么在特定时间和地点条件下，双边交易的结合便不可能由单一价格支配。事实上，有关产品质量不应当存在任何不确定性，并且交易要集中进行，同时还要保证所有远期交易市场始终开放。

市场形成的历史（Braudel，1979）和基于信息不对称的现代微观经济学（Stiglitz，1987）都论证了市场单一价格出现的条件。

（1）先决条件：质量的定义。很明显，产品供应者一般要比潜在的买家掌握更多的质量信息。在某些例如二手车市场的案例中，存在质量评估缺陷阻碍市场开放的情况：卖家只会展示找不到买家的劣质产品（Akerlof，1984）。就劳动力市场而言，有能力的企业可能会在个体间挑起长期歧视，尽管这些个体已经事先具备了相同的工作能力（Spence，1973）。

因此，事先对质量进行定义是市场价格形成的必要条件。否则在价格歧视的条件下，劣质商品将驱逐优质商品，这类似于格雷欣法则中的劣币驱逐良币。许多制度机构能够填补这种职能空白。例如，在中世纪，工匠们组成行会来保证产品质量，进而避免质量下降造成市场崩溃。在当今世界，独立机构可以发布质量认证，企业则可以通过定期提供高质量的产品并长期保持质量进而树立声誉。对于二手车或耐用品市场，对产品质量的评估可以参考质保期的长短。公约制定了同样多的质量标准（Eymard－Duvernay，1989）。相反，在没有规定质量标准的国家，市场可能不存在或市场规模小得多，以至于制度缺位被视为造成该国发展障碍的因素之一（Akerlof，1984）。

（2）明确参与者间的策略互动行为。第二个条件涉及供给和需求的整合，这会给每一对供给方和需求方的双边议价能力都产生一定的限制和影响，所以各类制度机构都有可能存在。在中世纪，集市定期在固定地点举行，这相当于当代市场监管者努力确保所有交易都在公众监督下进行，以防供给方和需求方利用自身议价能力和所掌握的信息牟利。比如对于某些农产品而言，电子拍卖市场可以借助信息系统将供求双方隔离开，随后以匿名方式将供给和需求再集中起来（Garcia，1986）。美国财政部发行的国库券为电子定价，能够持续参照需求量进行供给。股票市场的信息化和买卖指令线上交易也证明了这种集中的必要性。集中的目的在于推行单一价格法则或类似原则，所以存在能够确保流动性的市场主体也同样重要。最后，如果供给方和需求方之间的互动方式发生改变，市场价格有时就会相应发生较大变化（Garcia，1986）。

这就是为什么市场会是一种使各方在商品质量、交易形式、市场准入条件、结算方式等方面达成一致的制度。因此，市场并非自然的产物，而是一种社会建构，是理论学家们赋予经济人（homo oeconomicus）的“习惯”引发的。

（三）竞争形式的多样性

上述对市场的界定不禁让人产生怀疑：完全竞争市场能否被视为适用于所有普遍情况的规范和参考？在完全竞争市场中，尽管每个人都参与了价格制定，但均衡价格却是被强加于所有人的（Gomez，1996）。假设在我们考察的市场（而不是整体经济层面）中存在一个拍卖者，在他的操控下，市场信息得以交换并最终形成均衡价格，那么只有在经济主体进行交易时，拍卖者才会进行协调干预。事实上，拍卖程序还有诸多其他形式，如果我们将这种程序废除，那么大多数的交易将不再遵循完全竞争的模型。

事实上，价格是经济主体决定的，虽然决定的过程需要反复摸索试探（这是因为价格在被决定前无人知晓均衡价格，均衡价格是在事后经学者计算得出，前提是学者们掌握全部相关信息）。因此，我们需要引入策略性行为，尤其是当市场上经济主体数量有限时。比如面对一系列行为相互独立的供应商，需求方联合起来集中进行采购；或者相反，生产商们经过协商统一定价。同时还存在一整套中间环节，例如，当其中一个供应商拥有定价能力并让其竞争者接受该价格时，中间环节就会发挥作用。产业经济与日常的经济生活一样，都证明了所谓的不完全竞争是常态、完全竞争是例外。

我们可以将“竞争形式”定义为价格形成过程，而价格形成过程又与市场参与者之间典型的关系结构相关。实际上，竞争形式远比上文提及的更加多样化，因为我们可以将生产标准化产品依托于价格的竞争与主打质量差异化的竞争区分开，或者按照市场准入门槛的高低来划分竞争。就在此方面，调节理论重点研究了以下三种主要竞争体制。

“竞争体制”盛行于整个19世纪。竞争体制不同于完全竞争，因为它涉及一个长期的调整过程，且这一过程不会呈现出向长期均衡价格趋同的趋势。

“垄断体制”在二战后成为主流。至少就工业生产而言，生产和资本的集中化得到肯定，这便滋生出一种完全不同的价格形成机制。随后学者们将边际利润率引入单位生产成本，用于确定资本在整个周期内的平均盈利能力。由于价格不再是调节变量，需求方的分配机制便会对供给方产生影响，反之亦然。非均衡理论（见专栏1－2）的宏观经济理论基础是实际价格可能会长期偏离瓦尔拉斯价格（均衡价格），此时通常会出现一般性失业（实际工资过高）或凯恩斯主义失业（有效需求不足）。而当劳动与商品的需求过多时，通货膨胀的状态或许会得到抑制（Bénassy，1984）。

专栏 1-2　非均衡理论的贡献与局限性

19世纪70年代初，专注于相对价格单一指标的微观经济理论与基于有效需求作用的凯恩斯宏观经济理论各占半壁江山。非均衡理论的优点（Bénassy，1984）在于引入固定价格下的一般均衡模型，随着经济运行偏离瓦尔拉斯的分析，均衡模型揭示出多种体制存在的可能性。凯恩斯主义失业被理解为数量限制（企业不景气、雇员失业）导致定量分配产生的结果，这种数量上的局限性是由实际工资低于生产率和紧缩的财政及货币政策引起的。非均衡理论是宏观经济学的微观经济基础，但由于假设价格刚性而遭到批判。随着放松国家管制的思潮和古典宏观经济学的复兴，这一假设引发了更大的争议（Lucas，1984）。诚然，价格刚性或许是由于政府对价格的控制，但也可能源自寡头竞争：考虑到需求预期的不确定性，企业会在每个时期公布一个价格。尽管凯恩斯从未将不完全竞争视作被动失业的根源，但我们仍能在不完全竞争模式中发现凯恩斯主义的显著影响。

在调节理论的理论框架内，工资、价格、利率是劳资关系、竞争形式，以及货币体制结构相应产生的结果。如果将这些规则的影响考虑在内，便不难想象为何价格经常偏离相关学者在一般均衡模型中所设定的价格。尽管在一开始，非均衡理论与调节理论相结合的前景十分光明，但很遗憾的是，两种理论最终未能达成一致（Bénassy，Boyer & Gelpi，1979）。

第三类是“行政干预竞争体制”。例如，第二次世界大战刚刚结束后，物资严重短缺但劳动力却接近完全就业状态，价格—工资—价格之间的相互作用引起了通货膨胀压力。在这一背景下，政府（如财政部）通常会实施限价政策，以控制企业利润、降低价格调整的频率。

自这一时期开始，“制度”便应运而生了。制度这一概念通过研究美国长期的历史变化得到确认（Aglietta，1976），随后学者又对法国历史进行了校验（Bénassy，Boyer & Gelpi，1979）。制度不同，竞争形式也会随着时间的推移发生改变，并在经济活动中发挥作用。

（四）从劳动需求到劳资关系

在交易理论中，劳动和其他东西一样被当作商品对待：既然在现实情况中物物交换可以无须货币作为媒介，那么供求关系就可以决定工资。在理论上，将工作当作商品并非没有问题，因为这种假设要求失业只能是自愿的（当实际工资不足时，个人会偏好选择空闲）或是由于工资刚性产生的（例如，制度要求的最低工资远远高于市场均衡所需的工资水平）。

（1）劳动并不像其他东西一样可被当作商品。事实上，从政治经济学初创时起，这一学科对劳动的看法就有别于对待其他商品。首先因为劳动涉及生产活动，自亚当·斯密和大卫·李嘉图起，古典主义经济学者便主张劳动不能在纯粹的易物经济中被当作商品交换。马克思继承了这一理论传统，并将其价值理论建立在劳动和劳动力两个概念的基础上：劳动在生产过程中被资本家调动起来，劳动力则是再生产价值交换的对象。利润是剩余价值的来源，而剩余价值主要源自劳动创造的商品价值与劳动力价值的差值。之后，根据卡尔·波兰尼（Karl Polanyi）的经济人类学（1944）观点，劳动被视为三种虚构商品之一（另两个是货币和土地），劳动的生产不能被单独划分到市场机制中（见专栏1－3）。

专栏1－3　波兰尼对劳动的定义

卡尔·波兰尼（1944）的主要贡献在于，从经济人类学和历史角度对市场发展和市场延伸进行了研究，并对各类可交易对象进行了重要划分。一方面，典型商品的生产是为了追逐利润从而满足顾客需求。这类商品主要由原材料、中间产品、消费品和设备组成。另一方面，其他商品也会在市场上定价，但它们的供给并不受相同的纯经济逻辑限定。这便是土地、货币和劳动的情况。这三类商品的存在是市场经济的条件，但这些虚拟商品并不依据市场逻辑生产。历史上，市场侵入自然界往往会引起生态灾难，货币竞争经常导致重大危机，劳动的商品化在经济和人口统计方面也酿成了一些悲剧。

matiques en termes economiques et demographiques.

但是对于经济学家来说，“新劳动力市场理论”提供了一个决定性的论据，它区分了劳动关系中的双重要素。

（2）劳动合同的核心策略冲突。起初，雇员为了获得工资（也就是人们常说的劳动报酬）接受雇用，无须承担企业家的风险。那时进行交易的场所就被称为劳动力市场，但交易并未止步于那一阶段，因为劳动并不等同于其他商品。

实际上，在交易过后雇员将服从企业家的权威，执行企业家分配给他们的生产任务。这种从属关系导致了一种处于生产活动核心的冲突，即雇员和企业家在工作的强度和质量上的利益冲突。雇员想要在既定工资水平下尽量少付出努力，而企业家则想尽可能地增加工作。这一冲突并不能通过劳动力市场上的竞争解决。

社会历史学的研究和相关理论已经证明，此冲突需要多种法律机制、组织机制以及制度机制长期应对才能解决，至少是暂时解决。劳动强度标准（Leibenstein，1976）、管理设备（考勤机、计时器）、奖励金（计件工资、赢利分红、优先认股权）等措施可以起到作用，当然也可以通过协商制定劳动合同来缓解劳资纠纷。劳动合同中进一步明确了就业条件、初始工资、晋升程序、工作期限、社会福利以及雇员在个人或集体方面的工作条件。

在当代经济中，这些公司内部的管理和奖励机制变得非常关键，以至于劳动的商品性会受到影响。例如，企业如果制定高于市场的工资，便可以通过加大劳动强度来降低成本，进而从中受益。因此“劳动力市场”不再通过价格达到均衡，而是通过配给实现均衡：有时出现失业，有时出现劳动力短缺。而工资依据瓦尔拉斯需求供给匹配而成的情况即便真实存在，也十分罕见（Boyer，1999b）。

（3）劳动合同中的集体层面。这样一来，劳动的特殊性导致了劳资关系的出现，这一概念描述了每家企业管理劳动构成要素的方式，其中包括工期、工资、职业前景、社会福利以及其他与工资间接相关的要素。但这些机制本身就是法律与制度体系的一部分，这些体系规定了雇员的权利、企业家特权以及解决他们之间冲突的方式。支配雇佣劳动的一般规则从全球层面界定了劳资关系。从逻辑的角度来看，这是继货币体制与竞争形式之后市场经济的第三重制度形式，它表明支付薪酬是市场经济至关重要的特征。

（五）从生产者到被视为组织的公司

正是在这些制度形式所界定的框架内，市场经济的基本实体之一，即企业或公司才能进行活动。对公司行为进行分析需要依照标准微观经济理论和一般均衡理论。

（1）从一个简单的生产要素管理者出发……对于生产要素而言，生产者只考虑给定的相对价格体系，并相应地在了解可用的生产技术前提下，不断调整生产水平和要素需求。

推演到在极端的情形下，生产者可以被计算机软件有效取代，软件能够帮助解决标准微观经济学的核心问题，即如何在约束下实现最大化。事实上，当我们认定生产要素与其他产品并无差异时，便会发现消费者计划与生产者计划的二元对立性（Varian，1995），这实际上是将生产经济简化成交换经济（Gomez，1996）。

（2）……到寻找与现行制度形式相适应的组织。与此相对，研究企业的政治经济学（Eymard－Duvernay，2004）必须考虑到与企业运行制度形式相关的限制与机遇。

为了决定其行动策略，企业必须首先考虑其所处市场的主要竞争类型。总的来说，企业所属的产业集中化程度越高，企业的活动空间就越大。商业服务和市场服务在很大程度上都旨在提高公司的竞争地位，可见竞争地位不再是给定条件，而是策略博弈的结果。

企业也是生产场所，因此也涉及对劳资关系的管理。然而管理劳资关系需要多种机制（薪酬制度和监督方式），这反过来又要求部分雇员在人事管理方面更加专业化。企业抉择的一个重要部分是对整体制度做出应对或顺从，因为整体制度决定了我们所考察经济体中现行的劳资关系。

最后，获得信贷对企业的生产与投资抉择具有决定性作用。如果企业打算生存和繁荣发展，就必须进行投资和开发新产品以及新的生产方式。这些操作都涉及货币体制，因为企业一方面受到银行信贷政策的影响，另一方面也受到股价变化的制约。由此货币体制和金融体制间关系的问题开始逐步受到学者的关注（Aglietta & Orléan，1998）。当然也不应当忽视短期信贷在企业资金周转方面以及日常生产活动方面的作用。

因此便出现了对公司的制度主义分析（见专栏1－4）。首先，公司的生存和发展取决于其策略能否配适制度结构所承载的限制与激励（Boyer & Freyssenet，2000）。其次，也是更重要的一点，融入制度结构环境所带来的管理任务十分复杂，企业家需要有专业的管理能力才能使公司在其管理下成为劳动分工的场所（Coriat & Weinstein，1995）。这样一来，市场和公司也成为劳动分工原则的一部分，而劳动分工是资本主义经济发展的核心动力（Boyer & Schméder，1990；Gossip，2000）。

专栏1－4　公司制度主义理论

福特制积累体制（见第二章）的相关研究吸引了社会学家、历史学家、经济学家和汽车行业专家的关注。这些在Gerpisa*国际网络框架下开展的研究最终完成了理论构建，反映了这一领域近一个世纪的发展和当代公司组织难以消弭的多样性。

公司难以实现限制条件下的利润最大化的方案，因为公司彼时只能基于少量行动杠杆（追求规模报酬、产品多样化、适应经济形势、提高质量与创新）实施盈利策略。

这种盈利策略必须同增长体制和国民收入分配方式相一致，以至于公司不会在经济环境变化时轻易改变占优策略。

公司生存的第二个决定条件是要能够调和产品政策、生产组织和劳资关系类型之间潜在矛盾，并使三者共存的政府妥协存在。

因此，我们看到少数生产结构接连出现或共同存在：泰勒制（Taylorienne）、沃拉德制（Wollardienne）、福特制（Fordienne）、斯隆制（Sloannienne）、丰田制（Toyotienne）和本田制（Hondienne）(Boyer & Freyssenet，2000)。

注：资料来自 http：//gerpisa. org。

此种社会建构的最后一种优势：虽然当代新制度主义经常将制度、组织和公约等量齐观（Ménard，2000），社会建构却明确区分了这三个概念（见图 1 -3）并对公司进行了结构性的概念定义（Berle & Means，1932）。因此，这一概念与一般法律上将公司视作股东并认为其通过持股方式占有财富的观点是对立的，虽然法律层面的定义在股价上升的浪潮中再次盛行。事实上，股份公司的章程造成了管理层生产承诺的不可逆性与股东享有物权流动性之间的分离（Blair，2003）。

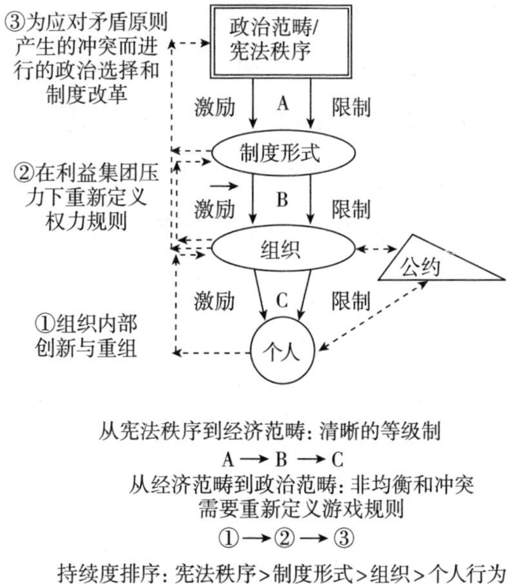

图1－3　国家、政治秩序与制度形式的相互依存

三、调节理论的核心问题

资本主义经济核心的制度形式多种多样，哪些机制可以确保资本主义在一段时间的连贯性和可行性？这是调节理论研究的主要问题。对于调节理论而言，它从未承认是新古典主义均衡概念的替代物。调节模式的运行主要依靠两种机制保障。其一，我们可以观察既往经济行为的兼容性与各种制度形式的关联。其二，相反地，如果当前结构中的非均衡和冲突无法克服，则需重新定义制度形式所设定的游戏规则。

这一过程也直接调动了政治领域参与其中。

从基本概念的表述来看，调节理论具备两个独特性。

鉴于资本主义制度的多样性和复杂性，其无法保证不同制度的结合一定能定义一种可行的经济调节方式。这就是为什么我们在介绍调节模式的概念（见第二章）时，会同时引入一种经济体制的可能性以及其可能蕴含的危机，因为危机的形式太过复杂多样（见第四章），因此，存在长期稳态均衡——这一几乎所有新古典主义模型所假设的约束条件被打破了。

我们无法设想一种纯粹经济，即这一经济中不存在任何制度，无论是法律还是政治领域的制度。市场经济的基本制度便是假设其行为主体和行为策略并非完全属于经济学概念。干预的主要目标并非天然地是稳定经济，而是经济领域与法律/政治领域之间的相互作用，这正是调节模式的来源。通过观察资本主义的历史，从中学习经验教训，让我们对政治经济学的使命有了新的认知。

四、国家—经济的关系

因此，必须摒弃有关纯粹经济，即一种经济完全独立于法律和政治领域的幻想。事实上，在一般均衡的理论中，国家最好通过实现帕累托最优来展现集体选择。任何其他行为，如价格干预，只能导致效率低下。

就其本身而言，调节理论认为国家与经济的关系具有重要决定性（见图 1 – 3）。制度形式的表现已经揭示了其中的一些关系。

（一）货币制度是政治性选择

如果说货币创建了商品经济，那么货币就不可能是商品经济的结果，这颠覆了新古典主义的神话，即物物交换成本的上升导致经济主体发明了货币。事实上，经济史表明，商人们发明了私有货币（Braudel，1979），而王公和国王则力争夺取轧制货币的权力并使其在自己所辖的领土上以法定行价流通（Le Rider，2001）。也有许多货币一开始是作为公债证券发行的。其他历史经验告诉我们，任何建立在不同私人货币之间竞争上的银行体系都不能长期存在。中央银行的出现印证了需要有一个不受商业营利逻辑驱动的主体，其功能是确保支付系统的稳定，因为这一系统长期受到经济危机甚至经济崩溃的威胁。即使是被誉为独立运行的当代中央银行，其地位也仍然会受到政治权力的制约。因此，货币体制（以及开放经济中的变动）的选择必然会牵动政治领域。

（二）没有公共干预就没有竞争

竞争由企业的策略性行为决定，往往导致集中化、串谋、寡头垄断甚至垄断，因而也会引入固定成本、规模报酬递增、网络效应、声誉效应等概念。而买方/消费者则是竞争过程中的受害者，因为竞争会不断地通过政治和法律进程激起消费者的反应。几乎所有发达国家都设立了竞争规则监督机构，以至于人们在读到资本集中和公司组织的历史时，会发现大企业的策略行为是为了适应立法者为其设定的、避免其在市场上攫取过度权力的规则和障碍（Fligstein，1990）。因而竞争形式在私有和公共领域之间发挥媒介作用。

（三）劳资关系与公民身份

就劳资关系而言，国家干预是先验性的。从严格的逻辑角度来看，国家干预的必要性就会大打折扣。在当今世界，大多数国家都会不同程度地干预劳动立法，甚至将其等同于商法（美国劳动法发展的趋势）（Buechtemann，1993），或走向另一个极端，使得雇员的集体权利成为社会市场经济的基础之一（德国的例子）（Bush & Weisz，2001）。更重要的是，法国的历史经验表明，在19世纪初，国家进行强有力的干预解放了与劳动相关的竞争力量（Boyer，1978）。一些发展中国家（智利、阿根廷、巴西）也同样如此，这些国家的独裁政府曾进行了根本性的劳动法改革（Ominami，1986；Boyer & Neffa，2004）。国家直接或间接干预越发明显地涉及社会保障层面：雇员为了认定工作中的事故、退休权利、健康工作环境而进行斗争，这些斗争的成功既影响了公民身份的性质，也对调节模式产生了积极作用。国家要么直接干预对贝弗里奇式[①]社会保障的融资，要么按照俾斯麦制来监督雇主与工会之间的谈判。因此，劳资关系会通过上述两种形式涉及政治领域。

（四）矛盾逻辑掌控下的国家

对于调节理论而言，国家的行为远非铁板一块，因为在其各分支机构中可以体现出不同原则间的矛盾和紧张关系。商法是否应该凌驾于劳动法之上？如何协调税收？如何认定雇员和企业家对社会保障的贡献比例？法律和政治平等是否与企业中的行业民主原则并行不悖？对于这么多的问题，政治权力依据当时的背景和实力给出了不同的答案。制度形式与国家角色之间密切的相互依存关系，不单单是政治和经济领域交织的表现。

（五）融入国际经济的民族国家

这一概念仅在国家主权界定的领土范围内有效。与纯粹经济学理论相比，调节理论被鼓励选择民族国家作为分析的出发点。事实上，即使民族国家之间的相互依存程度日益提升，货币体制、劳资关系以及一小部分竞争形式仍主要是在

① 威廉·贝弗里奇（William Beveridge），英国经济学家与社会学家，社会保障制度设立的先驱之一，第二次世界大战期间曾制定英国战后福利国家蓝图。——译者注

单一国家空间内部确定的。但这并不意味着民族国家完全掌握了主权，或者它们对国际体系的运行没有任何影响力。

因此，第五种也是最后一种制度形式被引入理论中，即民族国家融入国际经济的方式。事实上，对于新古典主义国际贸易理论而言，唯一开放性的选择便是关税，但与自由贸易制度相比，关税却造成了扭曲失衡。因此，从严格的经济学角度来看，国家不应当干预，而是应将价格形成的机制放在国际大范围内。对于调节理论而言，民族国家可以控制关税的各个组成部分，明确直接投资的接纳方式，制定投资组合规则，甚至控制移民。大量制度被重新引入，以便管理与世界上其他地区的关系（Mistral，1986）。这些制度被改造和重新定义，却不会被当代全球化进程所破坏（Boyer，2000a）。

五、结论：五种制度形式

由此可见，调节理论设定的资本主义经济与新古典主义理论所设定的经济理想化模型不同。这并不意味着制度形式完全对应每个个体日常从事活动的经济范围，而是从古典经济理论创始者理论方法中抽象出来的一部分。它们还回应了对一般均衡理论非现实性假设的异议（见表 1－1），同时兼顾了制度分析、统计分析和历史分析，阐明各制度形式的确切特点，进而论证了调节模式的可行性。

表1-1　资本主义经济的隐含制度：从一般均衡理论（法语缩写为TEG）到调节理论

一般均衡理论假设	假设的一致性与相关性	制度形式的作用
1. 货币只是一种铸币；拍卖者集中所有的交易	货币也是一种交换和价值储备的手段；它不是一种市场经济，事实上是与国家计划委员会（Gosplan）一样的规划机构	创立与毁灭货币规则的必要性；货币体制与信贷定义商业主体，并且允许交易自由化
2. 所有经济主体都认为价格是给定的	通常情况下，经济主体实施策略性行为	存在有别于完全竞争的多种竞争形式
3. 劳动服务应与其他产品本质一致，在市场上进行交换	劳动的二重性、商品交易，然后是从属关系	劳动合同被纳入制度网络，并定义了劳资关系
4. 国家缺位	市场外部机构需要管理货币、竞争以及公共物品	国家—经济关系的结构
5. 民族国家缺位	所有国家仅在划定的领土上享有主权	融入国际体系的方式

第二章

从资本主义铁律到调节模式的承袭

调节理论的创始著作之一（Aglietta，1976）出自对新古典主义理论的激烈批判，因为新古典主义理论似乎无法解释自内战以来美国的经济形势以及资本主义的发展变化。这部著作还批判了当时马克思主义理论衍生的国家垄断资本主义（法语缩写为 CME），认为其对包含大型企业集团联合、集体协议以及凯恩斯货币政策的经济模式的描述有失公允，未能考虑资本主义的变化，而资本主义恰恰以结构创新和变革为特点。这一理论批判致力于揭示资本主义的内生转变规律。这同时也是调节一词的含义（见大事记年表）。

一、对传统马克思主义的批判性解读

马克思在《资本论》中提出的理论，其贡献是将资本主义视为一种生产方式，并揭示其存在基础以及长期发展动力。

马克思的继承者试图在双重要求的基础上更新其理论：首先要考虑到经济在20世纪中发生的变化，其次要为政治斗争构建工具。这样一来，对资本主义的分析便产生了重大变化。但从20世纪的经济学发展史来看，这样的分析已显示出一些缺陷，甚至是错误的特征。另外，经济分析工具也取得了很大发展，其中一些已经克服了卡尔·马克思在研究时所遇到的部分困难。

（一）明确社会关系形式

工业化兴起以及与之相关的重大变革给马克思留下了深刻印象，通过长期的历史研究，他参照此前出现的生产模式（亚细亚生产方式、封建生产方式等），对资本主义生产模式进行了阐述。带着德国哲学的特点，这位《资本论》的作者对“庸俗经济”（依据马克思自己的表述）进行了抽象，并构建出一个宏大的概念体系。

与其他生产方式不同，资本主义生产方式具有两个鲜明特点。首先，商品关系的主导地位——甚至是对非商品的定价——都与其他财富分配方式相反。其次，也是最重要的，生产社会关系的特点即资本与劳动的冲突：没有资本的无产阶级被迫向“有埃居者”① 即资本家出售他们的劳动力。在交换关

① 埃居（法语 écu），一种法国古代货币，此处“有埃居者”即“有钱人”“有产者”之意。——译者注

系（劳动交换工资）的幌子下，则是资本对劳动力的剥削。实质上，工人创造的价值要大于其劳动力再生产的价值。

马克思认为上述特点应该足以构建资本主义理论及其长期发展倾向。但他很难预料到，他曾广泛研究过的阶级斗争（尤其是在其政治著作中），并不一定意味着资本主义生产方式的迅速崩溃进而被其他生产方式替代，即首先被社会主义生产方式，之后被共产主义取代。然而，不同资本主义国家的历史揭示出，商品关系组织不同，生产社会关系也会产生差异。

（二）相同社会关系中的变化

从长远来看（即几个世纪以来），如果基于不同的社会关系，各种生产方式依次出现，那么就不能排除在同一生产方式下这些社会关系可以发生演变。例如，在行业危机期间，雇员可以争取限制降薪，要求并将名义工资在价格上进行指数化，最终确立依据所做贡献分享生产收益的原则（Boyer，1978）。在马克思的概念体系中，这意味着劳动力价值不再取决于固定的社会需要，或者说它至少由雇佣劳动再生产的迫切性所决定。资本与劳动冲突的结果影响着剥削形式。

同样地，在强货币的影响下，如果货币体系从金本位体系转变为信贷经济体系，那么货币体制就不会保持不变。国家—经济关系的变化同样重要。广义上讲，经济转型或者更严重的政治斗争，都会让国家从传统王权职能集中型国家

（法律、司法、国防、外交）转变为多种制度形式并存型国家，即竞争、劳资关系和货币体制（Delorme & André，1983）并存。

调节理论的主要目的是探讨在几个世纪中社会关系确切形式的变化程度，无论在美国（Aglietta，1976）还是在法国（Cepremap－Cordès，1978）。

（三）资本主义生产方式没有强大动力

与传统马克思主义的另一点显著差异在于，调节理论认为，一般规律的存在是由于经济是资本主义生产方式的唯一归属。对于马克思而言，这种一般规律即利润率的下降趋势。马克思的后继者们也据此解释了金融资本（Hilferding，1970）、帝国主义（Luxembourg，1967）的发展和垄断资本主义（Baran & Sweezy，1970）的出现。我们不应忽略的还有国家干预经济的兴起，以及国家垄断资本主义理论的出现。对于大多数理论创立者而言，这些概念都反映出了应对利润率下降规律的策略。也有另一种解读，认为这些经济类型都是最终迈向集体化经济体制的不同阶段。

调节理论的目标是基于从国民经济核算中得出的统计数据，精确地阐述在时间和空间中所观察到的各类积累体制参数。由此可见，积累体制的概念取代了再生产循环体制的概念（见图2－1）。

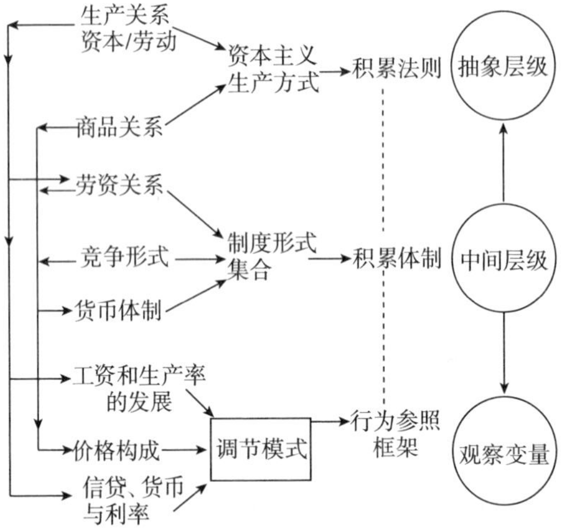

图2－1　从马克思主义理论层级到调节理论层级

（四）国家不只是资本的主体，还是制度化妥协的媒介

马克思主义学者一直试图从资本的性质中推演出国家的形式，这就是所谓的派生理论（Mathias & Salama，1983）。这一观点首先会导致政治领域依附于经济领域，然后会促使学者们假设存在资本推动下的国家功能主义。以至于在国家垄断资本主义理论中，只要改变国家功能主义，就可以推翻事实上既存的集体体系。然而，无论是国家建构的历史还是社会科学的进步都推翻了这种双重假设。

人们在历史上经常被战争征服的地区建立起主权，这便是国家的起源。统治者从经济活动中抽取必要的税收，但这显然不利于商业和工业资产阶级的兴起。公共财政经常出现赤字，这时统治者便需要向大富豪们求助，同时采取使法定货币贬值等措施。资本主义萌芽的诸多障碍形式也就此出现了。

多学科的研究表明，有必要对经济领域和政治领域进行区分。在最抽象的层级，经济领域在资本主义的刺激下趋向积累财富，而政治领域则主要围绕权力积累进行（Théret，1992）。实际上，国家必须从经济中获取资源，这反过来也会或多或少地催生有利于实现积累的必要制度。就这一点而言，人们只有在事后才能看到政治和经济之间是否存在可行的互动方式。例如，实物税体制显示了经济活动如何能追溯以往义务纳税的数额，相应地，立法和税收制度也是如此引导积累的。

这些体制并非天生可行的原因很简单：即便不是全部，也有大部分公共开支和税收制度是一系列制度化妥协的结果（Delorme & André，1983），这些制度化妥协事先是彼此独立的，它们的目的也与稳定积累无关。所以积累得以稳定下来通常是意外的结果，我们只有在事后才能观察到。例如，雇员力争扩大社会权利的意图被察觉，尤其是被企业家们察觉，就会导致积累的无效，因为这些进步的举措会导致利润率持续下降。但是第二次世界大战后经济却意外地显著增长，其中欧洲的表现尤为突出，这表明劳资关系的变化（至少在一段时间内）实际上可以被看作积累体制前所未有的发展机遇，且至少在一段时间内具有高度可行性（见第三章）。

（五）危机接踵而至，但并不相似

与“调节”一词所表达的隐含形象相反，调节问题同时涉及近乎稳定的积累体制及其危机。但就积累问题来看，调节理论与马克思主义概念甚至古典经济学概念有明显的区别（Duménil & Lévy，2002）。对于马克思而言，积累的本质特点是周期循环，即增长阶段和工业或金融危机带来的调整阶段相继出现。但马克思认为这蕴含着另一种危机：资本主义生产方式会在矛盾因素（集中化发展、利润率下降等）的影响下走向崩溃。他的后继者则强调了另两种构想。

对于一些历史学家和经济学家而言，自商业资本主义出现以来，资本主义发展长波大约历经了半个世纪。在积累动力和相对繁荣的第一阶段过后，持久性逆转进而出现，并迅速转入萧条阶段，此时可能出现通货紧缩的情况（Kondratieff，1925）。基于这种认知，研究人员便可以诊断和分析 20 世纪 70 年代的重大转变（Mandel，1978；Wallerstein，1999）。

其他经济学家（特别是美国激进派学者）受到了几乎标志着美国经济崩溃的 1929 年经济危机的冲击。但矛盾的是，在危机爆发前利润率几乎高到盈利性生产过剩，进而导致销路不足的程度。这种特殊积累体制中出现的新式非均衡，促使学者们开始关注垄断资本主义中需求管理的独特作用

（Baran & Sweezy，1970）。普遍来看，经济史学家和危机研究专家倾向于将1929—1932年的美国危机看作20世纪资本主义危机的标准形态。

调节理论考虑了积累体制缺位可能导致的所有后果。每个积累体制都对应一种危机形式，这一假设将1929年的经济危机与19世纪发生的事件联系了起来。这种分析方法非常接近于年鉴学派研究资本主义出现前的经济时所使用的方法：年鉴学派的研究表明“每个社会都有其结构的危机”（Labrousse，1976）。此概念已经被用来界定整个19世纪所出现的危机形式及其变体（Bouvier，1989）。调节理论则将上述研究一直延伸至20世纪。每个经济体都有与其积累体制和/或调节模式相对应的危机。

二、设计中间概念：制度形式

通过上述对马克思资本主义理论的批判性回溯，我们最终总结出了制度形式的特征（见专栏2－1）。不难发现，制度形式的列表与新古典理论对市场经济隐含制度的设想与分析结果相同（见表1－1）。可见两大学派的理论最终是互补的，因为它们针对的是不同的抽象层面：从严格的逻辑角度出发，一般均衡理论内部观点的相互驳斥催生了必要的制度。这一分析适用于最抽象层面的理论。

专栏2-1　五种制度形式的定义

制度形式（或结构形式）是指任何一种或多种基本社会关系的系统化。五种基本的制度形式是相互区别的。

(1) 货币形式和货币体制。对于特定国家和特定时期，货币形式是构建商业主体基本社会关系的方式。货币不是一种特殊商品，而是连接积累中心、工人以及其他市场主体的形式。人们可以通过货币体制来决定相应的结构，进而对赤字和盈余进行调整。

(2) 劳资关系形式。资本/劳动比率的结构，由劳动组织、生活方式和雇员再生产方式之间的关系构成。进一步分析五种影响资本/劳动比率历史结构特点的组成部分：生产方式的类型；劳动的社会分工和技术分工形式；动员员工与员工对公司的依附模式；直接或间接的工资收入决定因素；最后是雇员的生活方式，或多或少与购买商品或使用非市场的集体服务有关。

(3) 竞争形式。它会表明分散式积累中心和整体间的相互关系是如何组织起来的，这些分散中心的决策都是事先彼此独立的。一些极端案例的区别较为明显：市场上的事后对抗定义了私人劳动的有效合法性，竞争机制也就由此产生；而垄断机制则依靠先于生产活动存在的某些社会化规则，通过一定数量的社会需求和近乎相同的组成结构实现。

(4) 融入国际体制形式。将民族国家与世界上其他地区联系在一起的规则集合，涉及商品贸易方面，以及通过直接投资、资金流或出口盈余融资实现的生产本地化方面，甚至涉及人口流动方面。

(5) 国家形式。制度化妥协的集合一旦建立起来，就会在公共支出和收入的发展中建立规则，并具有合法性。

对马克思主义学派的重新审视，也让我们明确了基本社会关系的特征。基本社会关系在特定的社会和时期中占主导地位，这是历史进程发展的必然结果。

如果说前一种分析方法是偏功能主义的，那么后一种研究方法可谓更具历史性特色，同时提出了一系列有关制度化妥协可行性的问题，这些妥协在历史发展中达成，并且导致了五种制度形式的出现。事实上，社会斗争、政治冲突以及重大的经济金融危机一般会导致新的制度化妥协，它不再仅仅涉及国家—经济关系，而且还包括劳资关系和竞争形式。因此，认为调节理论属于功能主义是不合理的（Jessop，1997）。与制度构建相关的经济体制可行性问题，是先验的开放性问题：只有事后观察这种可行性才会给人以功能主义的假象。假象是回溯性的，主要对理论家产生影响，因为对于他们而言，经济主体往往对制度改变的结果感到惊讶。

因此，调节理论发展出了一种中间概念，它将在所有时间和空间行之有效的理论与对宏观经济数据的简要观测联系在一起。因此，这一中间概念无法主动确定其含义：确定其概念需要依托于对特定经济、特定时期制度形式本质的经验性分析（见图2－2）。

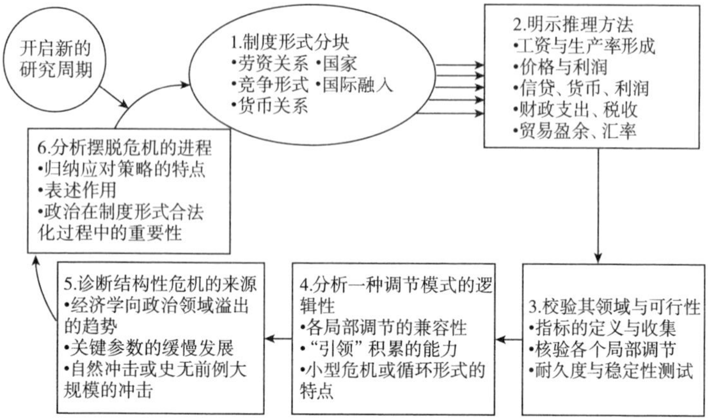

图2－2　调节理论的研究方法

确切地说，这种理论的不确定性引入了“调节模式”这一核心概念。借助以下两个命题，我们可以对“调节模式”这一核心概念所遇到的问题本质进行归纳（注意此处原文写的是三个命题，但实际上只有两个）。

（一）调节本身是不确定的

因此，制度化妥协是制度形式的基石。但总体来说，它们之间彼此独立仅仅是因为经济活动不同领域的专门化。例如，中央银行从政府那里接过制定货币制度的职能，职业关系塑造了劳资关系，企业的管理和战略影响竞争形式。没有任何系统工程能事先注意到这些不同制度形式的兼容性。事实上，每个经济主体都根据制度框架所特有的制约因素和激励机制来决定其策略，同时它们也会操控并参考制度框架中的价格体系。因此，在自由化的货币经济中，不能保证个体行为的集合能够定义宏观经济层面的可行性形态。

就调节理论最本质层面而言，先天的“非相关性”理应成为普遍规则、一般规律和发展过程中的非例外因素。我们最早在物理学和生物学中找到了“非相关性”一词的使用起源（Canguilhem，1974）：先天相互独立的生物个体（这里可以延伸到制度形式）能否在整体进化的时候保持共存和延续，简而言之，即形成体系（这里可以联想到经济学体系）？如果答案是肯定的，我们可以将所有涉及的经济机制整体称为调节模式。由此调节模式的两个基本特征被引入进来：

必须能在不同时期内再现现行的制度结构，而又不引起重大改变。

但我们不应当假设经济主体可以使整个系统的一般规则内化。在这一前提下，调节理论与理性预期学派相反。因为理性预期学派在宏观经济方面，认为经济主体和理论家一样都了解支配其相互作用的机制（Lucas，1984）。而制度形式的作用是总结个体行为所必需的知识，从而简化相关信息和认知内容。因此，经济主体便可凭借部分知识和制度化的理性行动。

这个概念与有限理性并非没有关系（Simon，1983），但在面对不确定性时，制度的组成部分战胜了与理性行为困难有关的认知领域。准确地说，制度形式汇集并提炼了相关信息，而且它们减少了一套策略行为结合所导致的内在不确定性（Aoki，2006）。均衡是否存在的问题可以延伸到一套可以相互兼容的行为中，必须对这些行为逐个进行研究。这种均衡的概念与瓦尔拉斯均衡的概念没有任何关系，因为在所有人都知道的价格体系下，没有任何经济主体能够在预算约束下实现利润最大化。

（二）调节模式最终是如何出现的？

受调节理论的启发，诸多历史研究和公式深入分析了各种过程或机制。

（1）修补与偶然？经过偶然发现和反复试验，第二次世界大战后与福特制相关的调节模式变得逐渐清晰（Lipietz，1979）。泰勒制引入科学的工作方法，然后引入装配线，在20世纪20年代带来了前所未有的生产力增长。尽管商品的相对价格下降，但需求却不足以消耗这种额外的生产。从严格的逻辑角度来看，外部观察者很容易认为大众消费必然对应大规模生产。然而如果任由经济主体按照自己的意愿进行活动，这种情况就不会发生。可见采取某种方法或另一种集体干预是十分必要的（Boyer & Orléan，1991）。这正是第二次世界大战之后发生的情况：实际工资依据生产力水平按比例制定，并成为集体协议，确保事后形成新的调节模式。因此，系统的一致性并不是事前获得的。

（2）效率选择：存疑。制度形式不是根据其经济效率来选择的。事实上，制度选择的依附性类似于修建道路：存在与制度建设相关的沉没成本。此外，正如一些网状结构技术（Arthur，1994），制度形式可以表现出递增收益，因此已建立的制度形式会妨碍较高级但新兴的制度形式。最后必须记住的是，任何系统工程都无法同步制度形式的演变，甚至连国家也无法做到这一点，尽管我们已经明确指出了国家目标和干预方式十分丰富。这就与大多数新古典主义观点形成了本质区别。大多数新古典主义认为理性的经济主体总是有兴趣进行制度改革，这是符合帕累托效率的，更何况潜在的输家会得到胜者的补偿。但是在大多数情况下，这种制度转变并不存在，所以潜在的输家会起身反对改革。

（3）进化论似的过程。第三种机制涉及制度形式之间在技术变化条件下的协同进化。在各个时期，制度形式重组的各种策略或许会对立或共存，但是从制度形式的相互适应性来看，它们最终会形成一种调节模式，该模式并不会被看作倒退。这一机制与前一机制一样，和效率没有直接关系。这种特征对调节模式的持续多样性具有重要影响。

（4）互补性假设。有效调节模式的出现也可能是由于两种或两种以上制度形式之间存在互补性。例如，在金本位制度下，任何偏离国际价格的情况都必然导致生产成本的调整，通常是通过工资弹性向下或向上调整。因此，货币体制和能够进行调整的劳资关系之间存在互补性。或者说，所谓凯恩斯主义的周期稳定政策，与20世纪经济中名义工资僵化的事实是相辅相成的。

（5）制度形式的等级关系。调节模式也可能产生于一种制度形式相对于其他制度形式的决定关系。事实上，历史的发展表明，制度形式之间存在等级制关系，地位的不对称往往源于特定的政治妥协。这种等级制结构是可以观察到的，即主导性制度形式的结构变化能够导致一个或多个其他制度形式演变。例如，如果货币体制和中央银行政策的主导思想由凯恩斯主义变为货币主义，那么较高的平均利率会影响公司的业绩，这反过来会对就业和工资产生影响；如果将政策实施延伸至很长一段时期，那么劳资关系的结构也会受到影响（Boyer，1986b）。在这种情况下，等级制结构的动摇解释了调节模式的出现和转变过程。

所有上述机制都可以解释一种调节模式的可行性，但这也表现了调节模式在时间和空间上的多变性。

三、数百年间迥异的调节模式

对法国资本主义的长期研究（从18世纪到20世纪的最后十年）表明，至少可以将调节模式划分到四个接连出现的时期。三个多世纪劳资关系的变化所产生的影响，在名义工资和实际工资的演变中十分明显。

（一）从古代直到18世纪末的调节

在大多数古代制度经济中，商业资本主义是从农村基础结构发展起来的。经济发展动力来自农业生产的不稳定风险。面对收成不佳的情况，食品价格暴涨抬高了生活成本，以致农业危机转移到工业领域，这意味着农村和农业领域需求的萎缩导致名义工资减少。如此一来，实际工资暴跌，并且由于生存条件变得十分艰难，死亡率会上升，这让人想起马尔萨斯模型的基本假设。这也是滞胀调节的例子，我们只有在两个世纪后的政府管理调节模式中才能再次找到它的身影。在这一方面，调节理论借鉴了年鉴学派的研究。

（二）19世纪典型的竞争性调节

第二种调节模式包含所有其他的经济形势变化的衔接阶段。实际上，从19世纪中叶开始，经济发展的动力核心变成了手工制造业，经济发展的规律也变成了繁荣阶段与衰退阶段交替出现。资本集中程度低，因此价格具有竞争力。此外，员工本身也要屈从于积累的波动，但却没有影响名义工资的能力。因此，名义工资、工业产品价格、工业发展会同时发生变化。这种结构在调节理论中等同于新古典理论中的瓦尔拉斯均衡，区别在于：在积累的影响下，经济体系发展永远不会停下（即发展到新古典主义的均衡），而是过度积累阶段和积累不足阶段交替出现。大多数经济理论都隐含着这种调节类型，但该调节类型并没有保持不变，而是已经在逐渐发生变化。

（三）漫长的变化时期：两次世界大战之间

实际上，资本集中在某些时期就会出现，特别是在危机发生时。与此同时，工业雇佣工资制的发展催生了集体组织（工会、协会、互助会），而工人斗争也频频发生，这些斗争旨在减少妇女和儿童的夜间工作、认定与工作有关的事故或防止工资在经济形势不利时被压低。这些工人运动产生于19世纪后三十年，并在第一次世界大战后蓬勃发展起来。这一时期的特点是货币体系向信贷货币过渡，信贷货币或源于完全可兑换性。周期性通货膨胀的出现与竞争性调节的普遍价格波动形成对比，当然这种价格波动与金本位制有关。

劳资关系中的集体因素也开始出现——例如，在法国，退休权利得到认可——正如通货膨胀的累积效应所要求的那样，员工也要求将名义工资与消费者价格指数挂钩。因此，制度形式从19世纪开始发生显著改变。但是工资调节仍然受到相应竞争形式的支配，这同时彰显了调节理论的核心结果之一。

新制度主义理论认为制度出现和行为变化之间存在完全瞬时相关性，长期的历史研究却证明，事实恰恰与之相反。

历史经验表明，大约 1/4 个世纪的时间维度，可以将蕴含根本性创新的制度出现与相应的调节模式分隔开。调节模式的转变包含长期以来生活方式、生产技术、活动空间等的变化，而不是短期的、不稳定的预期变化。这一点相悖于除道格拉斯·诺斯（1990）外大多数制度经济学者研究所提出的假设。

1919—1939 年的矛盾结构标志着调节模式长期演变过程中重要的一步（见图 2－3）。

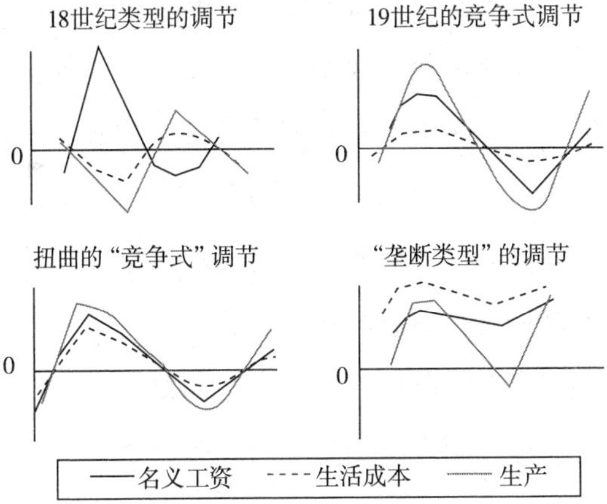

图 2－3　调节模式的更迭：以劳资关系为例

（四）垄断调节：辉煌三十年

直到 20 世纪 50 年代后半叶，被定义为行政调节的模式才建立起来，无论是在法国还是在美国，这种调节模式在两次世界大战之间均还处在萌芽状态。事实上，推行国家法定货币的主要目的是进行金融积累，而不再是为了满足战争支出。通过将名义工资与物价指数挂钩，实现了劳资关系的根本性变革，这种工资指数化在当时被称为“发展红利”，即满足人们对生产力发展的期待。与此同时，集体性要素进入了员工生活方式（获得教育、医疗、住房等），这些集体性要素被纳入社会保障体系。社会保障体系可能是俾斯麦式的——员工的社会保障由社会分摊金和雇主提供；也可能是贝弗里奇式的——整体社会团结依赖于国家税收保证。

这些显著变化解释了前所未有的工资走向变化：实际工资几乎持续增长，名义工资对失业变化的敏感度下降，经济衰退期呈现出滞胀特点。因此，垄断调节与竞争调节有很大不同。这与其他制度主义研究相比是有区别的。其他制度主义方法不断利用对称信息，试图达到完全竞争均衡这一参考标准，而现实存在的制度却导致了大量缺陷。相反，对于调节理论来说，这种制度结构是具有一致性的。回顾历史，这种制度结构的表现也十分抢眼。

这种调节模式在 20 世纪 60 年代末陷入危机。从那以后，制度形式的重组过程便开始了，但时至今日也未出现像垄断调节一样明确的后续调节形式。

四、当代调节模式

学者们已经对围绕制度形式等级制结构的各种假设进行了研究。

（一）竞争深化，也包括国际竞争

首先，自 20 世纪 60 年代中期以来，管制放松和国际开放的脚步几乎从未停止，这使先前不占主导地位的竞争摇身一变，成为一种重要的制度形式（Petit，1998）。事实上，这往往会影响劳资关系的重构，以至于工资不再仅仅是实际需求的一部分，也成为塑造竞争力的成本。一旦发生这样的变化，加之资本流动性增加，民族国家之间的竞争将变得更加激烈，包括在税收方面的竞争，而国家—经济之间的关系也会随之发生转变。然而，这种潜在的调节模式与 19 世纪典型的竞争性调节不同，因为这一模式在干预多样化的国家中发挥着作用，包括国家对社会保障领域的干预。

（二）以第三产业为主的调节模式?

第二次世界大战以来，生产结构发生了缓慢却持久的转变。制造业是经济发展的引擎，并且有将发展动力推广至经济整体的趋势，但第三产业的就业不断增长，以至于取代制造业成为经济重心（Petit，1986）。但是，服务业体现了一种新型的制度形式衔接（就业合同相对分化，甚至出现了巴尔干式的四分五裂，通过质量和生产地址进行竞争等）。因此，可以说，在当代经济中，调节模式特性最重要的组成部分来自第三产业。例如，由于服务业存在着惯性，该产业经济活动的波动较小。这种调节模式应当存在于从古代调节模式（以农业部门为主）向竞争调节（由工业驱动），再向垄断调节（其特点表现为工业和服务业之间的新型衔接）过渡的连续性中。

（三）金融化调节模式？

根据第三种研究方法，金融创新激增以及许多发达国家和发展中国家国际资本流动的开放，催生了另一种假设的出现，即调节模式的金融化（Aglietta，1998）。然而过去二十年来制度形式重构的过程非常复杂，以至于时至今日，金融化调节模式的出现仍有不确定性，且除了 20 世纪 90 年代的美国外，在其他国家和地区都难以建立起来。这种调节模式在互联网泡沫破灭时会表现出其局限性，并且似乎不适用于多数国家（Boyer，2002b）。

潜在调节模式的多样性表明了调节理论的一个基本含义：回顾这些调节模式，不难看出它们的出现给人以功能主义的印象；而在现实的结构变革中，占主导地位的调节模式所产生的不确定性会明确显露出来。

五、结论：均衡理论、非均衡理论……调节理论

经过上述分析，本书所提出的论题的作用，以及选择“调节”一词来体现其特点的优势就显得十分清晰了。

新古典理论在研究增长过程时，也在关注均衡的概念，因为均衡被视为通向动态稳定的捷径，而且价格体系足以描述其特征。但新古典理论低估了货币的影响，也忽视了资本主义经济最具代表性的积累过程的动态特征（Sapir，2000）。

非均衡理论（Bénassy，1984）抛弃了瓦尔拉斯对价格的假设，并认为瓦尔拉斯价格源自寡头垄断价格形成过程，这实际上对应了当代的竞争形式。然而，除了一些例外，非均衡理论模型没有考虑积累的动力，也没有考虑制度在协调经济主体的策略中所发挥的作用。

调节理论充分衡量了制度形式对积累动力的影响，积累动力不再只来源于相对价格的博弈，无论制度形式是劳资关系、竞争形式还是货币体制。因为诸如工资或利率等价格都受制度形式博弈的影响，所以非均衡理论建立的工具，特别是配给的概念，可以被借用来构建调节模式。

第三章 积累体制与历史动力

调节理论关注长期发展趋势，所以第二个概念——积累体制就会发挥重要作用。与马克思及其后继者所发展的再生产图相比，重建积累体制是十分重要的。重建积累体制的目标是通过详细分析制度形式对工资和收益间收入分配的影响，以及变现要求与增值要求的兼容性，构建起经济发展动力并实现对马克思主义经济术语的再利用。从理论视角和历史视角来看，出现了多种积累体制。随着分析对象从旧工业化经济延伸到后来的经济形势，积累体制的多样性愈加显著。

一、从再生产图示到积累体制

如果说调节模式明确了主要宏观经济变量接连出现的顺序（就像经济主体所感知的那样），那么积累体制则勾勒出了长期增长模型的轮廓。这样的二元性确实造成了一些理解上的困难。

（一）起源和意义

积累体制的概念是最根本的，并不存在与调节模式概念重复使用的问题。首先应当对照一下其他宏观经济理论中近似的理论共存现象。在凯恩斯主义中，IS－LM 模型具有描述经济政策对活动水平影响的功能，而其他更长期的模型则试图确定周期性增长的条件。相同的对立现象也出现在当代新古典宏观经济理论中：实际经济周期模型描述了货币或技术创新的结构，而内生增长模型——如同索洛模型一样——摆脱了周期性的描述，以圈定有助于长期增长的要素。

但使用积累体制的概念还有更为根本的原因。事实上，调节理论忠于基本的马克思主义原则，它从资本主义生产方式中借鉴了积累具有决定性作用的假设。而积累体制与再生产图示不甚相同，其区别在于，它们的代表性参数主要来源于两种不同的制度形式：劳资关系与竞争形式。此外，这些参数的价值主要是从长期国民经济核算中估算出来的。因此，我们可以使用一个适用于法国经济辉煌三十年的两段模型（Bertrand，1983）和一个适用于美国的等效模型（Juillard，1993），甚至是一个包含了两次世界大战期间的多体制模型（Boyer，1989）。

专栏 3－1 给出了积累体制概念的完整定义，现在只需从定性和定量两方面强调这一概念即可。事实上，积累体制的可行性提出了制度形式的再生产问题。当一种积累体制崩塌时，制度形态的结构就会直接受到影响。最后应当注意，这一概念是完全抽象的，它并没有试图描述经济主体的行为，它只是调节学派研究人员的一种分析工具。

专栏3-1　宏观经济学的制度形式

（1）积累体制。

这套规则确保了资本积累进程的普遍性和相对一致性，也就是说，随着时间的推移，消除资本积累进程自身不断产生的扭曲和非均衡。

这些规则涉及：

· 生产组织发展变化以及生产方式同雇佣工人关系发展变化的标准类型；

· 资本基于管理准则基础增值的时限范围；

· 促进不同社会组群和阶层在生产动力上的价值分配；

· 有利于生产能力发展趋势的社会需求构成；

· 当非资本形式在研究的经济构成中占有重要地位时，与这些非资本形式的衔接方式。

（2）调节模式。

个人与集体的行为及程式集合体，其特征为：

· 通过历史上确定下来的制度形式的结合，再现基本的社会关系；

· 支持和“引领”现行的积累体制；

· 确保一系列分散决策的动态兼容性，而非必须通过经济行为者实现整体体系调整原则的内化。

（二）积累体制的更迭

对美国、法国、欧洲国家和日本的长期历史研究显示出积累体制的变化特点。简而言之，数百年间积累体制出现了两个核心参数。一方面，积累的特点是：外延式为主的，这时生产结构在生产技术不发生重大变化的情况下延伸开；内涵式为主的，此时生产组织发生永久性转化以求生产力增长。另一方面，需求的特点决定了两种对比强烈的结构参与其中：消费模式，即便是工人的消费模式，也很少与资本主义驱动的制造业生产产生关联。最主要原因是以小规模商业生产或租赁关系为特点的农业就可以保障消费。随着工资制的发展，工资化率得以提高，工人的生活方式也已发生了变化，其结果是工人越来越依赖于资本主义提供的生产。

这两个特征的组合定义了历史上实际观察到的四种积累体制（见表3－1）。应当注意的是，这些变化是在数十年间实现的。重要的是要弄清楚哪些要素催生了积累体制的演变。通常情况下，那些影响深远的危机标志着旧体制的穷途末路，并激发其向新的体制转变。

表3－1　四大积累体制：理论和史实的对照

消费模式	积累体制	
	外延式	内涵式
较少融入资本主义	18—19世纪的英国经济 ①	19世纪的美国经济 ②

续表

消费模式	积累体制	
	外延式	内涵式
广泛融入资本主义	20 世纪后期的美国经济 ④	二战后经合组织国家的经济 ③

二、发展模式的特点研究

现在我们需要研究上述不同的积累制度是如何从各大时期代表性制度形式中衍生出来的，并考虑在何种条件下一种行之有效的积累体制能够占据主导地位。当然我们也会提到支撑每种制度的调节模式，把发展模式定义为积累体制和调节模式的结合体，也是十分贴切的。

（一）竞争性调节中的外延式积累

调节理论起源于也适用于那些竞争逻辑和劳资制度主导的经济体。老牌工业化国家经济即是此类情形。如果我们将目光投向 19 世纪下半叶，就会观察到一种相当特殊的结构。资本主义企业由于其生产方式和生产组织具有优越性而展开竞争，它们倾向于替代诸如小规模商业生产的旧生产形式（在此我们可以重温马克思主义的一些专业术语）。在“领头羊”行业，即资本主义工业企业所在行业积累效应的影响下，生产力得到了充足发展。从这个意义上说，我们可以将这种积累认定为外延式积累。工业工资制虽然正处于发展中，却仍属于少数，以至于它虽然对利润形成做出了决定性贡献，却几乎没有或很少参与需求的形成。因此，经济再生产取决于农民、资产阶级甚至公共支出的需求。从这个角度看，我们可以将这种需求理解为利润驱动的需求。

积累是如何稳定下来的？主要是通过储备资金的起伏波动来实现（即工业生产活动的起伏对名义工资产生的影响）。事实上，由于缺少集体性组织，工人的议价能力很弱。当工业加速发展时，招聘的增加带来了就业的增长，同时也抬升了企业对工资的支出；而当工业发展形势欠佳时，情况则正好相反。工人们受到了工业危机的极大影响，而工业危机又会对整体经济造成影响，围绕农业生产的古代调节也伴随着这一过程逐渐退出了历史舞台。

事实上，这种积累体制除了带来令人瞩目且常常引发痛苦结果的社会变革之外，还确保了首个工业资本主义的兴起。

（二）不包含大众消费的内涵式积累

不是所有的积累结构都会导致具有动态稳定性的积累体制。考虑到这一点，两次世界大战之间这段时期就极具启发意义。事实上，几乎所有的制度形式都经历过重大转变。第一次转变取决于科学和技术的动员能力，这种动员能力有助于开发新产品并推动生产方式合理化。前所未有的生产力增长见证了积累体制向内涵式积累过渡，也证明了内涵式积累是建立在生产技术改善之上的积累。这是大规模生产进行并获得规模报酬的时期。第二次转变是由19世纪末工资制飞速发展引起的。此时源自工人的需求显著增加，但这种需求增长的源泉却与工资竞争性特点所反映出的劳资关系产生了冲突。

在这种情况下，生产率的提高促进了利润驱动型积累的诞生，但这样的积累却遭遇了需求与生产能力匹配失衡的局面。事实上，工业生产的增长并不一定伴随着有利于就业的发展变化，以至于实际工资不会因生产率的提高而改变。因此，工人群体数量增长放缓会对需求产生重要影响。

这就解释了美国1929年危机的特殊性质：20世纪20年代的繁荣兴盛以及1929—1932年的萧条都证明了第一次世界大战时的积累制度已不再适用了。

（三）包含大众消费的内涵式积累

为何令世人所担心的一幕没有在第二次世界大战之后重演？从20世纪50年代开始，大规模生产和大众消费并驾齐驱，一种新的有效内涵式积累体制开始出现。实际上，对于制度化妥协进程中产生的变化而言，变化的规模和同步性都源自这种内涵式积累体制。积累体制的变革应归功于福特制劳资关系的制度化。需要认识到福特制劳资关系建立在对生产率增长的预先分配原则基础之上。与此同时，生产中对科学和先进技术的应用变得更加系统化，而资本增值的时间跨度也在延长。增值时间跨度延长本身取决于经济增长的活力和相对稳定性，而其中国家与经济二者间关系的新内涵也为之做出了贡献：国家鼓励生产性投资，让必要的基础设施实现其效率，并促进社会保障覆盖到劳动者。最后，在凯恩斯主义的旗帜下，政府推行稳定经济的政策。这些因素都延伸了预测的时间广度，并成功调动了规模收益和学习效应。

因此，以大众消费为中心的内涵式积累制度开启了福特主义时代的大门。与以前的制度（见表3－2）相比，它的特殊之处在于将员工消费与投资之间的互补性制度化了，从而导致收入分配具有极强的稳定性，这不仅体现在工资与利润的分配上，也体现在员工之间的收入分配上。这种积累制度的特点在于其垄断式的调节模式，或者说行政式调节模式，因为这一模式得益于对经济活动风险管控程序的制度化。使这种发展模式取得成功的最后一个条件是：缺少国际环境的强力限制即布雷顿森林体系所提供的国际环境。当各国国内调节通货膨胀的步调不统一时，增长潜力的重塑得益于汇率的周期性调整。

表3－2　积累体制一览

组成部分	体制类型			
	竞争调节的外延式积累	不包含大众消费的内涵式积累	包含大众消费的内涵式积累	不平等的外延式积累
生产组织	大型手工工厂	泰勒式生产及装配线	调动规模收益	生产率增长殆尽和第三产业化

续表

组成部分	体制类型			
	竞争调节的外延式积累	不包含大众消费的内涵式积累	包含大众消费的内涵式积累	不平等的外延式积累
劳资关系	竞争性	尽管劳方数量增长，但仍保持竞争性	生产率增长收益分配的制度化	自由化、个体化以及集体形式的衰退
附加值分配	由储备资金控制	根据利润分配收益	生产前确定分配	劳方份额减少后确定
社会需求构成	农民、资产阶级、公共支出	员工需求的占比增加	员工需求成为主要动力	根据收入分层，收入本身与个人能力有关

（四）不平等加剧下的外延式积累

在美国，不平等加剧下的外延式积累体制在福特主义进入危机之时将其取而代之。福特制危机主要表现为早期的生产率增长来源的枯竭，无论是由于直接的技术原因（面对产品差异化需求，追求生产率增长难度加剧）还是社会原因（对福特制劳动思想的抵制）。由于生产范式的危机不一定具有相同特征，20 世纪 70 年代的危机特点表现为向高度外延式积累回归（见图 3－1）。更加矛盾的是，虽然创新的投入大幅增加，但生产率却没有显示出再次提高的势头。这样的情况只会发生在 20 世纪 80 年代，以及之后的 90 年代。

这种积累体制的第二个组成部分源于福特主义劳资关系被破坏甚至瓦解，其原因在于，工会在福特主义危机造成的失业面前丧失了协商能力。企业层面的谈判权被下放，根据个人能力，劳动合同也逐步个体化，与通货膨胀和生产率提高挂钩的工资指数化条款被取消，这些都是导致劳方内部不平等加剧的因素（见图 3-2）。等级斗争有取代阶级斗争的倾向，这一因素也有助于打破以前的工资关系。

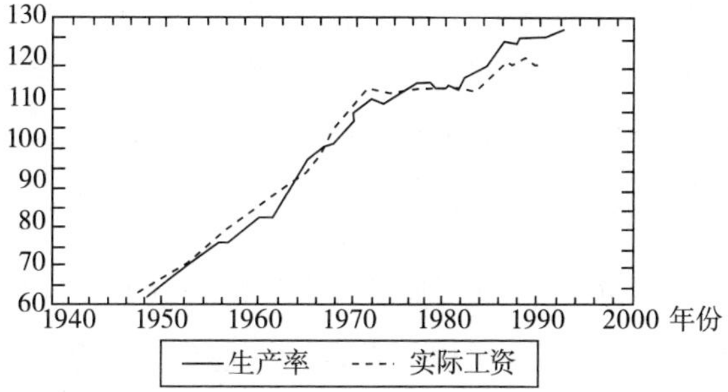

图 3-1 美国的生产率与实际工资

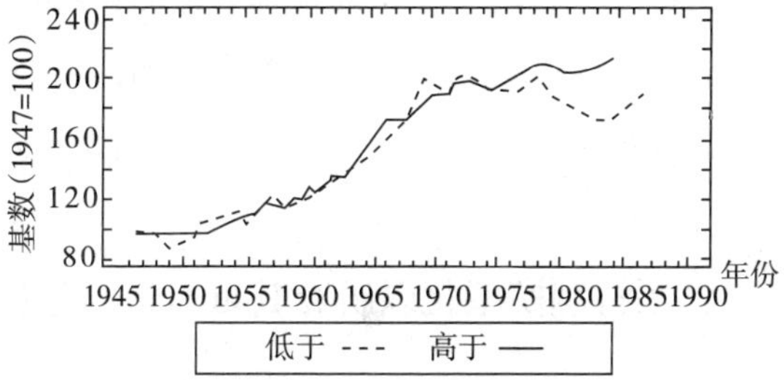

图 3-2 美国收入不平等的演变（最高与最低十分位比较）

这种外延式积累体制建立在不平等加剧、产品差异化逐步加深的基础之上，因为这就是积累链条完成闭环的原则。劳资关系的“弹性化”可以通过工资适度性原则来降低成本，不再需要追求节省劳动力的技术，就像福特制中企业要对实际工资增长的连续性进行预测。因此，日益开放的国际竞争对降低工资成本产生了影响。另外，产业和国家的发展轨迹也因竞争程度的不同而产生差异。

特别应当注意的是，这种体制的整体表现不如福特主义，因为其特点主要表现为生活水平进步明显放缓、更高的失业率、更加不确定的利润收益以及逐渐加剧的社会不平等，而社会不平等的加剧对人们最终接受这一体制也会产生负面影响。尽管如此，它还是代替了福特制，这也让积累体制演变所参照的标准，即新体制能够激发更高效率的假设被推翻了。这是对新古典主义建构的否定，也是对马克思主义观点的否定，因为这两种思想中前者假设了生产率对增长的决定性作用，而后者假设了生产力对社会关系重构的决定性作用。对于调节理论而言，制度形式塑造了增长体制，其中也包括创新的发展方向和强度。

三、将福特制模型化以研究其可行性与危机

如何明确一种发展模式是否可行？为了回答这个问题，我们需要从制度和定性分析过渡到每种制度形式结构所涉及的主要变量之间关系的量化表达。基于教学目的，我们将首先展示如何将福特制作模型化处理，在下一节再介绍一种更具普遍性的模型。

(一) 关键链条

从前面的描述中，我们可以明确三种处于福特主义核心的机制（见图 3 -3)。第一种机制与生产率增长的动力有关：增长能够依据规模收益和学习效应使生产率提高。第二种机制在大多数情况下都十分明确，它将工资构成与消费物价的演变和生产率的提高紧密联系起来。因此，它也定义了生产率增长是如何分配工资和利润的。第三种机制描述了在给定收入分配的情况下需求是如何形成的。它假定员工的消费是企业投资决策的关键指标。

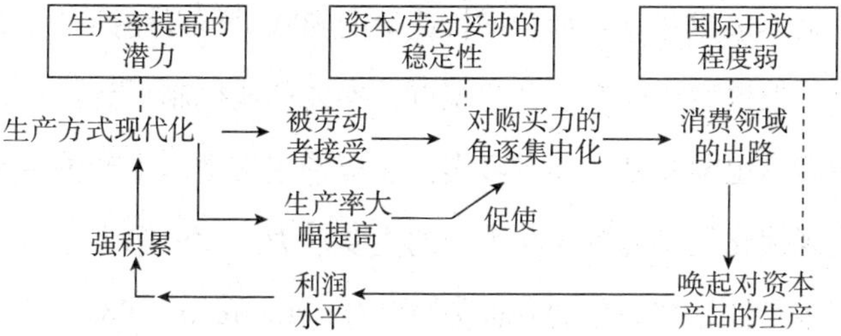

图 3 -3　福特式增长的良性循环及其三重条件

最后为了将需求转化为生产，需要有足够的生产能力，且应当认识到进口并不能满足大部分需求。潜在的假设是当前的经济体对国际经济的开放程度很低或完全封闭。而当我们抛弃这一假设条件时，我们就会得到完全不同的积累体制，这与 20 世纪八九十年代的情况极其相似，对于所谓的外围国家更是如此，这些国家高度依赖贸易、技术和金融。

（二）基本方程

基于上述对经济循环的极简化表达，我们可以构建一个描述该制度关键变量的模型（见专栏3－2）。

生产力的发展取决于技术变革、资本形成强度以及是否存在规模报酬递增。这三个术语汇集了不同的概念。按照熊彼特的分析，技术变革作为一种外生动力，要用常数项来表达。资本形成强度则表示为投资量对技术改进的影响。最后，在必要的情况下要引入尼古拉斯·卡尔多的分析，他考虑到了生产积极性对生产率的影响。

资本形成强度是消费增长速率的函数，可以用两种方式来解释。根据后凯恩斯主义的观点，乘数加速机制得到认可，但这种表达也同样基于如下事实：在福特主义中，生产消费品的部门现代化是刺激资本品生产的主要动力。此处第二个等式总结了生产性领域模型的一种关键特征（Bertrand，1983）。

专栏3－2　福特式增长模型

1. 等式表达

(1) $\mathring{\mathrm{PR}} = a + b.\,(I/Q) + d.\,\mathring{Q}$。PR为生产率；Q为生产。

(2) $(I/Q) = f + v.\,\mathring{C}$。$I$为投资量；$C$为消费。

(3) $\mathring{C} = c.\,(N^{\circ}.\,\mathrm{SR}) + g$。$N$为就业；SR为实际工资。

(4) $\mathring{\mathrm{SR}} = k.\,\mathring{\mathrm{PR}} + h$。$k$为生产率增长分配系数。

(5) $\mathring{Q} = \mathring{D} \equiv a.\mathring{C} + (1-a).\mathring{I}$。$D$ 为需求，得到 $a = (C/Q)_{-1}$ 在长期可变。

(6) $\mathring{N} \equiv Q - \mathring{PR}$。就业得以确定。

其中，° 表示每种变量的增长率。

2. **图形表达**

上述模型很容易被解读成一种双重过程的结果：

首先，在了解市场增长速率的情况下，生产率的增长趋势是怎样的［关系式（Ⅰ）］？

其次，在生产率变化给定的前提下，收入在工资和利润之间的分配比率是如何的？消费、投资以及总需求的增长［关系（Ⅱ）］是怎样的？

因此，如下图所示：

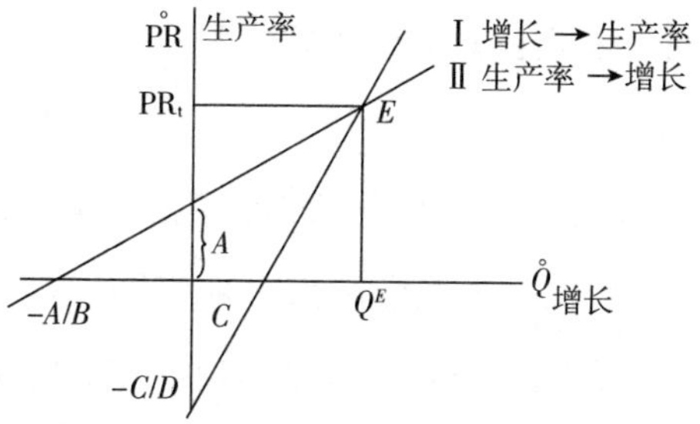

将模型中某些关系式简化和线性化后，得到解析解如下：

$$(\text{Ⅰ})\ \mathring{PR} = A + B.\mathring{Q}$$

$$(\text{Ⅱ})\ \mathring{Q} = C + D.\mathring{PR}$$

$$(\text{Ⅲ})\ \mathring{Q}^E = \frac{C + D.A}{1 - D.B} \qquad \mathring{N}^E = \frac{C(1-B) + A(D-1)}{1 - D.B}$$

Avec $A = a + bf$ *et*; $B = bv + d$

$$C = \frac{a.(c.h + g) + (1-a).f}{1 - a.c - (1-a).v};\ D = \frac{ac.(k-1)}{1 - a.c - (1-a).v}$$

从这一点来看，消费变化更符合卡莱茨基的逻辑论证，而非凯恩斯主义的逻辑论证。事实上，受卡莱茨基启发，卡尔多提出如下观点："资本家赚取他们所花费的，工人们花费他们所赚取的，"这从根本上反映了劳资关系的不对称性。因此，消费取决于劳动者群体，而建立在劳动者活动基础上的假说也就自然地占据了主导地位。我们很容易就可以意识到劳动者和盈利者在消费行为上展现出的差异。薪水的构成要考虑到两个核心假设。由于名义工资完全参照消费者价格指数，选择实际工资作为变量是较为合适的做法。但实际工资是指数化的产物，而且这种指数化通常是明确的、由生产率增长决定的。我们注意到，等式中没有任何一项考虑了就业或失业的情况，这与计量经济学的研究成果相符，他们认为失业在福特主义中的作用已经被减弱了（Boyer，1978）。

等式（5）看似一个将生产简单地等同于需求的财会记账等式，然而它却具有特殊的经济意义，因为它假定需求的动力决定了生产的边界。它将当代宏观经济学只考虑短期的假设扩展到了中长期，这个假设脱离了几乎所有宏观经济学流派（新古典主义、新凯恩斯主义、古典主义）共同的观点。它也因此受到了批判（Duménil & Lévy，2002），但它的优点是强调生产能力对需求变化的依赖，既是通过投资和加速机制实现的，也是技术变化强度对需求压力产生依赖性的结果。同样，等式（6）将就业增长定义为生产和生产率之间的增长差距。

它实际上包含了一个强有力的假设，且不一定会被计量经济学数据推翻：就业在很大程度上不取决于资本/劳动力的替代现象，而是取决于需求水平和生产率决定因素（Boyer，1999b）。这与后凯恩斯主义发展模型是一脉相承的。

（三）决定可行性的三重条件

上面的等式可以理解为一个双重过程，这是适用于福特主义积累增长理论的典型特征（见专栏 3－2 第二部分）。一方面，在了解需求增长的速率情况下，生产率的增长趋势如何？另一方面，为了改进生产率，如何对收入进行分配，以及这样的分配对消费增长、投资增长和生产增长分别有何影响？更形象化地说，福特式增长源自一种类似于二冲程发动机的运作结构：首先生产率带动了经济增长，之后经济增长又激发了生产率。这种文字表达给人的感觉像是引爆的过程，因为它本质上就是不稳定的。

事实上，对于一种可行的体制而言，重要的是短暂的外生干扰不会影响增长路径。这就要求我们假定实际工资相对于生产率的指数化程度介于两条明确的极限之间，即参照生产率制度和需求制度的极限之间，无论指数化程度过高还是过低都会导致经济的崩溃（见专栏 3－3）。

但这并不是唯一的条件，因为它也必须确保利润不会以不利的方式发展到影响等式（2）有效性的程度，因为等式（2）

假设消费是投资的唯一解释变量。实际工资对生产率的指数化必须低于另一个阈值，它取决于生产率制度和需求制度。

最后，如果我们要考察福特制时期的一个重要特征，就必须确保就业保持正增长。如果需求组成部分的自身发展动力超越了节约劳动力技术的发展动力，这一条件就可以得到满足。因此，我们发现福特制中类似于新熊彼特主义式的特性：只要产品创新快过流程创新，就业就会不断增长。

阐明福特制存在的可能性条件是建模的意义所在，虽然模型可能过于简化。同理，模型化也让我们能够诊断出福特制中可能产生危机的要素。

专栏3－3　实现良性福特式增长过程的条件

通过对1950—1967年这一阶段的观察，我们可以发现三个基本特点：就业呈现出增长趋势，虽然趋势较为平缓；经济波动相对稳定；在利润方面不存在明显的逆向发展趋势，至少在最初阶段不存在。该模型可以确定在何种技术和制度条件下上述三个特点得以成立。

为了增加就业，需求的自生成分（投资同消费一样）较之于节省劳动力的技术进步趋势，必须具有更强的动力（条件 $C1$）。

为了在短期能够通过自动校正失衡的过程来稳定增长路径，工资对生产率的指数化程度必须介乎技术特征和需求组成所设定的两个极限之间（条件 $C2$）。

若使利润方面不出现不利的变化，便需要假设工资指数化程度低于另一个极限，具体取决于技术参数和需求（条件 C3）。

$C1$：$\frac{C(1-B)+A(D-1)}{1-D.B}>0$ 就业增长条件

$C2$：$1-\frac{|1-ac-(1-a)v|}{ac(bv+d)}<k<1+\frac{|1-ac-(1-a)v|}{ac(bv+d)}$ 增长路径稳定条件

$C3$：$A+B.\left(\frac{C+D.A}{1-DB}\right)\geqslant\frac{h}{1-k}$ 确保利润不会出现下降趋势的条件

（四）危机的起源

受这一模型的启发，危机的根源也应当有以下三个。

首先，正如在美国观察到的（Bowles, Gordon & Weiskopf, 1986）以及后来在法国所观察到的（Coriat, 1995），与福特式生产相关的生产率增长可能会被消耗殆尽。在其他条件不变的情况下，这可能将经济带入一种不稳定地带。

其次，维持充分就业，甚至过饱和就业，赋予员工更高的议价权利，他们会要求提高工资对生产率增加的指数化程度。由于集体协议是依据某些预期而签订的，但根据事后的观察不难发现，生产率发展趋势的中断与这些预期相比往往更能提高指数化程度（Boyer，1986b）。一旦超过了C2条件定义的上限，生长体制的稳定性便再也无法得到保证了。

最后，如果没有根本性的产品创新，且方式创新已超越了产品创新，那么消费型社会的成熟对就业可能会产生一种不利影响（Lorenzi，Pastré & Toledano，1980；Réal，1990）。此外，福特主义生产的成功导致就业转向第三产业（Petit，1986），其中包括教育、健康和娱乐等行业，但福特制组织方式先天并不适用于这些领域。更重要的原因是，需求必须通过国家干预来消弭，这是调节理论创立以来便存在的问题（Aglietta，1976）。因此，即使在进入不稳定地带之前，经济体中可就业人口变化和就业积极性之间也可能会出现不匹配的问题。

此外，一旦利润受到负面影响，投资就会出现放缓甚至受阻的情况。此时经济便脱离了福特主义生效区，转而进入了一个所谓的经典区间，在这里，利润损失会对经济活动水平产生负面影响。

这些都是通过模型勾勒出的事实情况，却也不由得让人想起20世纪70年代在美国和欧洲各国出现过的真实情形。

四、适用于多重体制的一般模型

从20世纪70年代末开始，对于大多数经济主体而言，战后增长体制的局限性都是显而易见的，无论这些局限性是源自福特制危机还是国际货币体系的不稳定性。这些局限性首先完全颠覆了经济政策走向，而后又让经济政策重归于某些制度形式的基本设定。如果说货币主义是首个对凯恩斯主义的合理性提出异议的流派，那是因为它让一个古典学派的概念荣归历史舞台：工资。工资曾经被认为是提升需求的要素，而如今却更多地被视为制约企业盈利能力和国民经济竞争力的负担。因此，许多保守党政府正在重新考虑劳动立法，鼓励竞争和开放，并重新界定国家的角色。以至于在20世纪80年代初，至少在政治话语中往往会推行与福特主义截然相反的概念：今天降低工资是为了创造利润，从而激发明天的投资和后天的就业。这一理论即有名的施密特定理[①]。这只是在法国被称为竞争性反通货膨胀战略中的第一阶段（Lordon，1997），在国际上体现为一种新自由主义的保守政策（Bowles，Gordon & Weiskopf，1986；Boyer，1990a）。那么这种积累体制在何种条件下具备可行性呢?

（一）重新引入竞争要素

新经济政策推进的实质是通过增加竞争机制促使福特模式得到推广。这也是在竞争调节中分析外延式积累体制的一种方法，尤其在19世纪，这一模型因为发展到了极致而十分

① 此处是指联邦德国前总理赫尔穆特·施密特于1974年11月提出的政治口号："今天的利润会创造明天的投资和后天的就业。"（法文：Les profits d'aujourd'hui font les investissements de demain et les emplois d'après-demain）这一观点多次被法国前总理吉斯卡尔·德斯坦引用，也成为之后法国推行竞争性反通货膨胀政策的理论依据之一。—— 译者注

具有典型性。我们下面只需要进行两次一般化推广即可完成。第一，投资同时取决于消费变化和利润变化。第二，实际工资不再仅仅取决于生产率，还要取决于就业增长，因为它可以衡量“劳动力市场”的情况（见专栏3－4）。

（二）多种生产率体制和需求体制

这种模型推广引申的结果是大大丰富了生产率体制和需求体制各自的内部结构。就生产率体制而言，显然生产率可以与生产呈正相关，这种情况不仅出现在规模报酬递增和有限指数化的福特制案例中，也存在于一个典型的古典案例中：增长带来了利润，进而刺激了投资，这是生产率增长的源泉。而需求体制也可以随着生产力的增长而增长，这体现在工资形成主要依靠竞争、投资严重依赖利润的古典案例中。此时便有可能出现与古典预测相匹配的积累体制。

专栏3－4　积累体制：一般模型

为了将竞争性的调节模式视为自由主义战略对福特式积累体制转型的影响因素，重要的是将先前提出的增长模型作推广（见专栏3－2）。从本质上看，古典分析的链条如下图所示。有竞争力的工资是可以提高利润，从而为投资和生产率提供支持的。增长是由投资拉动的，或者说，在开放经济环境中是由出口拉动的，而它最终会为就业注入活力。

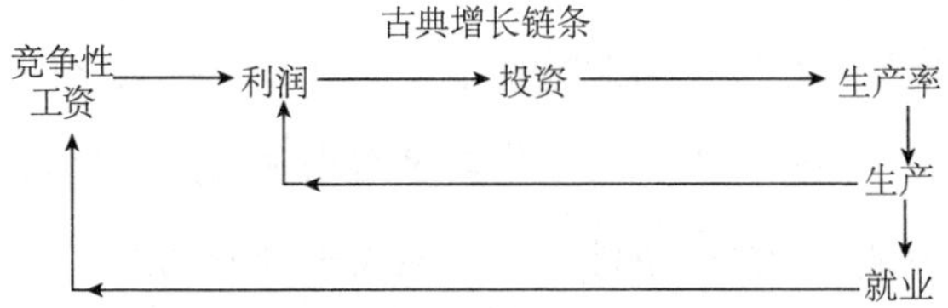

实际上，出于分析的需要，这些机制将与关注工资和生产率同步性的福特式循环机制相结合。为此我们只需引入两个推广条件：

投资率同时取决于消费增长率和附加值中的利润份额［等式 (2′)］。该等式包含纯粹古典假设 ($v = 0, u > 0$) 和典型福特式假设($v >> 0, u = 0$) 的特殊情况。

实际工资将两个对立的决定要素结合起来：明确的生产率增长分配，以及竞争效应引发实际工资与就业变化呈正弹性［等式(4′)］。它在从典型福特式情况($k > 0, I = 0$) 到完全竞争情况的区间内($k = 0, I >> 0$) 呈阶梯状分布。

由此，与以前的模型相比，我们可以看出以下三种变化：

(2′) $\frac{I}{Q} = f + v.\mathring{C} + u(\frac{\text{PRO}}{Q})$。$I$：投资量；$\mathring{C}$：消费增长率

(4′) $\mathring{\text{SR}} = k\mathring{\text{PR}} + e.\mathring{N} + h$。$e$：实际工资对就业的弹性。

(7) $\text{PRO} = Q - \text{SR}.N$。利润得以确定。

通过简化和线性化，可以得到与专栏 3－2 中公式 Ⅰ 至 Ⅲ 相同的一般形式解析解，整理如下：

$$A = \frac{a + bf + vg + b(vc - u).h}{1 - b(vc - u)(k - 1 - e)}$$

$$B = \frac{b[vc(1 + e) - 1] + d}{1 - b(vc - u).(k - 1 - e)}$$

$$C = \frac{(1 - a)f + (ch + g)[a + (1 - a)v] - h(1 - a)u}{1 - [a + (1 - a)v].c(1 - e) + e(1 - a).u}$$

$$D = \frac{\{[ac + (1 - a)v]vc - (1 + a)u\}(k - e - 1)}{1 - [a + (1 - a)v].c(1 + e) + e(1 - a).u}$$

同时也似乎存在一种混合体制。尽管存在报酬递增，但在工资指数化程度过高的情况下，生产率与增长之间也会出现负相关。同样，工资指数化对于需求和生产率增长的体制来说并不是一个充分条件，因为只需加强利润的作用，就足以颠覆需求体制。

当不同的生产率体制和需求体制结合在一起时，我们就会得到各式各样的排列组合方式，它们有时符合可行的积累体制，有时又与危机情况相一致。

（三）回归历史分期

这种分类方式需要对先前提出的各阶段，以及其间的连续性进行更详细的分析和解读（见图 3－4）。

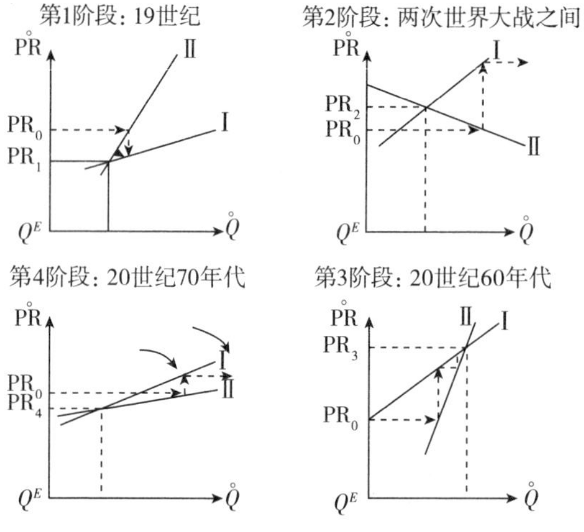

图 3－4　积累体制及其危机的历史分期

资料来源：Boyer（1988a：619）。

19 世纪的特点是资本积累对生产力有强大的影响，但是规模收益不高。工资本质上是竞争性的，投资依赖于利润。只要具有可置信性的参数值，之前所描述的竞争调节下的外延式积累就很可能会建立起来，并可能会导致中长期稳定的增长。

两次世界大战期间的特点是大规模生产带来了典型规模收益。工资构成本质上继续以竞争为基础，这与前一时期保持了连续性。不同的是投资对需求变得敏感，包括因员工数量增长而增加的需求。因此增长速度加快了，但需求和生产率之间的负相关关系使得这一过程变得不稳定，而负相关主要是由于实际工资不再与生产率呈指数化关系。因此，1929—1932 年的危机可以被解释为一种缺乏大众消费的内涵式积累体制的危机。

从某种意义上说，辉煌三十年的黄金时代就是两次战争期间的延伸，因为科学的劳动组织方式继续存在，且投资对需求动力的依赖性进一步加深。从模型来看，主要变化与福特制劳资关系妥协有关，据此员工可以获得“发展红利”，也就是说，分享生产率增长收益。对美国经济的预估（Leroy，2002）证实，这种变化足以过渡到福特主义，即过渡到一个以大众消费为核心的、可行的内涵式积累体制。

伤痛二十年（20 世纪 70 年代和 80 年代）的实践表明，在不同变化的联合作用下，这种积累体制会逐渐退出历史舞台。其决定性因素是生产率增长速度大幅放缓，这是由福特制工业发展成熟期到来后规模报酬基本消失所引发的。这种现象在美国十分显著，而后又传播到其他工业化国家。在一些欧洲国家，工资过度指数化会使利润受损，并迫使以前的良性循环被打破。最后，自由化策略加强了国际和国内层面的竞争，这让人们又开始回顾投资的决定要素：利润超过内需的部分来自员工，国民经济向国际贸易开放，而后又向国际资本运动开放。因此，经济增长严重放缓，经济链条也彻底与辉煌三十年断裂，民众再三呼吁公共部门予以干预，以控制经常性不稳定并改革承继于二战时期的部分机构。

五、结论：福特主义——重要但并非唯一必要的概念

这种观点让我们理解了调节理论是如何评价福特主义的地位的，也让我们意识到这一时期在增长速度和稳定性方面，以及生活水平进步方面显得越来越特殊。它中断了之前漫长的历史进程，同时也与20世纪80年代和90年代的平庸表现形成了鲜明对比。它的出现加强了对这一积累体制特殊性的评判。福特制实际上将高水平且稳定的利润与员工收入增加结合起来，调和了动态效率和不平等现象，兼顾了私有部门的发展动力和公共部门的干预程度。

但是上面的解释只是理论建构的结果之一：这一体制在以前被赋予了不同的性质，之所以陷入危机，也是由于它曾经取得过成功。而调节理论大部分的工作旨在自此之后甄选出一种可以继承它的体制。最后，正如前言中提及的那样，对福特主义危机的观察引出了这个论题。它就像一封邀请函，诚邀我们去探究这一事关危机分析的论题所引发的最终结果。

第四章 危机理论

本章对前几章已经讨论过的主题——危机的定义、起源和历程进行了更加系统化的分析。事实上，调节理论之所以提出某些概念，就是为了同时阐明确保调节模式和积累体制存在的要素，以及那些影响其稳定性的要素。与当代宏观经济理论相比，调节学派的理论建设创新性十分鲜明，尽管受到年鉴学派的影响，但它并不只是对经济史研究内容的简单重复。凸显出危机形式的多样性并不会对解释少数诱发危机的基本机制造成障碍，因为当我们将危机进行某种抽象化处理后，会发现危机是具有不变性的。

一、增长与危机的辩证关系

事实上，强调积累体制存在的条件也会同时让人们关注导致积累体制不稳定性的要素。由于调节学派理论承自马克思主义，我们认为经济的周期性是由竞争和劳资关系这两种制度形式的特点所导致的：在扩张期会产生过度积累倾向，而后会在衰退期、萧条期或危机期出现逆转和非均衡调整。

（一）一般概念

因此我们再次提到了生产模式这一核心概念，因为相较于单纯分析市场整体的竞争情况，生产模式引入了一个额外的积累决定因素：对劳资关系形式的影响。同样，增长不是应用技术进步的必然结果，而是一系列制度形式相互配适的体现。调节学派理论的不同之处在于对危机的解释方面。在大多数宏观经济理论中，危机是市场失灵或危机预防政策不协调产生的结果。而事实上，危机是调节模式和积累体制特征的表达（见表4－1）。

表4－1 调节理论与普通理论的对比

	普通理论（TS）	调节理论（TR）
一般概念	相互依赖的市场整体	资本主义是制度形式的集合
增长要素	（外生/内生）技术进步	积累体制可行性（局部、暂时）的结果
危机起源	市场失灵、经济政策错配	调节模式和积累体制发展趋势的表现

事实上，想要理解危机，可以参照以下三点来自调节理论的启示。

（二）全方位的危机

如果在一种经济中市场不再是唯一的交换组织形式，那么我们就能想象到各种类型的失调错配（见专栏4－1）。它们可能首先表现为外部冲击的结果，比如国际危机、战争冲突、自然灾难等带来的影响。然而在大多数情况下，宏观经济变化发展的周期性特点是由现行调节模式本身决定的，因为通常调节模式都会定期消除过度积累的趋势。对于历史学家和当代经济学家而言，尽管经济的可行性没有受到威胁，但这似乎就是危机，毕竟非均衡在调节模式内部得到了解决，而没有引发重大变革。

专栏4－1　相同制度结构中的五种危机形式

调节理论按照危机的严重程度升序排列了五种危机形式，越是根本的制度形式受到波及影响，危机越严重。

1. 外部干扰危机

这一部分起源于外部因素，特别是国际环境和战争导致的经济崩溃，或由于自然气候灾害造成的资源短缺。这些问题都会使特定地理实体的经济再生产过程受阻，继而产生危机。

2. 内生或周期性危机——调节模式的体现

该危机形式是指在吸收扩张期间积累的压力和失衡的阶段，在某一国和某一特定时期内占主导的调节模式，即是在经济架构和社会规制中进行的。从这个意义上讲，有利于和不利于积累的阶段交替出现是现行制度形式的直接后果，这些制度形式受周期性危机的影响仅是缓慢且有限的。

3. 调节模式危机

与现行调节模式相关的机制被证明无法扭转经济循环不畅的形势，而积累体制仍是可行的，至少最初是可行的。

4. 积累体制危机

其定义是最基本的制度形式到达极限或者出现矛盾，这些制度形式决定了积累体制。它最终意味着调节危机的出现，从而影响整个发展模式。

5. 生产模式危机

属于生产模式特有的全部社会关系崩溃了。换句话说，到达制度形式结构极限时，人们就可能陷入对根本性社会关系的质疑中，甚至想要废除这些社会关系。

然而这不是危机唯一的表现形式。积累周期的重复可能会逐渐改变现行体制的参数，校正的相应机制也可能会被证明是不稳定的。我们可以观察到，在这一环节里积累放缓甚至停止都不足以导致内生复苏。调节学派早期的研究将这一环节描述为重大危机或结构性危机。

随着研究的不断深入，这种差异的内涵也逐渐丰富起来。

事实上，区分调节模式危机和积累体制危机是必要的。在调节模式危机中，经济循环不畅的情况可能已经出现，但积累体制仍是有效的。然而在积累体制危机中，积累体制自身根源会受到质疑，这属于整个阶梯中最高层次的问题。最后，由于制度形式重组失败，或许要调整最根本的社会关系，这就涉及生产模式危机了。

这种从调节理论基本概念结构演绎出的分类方式可能看起来很抽象，事实上，在年鉴学派的启发下，许多经济史作品中都暗含类似的概念。从 20 世纪 70 年代开始更是如此，危机的回归也逐渐印证了调节理论区分方式的准确性。

（三）危机历史概览

实际上，每种类型都可以在历史上找到映射，这样的分类方式也揭示出了当代危机（见表 4 -2）。

（1）冲击从未消失。在当代经济体中，与气候危害所造成的冲击程度相当的是原料价格（尤其是石油价格）、利率或汇率的突然变化所带来的国际经济动荡。我们继续观察第一类危机，其影响因各国采用的调节模式不同而显现出差异。应该指出的是，1973 年以来石油危机的后续冲击并没有导致同样的衰退重复出现，因为能源消耗的强度普遍降低，而且在鼓励竞争的情况下行政调节也出现了重大转变。

表 4－2　危机分类概览

类型	历史上	当代
1. 典型外部冲击	供应危机	1973 年、1979 年石油危机，第一次和第二次伊拉克战争
2. 部分调节危机	19 世纪商业循环	垄断调节中的经济发展时走时停
3. 调节危机	非再生产循环：1929—1932 年美国经济危机	20 世纪 60 年代通货膨胀加速和工资指数化恢复
4. 积累体制危机	无大规模消费的内涵式积累	20 世纪 90 年代的日本经济危机、1997 年的亚洲金融危机
5. 生产模式危机	封建主义危机	苏联经济崩溃

（2）经济发展时走时停，福特制调节的表现。如果没有这些“来自别处”的冲击，积累就成为决定经济动力的关键要素，可以使某种调节模式内部扩张阶段和衰退阶段交替出现。三十年辉煌时期并没有逃脱这种运动规律，转而又对经济政策的导向产生影响，这使经济政策传统上时而侧重复苏阶段，时而侧重稳定阶段，即时走时停。因此，积累的变化与商业循环形式中的竞争性调节的变化具有不同的形式。这两类案例中都存在调节中的危机，也就是说，在不变更制度形式或采用特殊政治干预的情况下，这样的危机是可以克服的。

（3）非再生产性循环：调节模式危机。另外，有一些历史情况表明，变更调节模式无法以内生的方式让经济由衰退转向复苏，如同社会积累结构（Social Structure of Accumulation）学派的经济学家们对1929—1932年美国经济大萧条的解释一样（Bowles, Gordon & Weiskopf, 1986）。他们称这是一个非再生产性循环，因为经济活动锐减非但远远不能弥补利润，反而会进一步缩减利润，以至于在这样的循环中不存在任何形式的内生经济复苏。这是调节模式的危机，当然，此时的调节是竞争性的。在经过一定的修改后，就变成了我们后来观察到的垄断调节：展现出积累紧张程度的通货膨胀有加剧的趋势，并且可能会使近乎全部收入对通货膨胀的指数化需求不断蔓延（Boyer & Mistral, 1978）。一旦超过一定限度，通货膨胀就会失去调节能力，调节模式危机就此开启。

（4）1929年和福特制危机：积累体制危机。这种危机很可能会影响积累体制的可行性。而且这样的危机实际上已经在当代出现过了，就像美国1929年后的情形一样。在第一种情况下，由于无法找出恰当的制度结构而导致福特制危机。在第二种情况下，我们发现无大规模消费的内涵式积累体制与之不相匹配。这两种情况已在第三章中分析过。从理论上讲，积累体制危机比调节模式危机的时间跨度更长。而从实际来看，正如上面的两个例子中所表明的那样，调节模式危机未解决可能导致积累体制危机。

（5）苏联生产模式的重大危机。最后，面对制度性和解重新谈判的封锁（通常是政治性的封锁），发展模式危机不仅可能导致对明确制度形式的质疑，而且也会引发对制度形式背后根本性社会关系的质疑。正如厄内斯特·拉布鲁斯（Ernest Labrousse）分析的那样，封建主义危机与苏联体制经济崩溃有着惊人和显著的联系：由于戈尔巴乔夫总统改革失败，苏联体制的两个根基都受到了质疑：一方面是生产资料集体所有的性质以及苏联国家计划委员会的计划管理，另一方面是苏联共产党的政治代表权的排他性。因此，我们可以说这是生产模式的危机。

所以对于调节理论来说，最根本的就是要区分这五种危机类型，因为这样就可以更清楚地阐释历史上以及当代出现的危机。此外，关于危机研究的深入也让我们能够从中剥离出一些具有普遍性的机制。

二、发展模式的内生衰竭

在调节模式中，积累过程的标志是超速发展期和逆转期的更迭，而积累的恢复是由调整活动保证的，当然要得益于制度形式才能进行这些调整。然而，伴随着不同循环的交替出现，由于调节模式取得了成功，各种各样的变化都会出现在调整的过程中。

（一）福特制危机

这种危机就是由福特制命名的。就其本身而言，20 世纪 30 年代的危机根本上是由一个无大众消费的内涵式积累体制的不配适导致的，这也体现了这次危机的残酷性。它是一种与福特式工作截然相反的机制，得益于垄断调节，福特式体制在数十年中展现了良好的适应性。实际上，边际转换的不断累积将削弱这一体制直至将其推翻，以此来应对明显的外生冲击（油价飙升）。

从 20 世纪 50 年代中期开始，经济继续保持高速增长，我们再没有经历经济衰退，而只是单纯地观察到经济增速放缓，因此对 1930 年大萧条重演的恐惧逐渐消退了。但是，随着这种调节模式的成功得到认同，缓慢的结构性变化也开始出现。这些在最初被视为边缘性且不会带来重大后果的变化逐步累积，却可能会推翻调节模式。由于这种调节模式可以使通货膨胀成为宏观经济调整的关键变量，价格和收入的指数化需求向着一般性指数靠拢也就不足为奇了，如消费价格指数。一旦指数化完成并且几乎可以瞬间产生变化时，通货膨胀便会失去一切调节能力（Boyer & Mistral，1978）。由此导致的通货膨胀会加速甚至危及货币和金融体系的稳定。

另一个危机的成因是工资谈判会预判生产率持续提升，这样的判断是基于对过去的观察，而各种机制往往会减缓生产率提升的进程。经济首先可能会遭遇大规模生产下纯技术性的瓶颈（Boyer & Juillard，2002）。此外，在临近充分就业的状态下，管控成本会上升，以弥补劳动强度的下降（Bowles，Gordon & Weiskopf，1986）。以上都是最终会损害福特式积累体制可行性的因素，这实际上是我们从 20 世纪 60 年代末期开始观察到的。在调节模式的特征参数中引入这些渐进性变化则可以解释积累体制由可行到不稳定的颠覆（见图 3－3）。

（二）内生代谢：模型化

按照调节理论的中心目标，重要的是在同一个分析框架中分析增长时期和危机时期。

（1）两种时间维度。两种时间维度的分化正是由模型化引起的：一方面是调节模式调整所暗含的短期，另一方面是制度形式转变和技术转变的长期（Lordon，1996）。就经济假设而言，我们会考虑到福特主义充分发展会导致产品差异化，而产品差异化又会通过逻辑函数关系影响生产率：起初产品差异化是容易实现的，而后难度会逐渐增大直至达到生产率提高的极限。而在第二个假设下，一旦我们对不同的时间维度加以区分，那么考虑经济变化的周期特点就变得十分关键了。最后，我们在短期的生产动力中增加了一种缓慢的动力：随着收入的增长，对差异化的需求不断增加，这表现为生产率提高的难度越来越大（见专栏 4－2）。

专栏4-2 产品差异化对福特式生产动力和危机的影响

A. 短期生产动力

(1)$\mathring{PR} = f(\mathring{Q},\beta)$。生产率符合逻辑函数关系。

(2)$\mathring{Q} = C.\mathring{PR} + D$。需求与生产率呈线性变化。

B. 长期生产率机制的转变

(3)$N(t) = \Omega[\bar{R}(t)]$，$\Omega' > 0$。产品数量$N(t)$随家庭永久性收入$\bar{R}(t)$而增长。

(4)$[\bar{R}(t)] = \int_{-\infty}^{t}\mu(t-\tau)\left[\int_{-\infty}^{\tau}Q(s)\mathrm{d}s\right]\mathrm{d}\tau$。家庭永久性收入是过去收入变化的平均数。

(5)$\beta(t) = \Gamma''N(t)$，$\Gamma' < 0$。产品多样性不利于生产率的提高。

因此$\beta(t)$的动力相比于生产率提升、收入增长的动力要弱许多，而一般情况下T平均在永久性收入构成中也会滞后。

(6)$\mathring{\beta} = \frac{1}{T}[R-\bar{R}].\Omega'(\bar{R}).\Gamma'[\Omega(\bar{R})]$

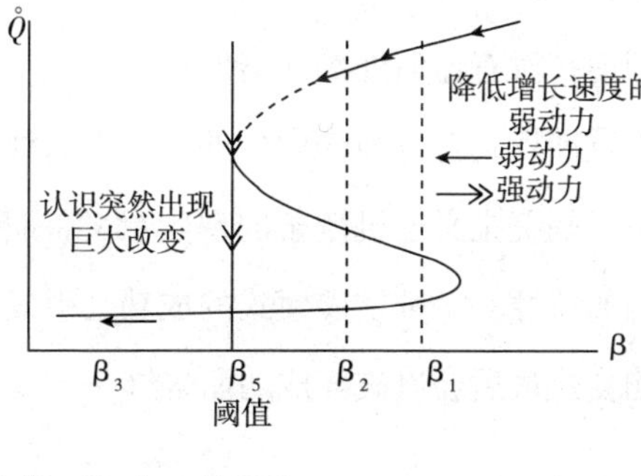

资料来源：Lordon（1996）。

（2）危机是不连续的。中期特性与线性模型（见专栏3－2）基本相同：增长强劲而稳定，但也具有周期性。相反，从长期来看，生产函数的非线性化引入了一种原始动力。在这个时期开始时，当收入增长激发消费和生产的差异化时，生产率的减速并不显著。增长率逐步下降，直到产品差异达到可能损害大规模生产的临界值。此时我们可以观察到经济增长速度突然出现脱钩，结果导致就业也随之大幅下降。如此一来，一系列的边际持续性变化最后以增长速度的急剧大幅转变而告终。

（3）超越冲击的作用。该模型的创新性表现在提出了从强劲增长向弱势增长的转变是不可逆的。即使我们假设在危机和收入减速的影响下差异化出现倒退，经济也不会恢复高增长速率。从定性的角度来看，模型的特点与对福特主义危机引发的急剧变化相对应。这些变化曾经与石油价格迅速上涨有关，而且石油价格也曾是发挥过重要作用的变量。这一模式的意义在于，指出即使在没有任何外部冲击的情况下，生产率趋缓也足以产生这种发展模式自身纯粹内生的危机。这种分析并不会宣称解释清楚了福特主义危机链条的现实意义，而是为了解释一种极具普遍的特性：一种发展模式的成功会引发一系列结构变化，而结构变化最后会以破坏成功而告终。

（三）一般特性

当大多数参与者都按照之前经济循环成功的经验预测当前有利的趋势会继续下去时，一种体制便开始进入危机。在历史上和各国的发展历程中，我们可以找到许多类似的案例。

（1）日本成功模式的受害者。自 20 世纪 70 年代开始，日本经济的演变为我们提供了另一个由于发展模式成功而步入危机的例子。事实上，中观社团主义的调节模式确保了以生产和大规模消费同步为特征的发展模式（Boyer & Yamada，2000）。

在 20 世纪 80 年代的国际大背景下，这种结构带来了显著的宏观经济效果，这促使人们相信这种模式能够继承福特制来解决危机。事实上，日本的制度形式是原创的。公司制的劳资关系表明雇佣关系十分稳定，这是通过弹性的工作时间和灵活的报酬方式实现的。经连会（日本企业组织）是非常多元化的联合团体，在形成寡头垄断竞争模式的同时也会协调它们的部分中长期战略。国家尽量与经济主体的预期保持同步，而不是直接干预生产或收入再分配。所有这些特点都推动了经济的增长，有利于实现接近充分就业。但是，随着扩张阶段的延续，由于工作时间的延长和员工劳动强度的增大，劳资关系变得日趋紧张。因此，日本的竞争优势之一随着时间的推移而逐渐消失。

这个道理与前面提到有关福特主义生产模式陷入危机的道理是一样的。二者的另一个相似之处在于，这不是日本危机的直接触发点，它实际上是“日本模式”成功的另一个结果。随着贸易顺差的不断积累，日本不仅要开放进口，还要开放融资。相应的改革，特别是在金融自由化方面的改革，引发了由投机泡沫驱动的经济繁荣。后者的爆发标志着危机的开始，增长持续放缓，失业率上升。

任何通过增加公共支出或接近零利率货币政策的振兴计划都无法重复20世纪80年代的表现，这种情况表明我们进入了调节模式的危机，最后会引发积累体制本身的危机。大多数其他理论认为这是经济政策有误或日本经济传统陈旧的结果，但这种观点被认为触及了发展模式的极限，在此之外，冲击和动荡都被视作危机的触发因素。

（2）进口替代战略的危机。拉丁美洲各经济体大部分是建立在进口替代战略之上的：得益于对外贸易管制，先前进口商品的国内企业逐步开展生产活动并受到青睐（Ominami，1986）。在20世纪50年代和60年代，这种发展模式实现了比过去更快的增长，同时缓解了拉美经济体对国际经济形势的依赖。但是随着进口替代逐渐转向技术密集型或需要形成规模报酬的产品，进口替代战略的效率大打折扣，原因在于，国内市场规模过于局限，且由于全球范围内出现的新技术浪潮使追赶效应的前景堪忧。这些局限加速了金融、经济甚至政治危机。与20世纪90年代主流的解读相反，这些反复的危机并非源自这种发展模式的不可行性，而是因为这种模式达到了极限。故而我们可以再一次宣告危机来自发展模式的成功（Boyer，2002b）。

三、积累向调节范围外部溢出

这是积累体制中众多危机起源的第二种机制。

（一）从资本主义起源谈起

自商业资本主义出现以来，交易就趋向于延伸到国内空间之外，直至形成世界经济（Wallerstein，1978）。这种积累外向性的趋势在第一次工业革命和19世纪主要的积累体制中也很明显。事实上，资本主义形式的崛起使得生产增加并超过了国内市场的吸收能力。结果是它促进了相对不发达地区和国家出口的发展。而且，这种机制将会在国内制度形式和国际体制之间建立新的相互依存关系，并由此将资本主义危机从一个国家传播到另一个国家。这种相互依存关系并不仅仅是国际贸易的结果，因为生产性投资和金融资本也趋于国际化。当对一个国家的分析扩大到全球经济整体层面时，以前被认为是外来冲击的现象实际上成了各国之间相互依存的表现，这是由贸易、生产、投资和金融等领域的国际化创造出来的。

（二）被国际化瓦解的福特主义

福特主义也不例外：如果说一开始福特主义在国内范围同步了生产和大规模消费，那么它随后也会开启外向化过程。事实上，当基础部门的基础设施和投资得到恢复时，寻找规模经济不再能够依靠单一的国内市场，以至于出口迅速增长成为延续生产率体制潜力的方式，因为生产率体制要建立在规模报酬递增的条件下。此外，在产品富余的情况下，差异化需求就成了国际贸易飞速发展的第二个因素。

由于要将净出口计入员工消费和企业投资中，需求体制受到了影响。就这一点而言，出口取决于全球经济增长和国内产品与国际产品的相对价格。另外，进口则是对国内经济增长和相对价格的反应。因此，随着国际贸易份额的增加，竞争力——这一本身与利润份额直接相关的代表性指标，就被引入了需求体制中（Bowles & Boyer，1990）。

就像福特循环占主导地位时，实际工资对需求的影响就会相对积极一些：这是垄断调节一个重要且令人惊讶的特性。但是存在一个向国际开放的底线，一旦超越了这道门槛，外生增长对实际工资的影响就完全相反了，即从正面影响变成负面影响。一些计量经济学的预测表明，德国经济和法国经济在 20 世纪 80 年代应该就越过了这道门槛（见图 4－1）。

由此可见，最初开放的国际贸易在延长生产率体制方面发挥着积极作用，但最终却改变了需求体制，从而导致宏观经济规则与福特制蕴含的规则不再一致。这便是内生代谢模型导致危机的另一个例子。

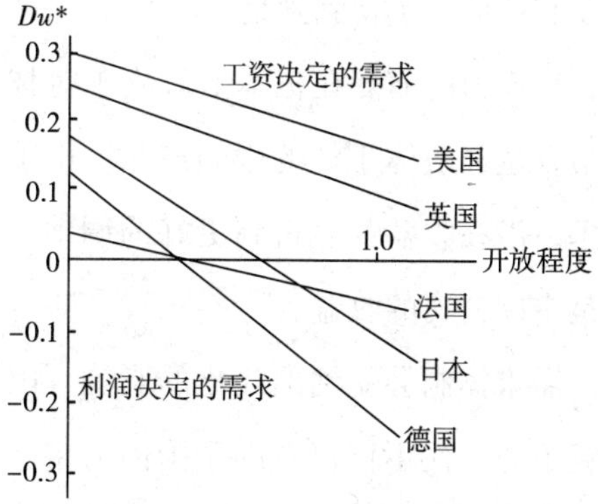

图 4－1 国际化效应下需求体制的翻转

注：纵轴上 Dw^* 表示需求对实际工资求导数。模型考察的时期为 1961—1987 年。

资料来源：Bowles & Boyer（1995）。

所以发达国家之间的贸易往往出现在同一行业领域中，由产品的差异化推动。可见发达国家间贸易不再仅仅是各国在不同行业领域专业化生产的结果，那是 19 世纪的典型贸易结构，而许多南北贸易关系至今也仍在延续着那种结构。

（三）依赖型经济：出口引发的发展模式危机

考虑到古典体制的可能性（在这种体制下需求是由利润决定的）以及国际开放的可能性（此时可能出现竞争力决定

的体制），对该模型的两种推演（见专栏3－2）可以让我们认识到所谓依赖型经济的危机的特殊性。

（1）福特主义的对立面。事实上，该体制的三个非限定性条件中没有任何一个得到满足。

首先，生产力的演变在根本上取决于对技术设备的进口应用以及最发达经济体生产的中间产品。由于出口部门使用相应的技术，潜在收益都会得到更好的调动，无论是外国直接投资还是本国公司的收益。

其次，需求体制会受到国际化的影响，因为工资首先有助于形成竞争力，而不仅仅有助于国内需求。这种开放性具有潜在的影响，即让积累与国内空间脱钩，这是反对福特制积累体制的第二重要因素。

最后，尤其需要注意到，劳资关系制度化的薄弱或会导致制定工资时竞争性机制占据主导地位（Bertoldi，1989；Boyer，1994）。

这样就有可能解释确保出口导向积累体制切实可行的条件。经济需要足够开放，并且价格弹性高于某一最低值，才能有效触发某种良性机制，包括生产力增长、竞争力提高、出口强化、收入有效分配和内生需求带动的经济增长。庞大的储备金工具在经济充满活力的情况下也能保证实际工资的稳定性，它有利于该模式的诞生。

（2）危机的两种原始形式。相反地，另两种结构却会带来令人不甚满意的变化。事实上，由于工资具有强竞争性的特点，生产体制可能会随需求体制而调整，以便在生产率放缓时也能带来经济增长，这样一来，工资大幅上涨就要依靠出口部门的收益和竞争力。这种结构让人想起 20 世纪 80 年代中期的韩国经济危机。

最不利的情况发生在工资形成具有竞争性而出口开放度低或出口弹性低时。实际上，相比于不发展出口部门（通常受制于商品的国际价格），工资规制对国内需求的冲击更严重。这种体制可以概括许多拉美国家的特点，尤其是这些国家还依赖于原材料出口而非工业制成品出口。所以这些拉美国家的特点是出现了经济停滞或结构性不稳定。

（3）亚洲和拉丁美洲的显著差异。到此我们介绍了造成依赖型经济自身阻碍和危机的因素，其既有可能是经济不能迅速追赶上全球经济的生产率差距造成的，也有可能是劳资关系竞争性特点与技术领域追赶带来的规模收益调动不匹配造成的。因此，许多依赖型经济的危机存在两种形式。自此与制度形式再生产要求相关的增长速率产生了异化，许多拉美国家的情况便是如此。经济向全球化开放之后的迅速扩张也可能导致重大危机，正如 1997 年以后的亚洲危机一般。

因此，依赖型经济国家的危机的独特之处在于其积累体制并不是福特制的变种。当我们观察到这些国家在国际金融方面的中介作用产生强烈不对称性时，这种特殊性会更为突出，结果是外汇危机经常会导致银行业危机（Boyer，Dehove & Plihon，2004）。

这些危机的来源也可以归到某些积累体制不可行上。阿根廷危机是这些不同的危机来源叠加的典型案例（Miotti & Quenan，2004）（见专栏 4－3）。

专栏 4－3　2001—2002 年的阿根廷危机

阿根廷发展轨迹的特殊性引起了人们的广泛研究，这可以从 Boyer 和 Neffa（2004）的研究中看出来。危机类型划分（见专栏 4－1）尤其适用于分析 20 世纪 90 年代导致金融、政治、社会和经济危机的动因。

一开始阿根廷经历了一系列不利的冲击，如墨西哥经济危机（1994—1995 年）、亚洲金融危机（1997 年）、俄罗斯经济危机（1998 年），以及其重要贸易伙伴巴西的大幅货币贬值（1999 年）。

这些冲击本身并不足以解释阿根廷危机的严重性，有必要考虑调节模式的特点。调节模式是由制度形式转变引起的，而在阿根廷危机中则体现在政府选择赋予美元对比索的完全可兑换性，且兑换是不可逆的。国际贸易和国际金融领域的急剧开放导致了由大量信贷推动的扩张，这与资本大批流入也有紧密联系。

当经济发展向内生型转向时，阿根廷经济在其货币政策或外汇政策上不再拥有自主性，从而无法吸收之前的失衡。更重要的是，由于政府债务，财政政策被迫呈顺周期性。尽管实际工资已经与生产力完全脱钩，但仍然无法解决扩张期积累下的失衡问题。从1998年起，阿根廷经济衰退持续到了2001年，这是调节模式出现危机的迹象。

但这同时也是积累机制危机。事实上，主要依靠农产品的出口现代化不足以带来贸易顺差盈余，进而无法偿还私人主体以及政府的美元负债。直接投资集中在受保护的行业，主要是已经完成私有化的公共服务行业。这种资本分配自1976年阿根廷政变以来一直以国家战略为担保，旨在建立由出口驱动的增长机制。

这些危机因素结合起来就意味着出现了重大危机或系统性危机，并解释了为什么会同时产生金融危机（政府无法偿还外部债务）、银行业危机（银行倒闭）、外汇危机（货币可兑换性彻底崩溃）和社会危机（失业率的激增和贫困加剧，中产阶级由于储蓄被冻结而怒不可遏）。危机在政治领域表现为政府动荡、制度机构丧失合法性、民众抗议活动增多以及中央与地方间的冲突，因为各省会发行独立的货币，以避免社会动乱的权力受到限制。

四、不稳定的积累体制金融自由化

关于以市场融资为主的调节模式是否可行已经在上文讨论过，它可能成为垄断调节模式的后续。显然，金融的优势意味着一种与福特主义结构完全相反的制度形式结构（Aglietta，1998）。除了关于股票价值观点明显的逻辑之外，考察这种体制的可行性和普遍性也非常重要。

（一）金融主导的积累体制概述

自20世纪80年代以来，美国经济以金融自由化和金融创新为特色，通过对这一时期美国经济的观察，不难发现股市发展的核心地位，它通过财富效应控制投资和消费，成为关键的宏观经济指标。从利润到股市行情的驱动力取代了调整生产率和实际工资、生产和大众消费的驱动力（见图4－2）。

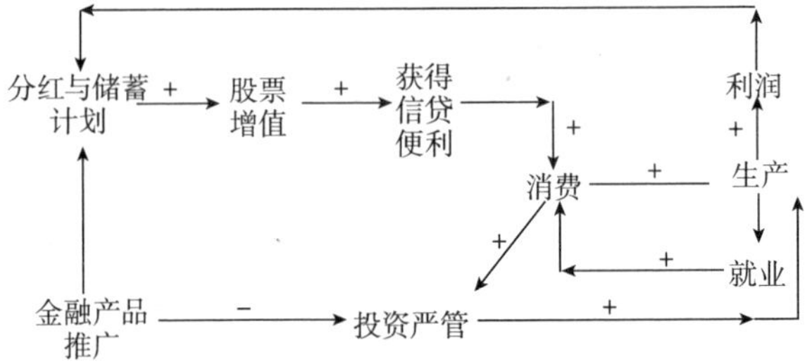

图4－2　金融主导积累体制的循环链

相较于福特制而言，这一体制赋予了存量、变量对金融的决定作用，以及金融收益对盈利决策的决定作用（见专栏4－4）。广义而言，投资必须考虑到金融市场设定的盈利目标，而不仅仅是需求变化。消费依然取决于工资收入，但除此之外，也要考虑到家庭持有股票的价值这一因素。

这种价值被认为是根据未来收益贴现来预计的，同时要考虑到贴现率根据中央银行基准利率来确定。假设该价值基于对未来利润的贴现，当金融财富与工资收入相比较低时，这种消费函数具有卡莱斯基属性：消费随着工资的增加而增加。另外，如果金融化高度发达，那么工资调节既有利于收益率，也会增加股票价值，最终可以通过财富效应来促进消费。实际上，财富效应也会让获得信贷更加便利，在这种简化和模型化过程中没有考虑到这一点，但在图4-2中可以看到。

一个良性循环就此开启：金融盈利的提高会刺激股市，同时刺激消费增长，而消费本身又会刺激投资和弥补收益标准提高带来的负效应。生产水平从而成为金融发展的结果，它扭转了福特制中现实领域与金融领域之间的主要关系。

专栏4-4 金融主导的积累体制

需求构成：

(1) $D=C+I$。脱离于国家干预和对外贸易的封闭经济。

(2) $I=ak_{-1}.(r-\rho)+b.(D-D_{-1})+i_0$。投资是根据标准金融条件下收益率之差以及需求加速期形成的。

(3) $C=a.\text{MSR}+\beta.W+co$。消费由实际工资收入总量和家庭财富多少确定。

供给/需求相互作用：

(4) $K=K_{-1}(1-\delta)+1$。资本存量随着折旧率和投资而变化。

(5) $\bar{Q}=v.k$。生产能力由资本存量决定。

(6) $Q=\ln f(\bar{Q},D)$。生产水平由短期的产能或者有效需求决定。

收入分配：

(7) $r=\dfrac{Q-\text{MSR}}{K_{-1}}$。利润率由资本存量的总盈余决定。

(8) $W = q.\ \frac{Q - \mathrm{MSR}}{i}$。财富根据利润计算，也需要考虑利率以及托宾 q 系数。

(9) $\mathrm{MSR} = f.\ Q - e.\ \rho + wo$。实际工资总量随着需求的增加而增加，但随着金融产品持有量的增加而减少。

金融与货币变量：

(10) $\rho = \bar{\rho}$。盈利标准由金融市场确定。

(11) $q = \bar{q}$。托宾 q 系数是外生因素。

(12) $i = jo + \Psi\ (\frac{W}{Q} - r^*)$。货币发行机构确定利率以避免形成金融泡沫。

(13) $r^* = (Q,\ \Psi)$。财富与收入的比率取决于发展水平以及货币发行机构自行决定的变量。

外生变量（11 个）：D，C，I，r，MSR，W，K，$\bar{Q}$，Q，i，r^*。

内生变量（2 个）：$\bar{\rho}$，$\bar{q}$。

所有参数 a，b，α，β，v，δ，f，e，Ψ 均为正数或为零。

（二）一种可行的体制，但在长期会受不稳定性影响

人们可能会先入为主地担心这种基于乐观期望的体系永远无法建立。而一旦人们观察到金融主导的扩张阶段——就像 20 世纪 90 年代美国的情况一样——分析家可以得出这样的结论：金融的灵活性已经成功地消除了任何危机风险。这

种模式的解决方案戳破了两种幻象，因为它既展示了这种体制的潜在性，也揭示了这种体制的局限性。

一方面，当资产效应高度发达并且金融市场诱发收益导向型投资行为普遍化时，金融化增长的良性体制就有可能存在。在这种体制下，提高盈利标准反映在由股票市场衡量的家庭财富中，盈利标准的提高会导致消费增长。另一方面，如果公司对需求的反应足够强大，这种加速效应便会对投资产生积极影响，甚至可以抵消金融领域要求提高盈利标准所带来的约束效应。经过必要的改造后，这一体制或会成为福特制发展模式的潜在替代体制，股票驱动力取代工资成为累计增长的源泉。这一体制的核心是制度形式等级制因为金融体制而完全颠覆。

（1）工资灵活性过高会产生危害。这一制度的可行性建立在假设某些条件得到满足的基础上，尤其是工资关系不能过于具有竞争性，即员工的实际报酬不是由需求变化决定的。事实上，过度的工资灵活性会对宏观经济稳定性产生危害。但是制度等级制的翻转本身就反映了员工议价能力的丧失，这会导致工资构成中重新引入竞争性要素。因此，当金融化与工作和社会保障方面放松监管联系在一起时，危机因素就会被引入这一体制。

（2）内生代谢危机。另外，金融市场的发展机械性地扩大了由金融主导体制的区域，但与此同时，它使经济更接近于结构性不稳定区域。因此，一旦突破某种底线，金融化就会破坏宏观经济均衡的稳定性。我们在调节理论中可以找到对危机的一般解释。事实上，我们已经假设了完美的市场，所以这种危机类型绝不是由经济主体行为的不完美或非理性导致的。在这种情况下，内生代谢调节模式的特性参数逐步发生变化，最终会动摇增长体制，而经济主体会认为这是成功的且可以延续下去的。无独有偶，金融化的成功再一次引发了其主导下制度的危机。

（3）中央银行：金融稳定的守护者。最后，这种金融化增长的体制会假定货币政策目标的变化。事实上，为了稳定这种金融化的经济体制，货币发行机构的反应要足够迅速，以防止可能引发危机的增长失控，这一点十分重要。在这种背景下，利率的变动对经济稳定具有决定性作用。

这些结果清楚地展现了20世纪90年代美国的经济情况。通过对模型的估算实际上不难发现，美国可能是唯一能够融入金融化增长体制的国家，因此它也将是第一个经历新型危机的国家（Boyer，2000b）。同样地，货币政策似乎在试图避免出现金融失控，以及通过迅速大幅度下调利率来重振经济方面发挥了决定性作用，虽然这在当时被认为是不可能实现的。

（三）金融——危机蔓延的要素

这种体制蕴含着各种各样的危机根源，金融自由化发生的制度背景不同，危机根源也不尽相同。产生危机最重要的因素之一是资本的经济收益与某些金融资产实现的金融收益之间逐步产生分化。

（1）超额收益的要求。对高回报率（例如由利率十分低而引起）的观察可能会刺激经济主体大举借债，以便通过杠杆效应从资本回报率与利率之间的差异中获取收益，这种情况在20世纪90年代非常普遍（Plihon，2002）。因此，可以概括出与“真实”经济的利润来源无关的收益回报标准。上述的模型化过程表明（见专栏4－4），在每种情况下都存在金融市场设定的收益率极值：如果投资加速效应较弱则达到最高水平，相反地，如果投资加速效应较强则达到最低水平。因此，金融市场的权力受到限制，如果违背了此限制，金融市场就会出现一系列宏观经济病症（无均衡或不稳定）。

（2）金融化使福特制蒙受损失。该模型的第二个结论是，并非所有经济体都有兴趣采用由金融主导的增长机制。如果金融化发生在一个仍受劳资制社会支配的经济体中，也就是说，劳动收入是消费方式的根本决定因素，那么收益标准提升则会产生负面影响。

这一结论可以解释日本20世纪80年代的危机，因为开放国际金融实际上已经对宏观经济表现，以及利润率指标或实际工资增长指标造成了损害。2000年左右，德国经济仍处在劳资制为中心且产业专业化高度发达的体制中，却也遭遇了金融化的限制。

（3）金融全球化是依赖型经济的危机诱因。在许多经济体中，金融化与国际资本流动的开放性有关，从更小的范围来看，则与内部银行组织的现代化有关，由此融资弹性变得十分显著，这与之前的发展趋势大相径庭。结果在 20 世纪 90 年代由信贷大量增长而推动的经济扩张与资本外流引发的经济发展急速逆转，呈现出前所未有的交替出现态势。

银行业和货币危机、房地产和股票市场危机、银行倒闭和主权债务危机结合出现的强度和程度各有不同。因此，面对新兴且广泛的金融化冲击，金融全球化打乱了发展模式，这些模式并非没有紧张和矛盾，但其可行性由于受到大多数制度形式的融资以及调节模式达到极限的侵蚀而彻底被摧毁（见图 4－3）。

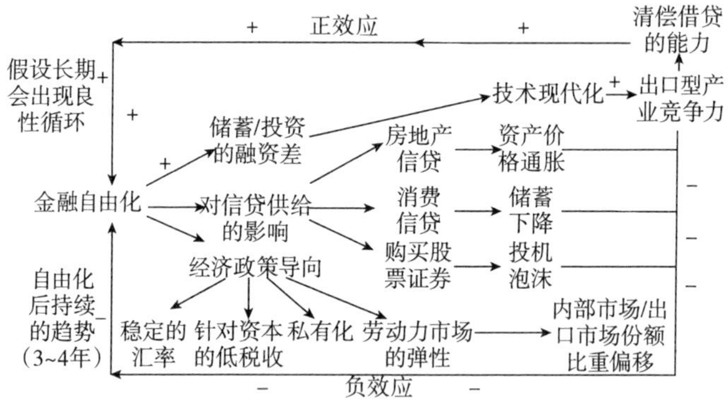

图 4－3　依赖型经济国家的金融自由化：多数增长体制的不稳定

（四）积累体制不连贯，以及一个被全球化金融可塑性掩盖的时期

这是金融影响重大危机起因的另一种形式。当一个国家完全开放国际金融，并且当其经济政策与西方主流经济观点相一致时，例如华盛顿共识提出的政策，该国就会发现资本流入利润率最高的领域，这些领域通常不受国际竞争的影响，如公共服务、房地产或公共债务融资等领域。因此，国内经济主体以外币举债，而信贷的迅速增加只会促进受保护领域的生产能力发展，同时提升消费。一个对国际贸易开放的经济体也可以刺激进口。

（1）资本流动带来的失调。相比之下，直接投资在长期中只能发展出口能力，而在中短期内则会激发资本货物和中间产品的进口。如果说开放国际竞争首先会导致国内缺乏竞争力的企业破产或重组，贸易赤字则进一步恶化。因此对金融市场看法的转变就足以使资本流动倒转，并且会产生金融危机，同时影响银行和汇兑。

但危机的根源并不一定在于银行管理不善或货币和财政政策过于宽松。事实上，它源于出口导向的积累体制循环无法闭合并受金融全球化的影响，这也解释了危机的严重性。危机的出现似乎是系统性的，因为结合了汇兑体系的崩溃、银行体系的破产或关闭，有时还会产生公共债务危机。

（2）阿根廷的崩溃。以上便是导致阿根廷经济崩溃的逻辑链。显然，这个国家在20世纪90年代找到了一种与自由贸易和金融全球化相适应的增长体系，在20世纪90年代后半期成为华盛顿共识的忠实拥趸。该国拥有现代化的银行监管体系，并从比索与美元固定且不可逆汇率的可靠性中获益。

实际上，适应国际竞争显现出的破坏性要远高于竞争能力的创造性。金融危机反映出一个出口部门规模较小的国家积累体制的不连贯性，而为了维持这种体制，该国被迫累积债务。从这种意义上说，阿根廷经济1993—1997年的卓越表现掩盖了自由化无法克服的结构性失衡。

因此，阿根廷的轨迹表明了危机的一种新形式（见专栏4－3）。资本流入的顺周期性不仅开启了信贷引领的扩张阶段，而且这种容易获得信贷的机会掩盖了一个时期，即一种前所未有的制度结构揭示的积累体制不可行性时期。采用货币局制度，资本运动完全自由，以及国内市场的自由化消除了资本对国际经济风险的反应。更重要的是，这些制度变化使阿根廷经济走上了一条道路，其特点是积累体制的失衡日益严重，其在这一时期的表现被大量资本流入所掩盖。

五、结论：危机再现，形式已变

从一开始，调节理论就将危机分析放在了核心的位置。从对福特主义增长体制的观察开始，我们的研究致力于为重大危机连续性提供历史分析。在 20 世纪 80 年代和 90 年代，危机的频繁发生以及其令人震惊的特点激起了经济学家的兴趣，他们重新将金融危机模型化，并开始回溯金融危机的历史，由此带来了大量成果和预测。尽管如此，调节学派的理论仍然保持了其创新性。

首先，调节学派提出了一系列有关危机的创新定义，例如，达到调节模式或积累体制的极限。每一次危机都是短暂过程的结果，而不是认定某种缺陷，当然这种缺陷是相对于均衡状态下的市场经济而言的。这种对危机看法的差异源于一个事实，即该理论的出发点是资本主义的概念，而不是参考由相互依存的市场组成的经济。

其次，调节理论属于制度和历史宏观经济学的设想。多数宏观经济学家惊讶地发现股市危机会接连发生但却并不相似，或者说，亚洲危机的原动力与 20 世纪 80 年代在拉丁美洲所观察到的危机不同。就其本身而言，调节理论延续了经济和金融史学派的分析，认为“每个经济体都有其结构的危机”。更确切地说，每种调节模式都能对应上形式明确的小型或大型危机。同样，如果说危机接连发生却并不相同，那是由于资本主义在制度和技术上的创新，而不同的积累体制则可以在时间上接连出现并在空间中共存。

最后，新宏观经济理论从经济均衡具有稳定性的假设出发进行分析，因此危机必然表现为反常态化或令人好奇的形态。在调节理论中，分析制度形式对经济调整本质所产生的后果，会让经济体制可行性问题变得更具开放性，或者反过来使其非连续性和下一次导致危机的问题变得更具开放性（见图 4－4）。调节和危机是同一论题的两面。

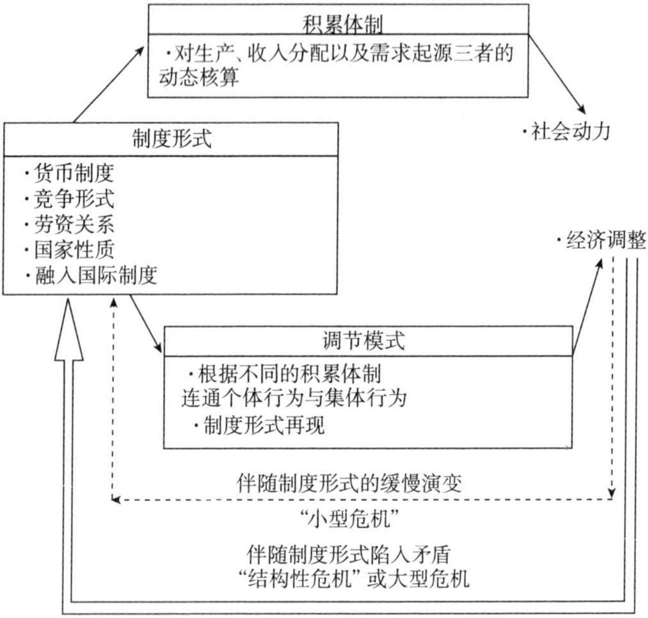

图 4－4　调节理论基础性概念结构

第二部分

研究发展

第五章 行动逻辑：组织和制度

本书开篇强调了瓦尔拉斯均衡分析法的缺陷和逻辑疏漏（见第一章）。我们必须反过来分析并解释清楚与每种制度架构相关联的微观经济。首先，要建立起生产者理论的替代理论，并认真考虑企业这一概念，因为企业是资本主义的有机实体。然后需要用环境理性原则来代替基本理性原则。最后尤其要指出市场远不是唯一的协调机制。但矛盾的是，正是其他的制度安排保证了市场的可行性。因此，在这个遍布大型组织和各种公共部门干预的世界里，宏观经济和制度性基础的视角逐渐转向了一种恰当的微观经济视角。

一、一切理性都是制度性安排

大多数经济学家认为企业的本质是追求利润最大化。反复探寻企业的历史会让我们发现一种更加细化的企业概念

（Chandler，1977；Hatchuel，2004），而在当代，通过国际层面的对比，我们会发现企业追求的明确目标是具有显著多样性的（Aoki，1988；Boyer & Freyssenet，2000）。

（一）企业目标的多样性

从文献综述中我们可以得出这样的结论：维持企业生存的利润是通过实现中间目标获得的，这与利润最大化目标不同（见表5-1）。

最近的研究表明，家族企业在工业、社会领域甚至金融领域的表现优于那些股份制企业（Allouche & Amann，2000）。这是因为家族企业的优势在于通过充分调动家庭关系的组织，把技能和财富一代又一代地传承下去，同时限制了风险。第二个例子是个体企业，因为在当代经济中创建个体企业是一种让失业者获得工作和收入的方式，这样政府部门可以降低失业补助。

通过这两个例子，我们可以看出将调节理论扩展到微观经济领域的核心问题之一：企业的理性受制度环境的强烈制约，从某种程度上讲，制度环境可以降低复杂性和不确定性。二战后的制度改革取得了成效，并开辟出一个包含雇员在内的大规模消费市场，此时福特制公司试图实现规模效应最大化，这要建立在与漫长资本主义历史相异的资本—劳动协商基础之上。现代管理技术正是在这种情况下应运而生的。1945年后，当日本企业家试图适应这种模式时，他们发现市场过于狭小，这促使他们将差异化和质量作为其盈利策略的核心，尤其得益于日本自身劳资关系的灵活性和分包制的广泛应用。

这一分析框架使人们有可能理解为什么自工业化第一阶段起出现的工人合作社被证实在抢占大量市场份额时遇到了各种困难，即缺乏保障其可行性的国家机制，比如说一个能承受商业银行竞争压力的合作信用体制。很明显，如果某种形式与其他形式兼容而不是互补关系，那么它们必定存在于生产性组织类型和制度形式之间，因为制度形式决定了追求不同利润战略的限制条件与机遇。

表 5－1　企业类型数量与目标数量一致

	家族企业	小型企业	福特制企业	日本企业	硅谷新兴企业	华尔街投资银行	工人合作社
目标	财富传承	生存和收益	规模效应最大化	质量差异化	变革性创新带来额外利润	金融资产价值	摆脱劳资关系
管理模式	家族模式	专精模式	资本/劳动协商	中观/微观社团主义	个人威信	证券交易者和金融工程师之间的利润划分	民主协商
管理风格	资本稳定，选择谨慎	高强度工作	技术＋营销占主导地位	劳资关系灵活＋分包	风险共担，员工的内在动力	高级金融数学，承担最大风险	共同参与模式

（二）等量的个体理性与环境理性

运用同样的原则，我们也可以为消费者理论提供另一种替代方案。主流的消费者理论建立在两个基础假设之上：存在不受社会环境影响的偏好和只受消费品影响的效用最大化。然而这两个假设是无效的。在当代社会，消费行为是强化模仿过程的结果，而模仿过程本身又取决于企业扩大边际利润而进行创新（Frank，2010）。制度主义的一个分支也有类似的假定，认为外部环境几乎可以完全决定个人为自己设定的目标（Douglas，1986）。

此外，经济史研究对各种结构类型的特点进行了归纳。例如，中世纪的农民为什么将其耕种的小块土地分散在不同地区。对于研究当代农业的经济学家来说，这完全是不合理的：农民应该重组自己的土地，以便从中获得规模效益。事实上，面对一系列气候灾害，这些贫穷的农民会试图尽可能多地分散地域性风险（比如河岸的洪水与山丘的霜冻等）来确保他们子孙后代的生存。因此，这并非缺乏理性，而是试图对史上周期性饥荒再次暴发的适应性调节（Boyer，1991）。通过对比 19 世纪的纺织工人、亨利·福特的员工、丰田公司的上班族或硅谷的风险投资者，我们可以发现个体理性极度多样化这一重大现象。这还没有算上证券交易者和金融工程师（量化分析师）的情况，社会上的其他人认为他们的行为是非理性的，但实际上他们的报酬体系是共享利润，所以也最大限度地共担了风险（Godechot，2001）。

令人意想不到的是，我们在现代政府管理的框架中找到了对理性原则最清晰的表述。问题的关键不在于通过价格机制融入资本主义经济，而在于创造和协调能让经济蓬勃发展的规则和惯例（Weber，1921）。如果我们将分析延伸到当代，那么在金融化时代是否应该调用私有部门的方式来改革公共行政部门，而不再采用旧体制？即政治在经济组织中天然享有创制能力。这便是当代自由主义战略的核心，我们在英国找到了一个具有象征性的案例（Faucher – King & Le Galès，2010）。

因此，只要我们赋予理性原则明确的内容，具有普世性的微观经济学就几乎没有存在的可能性了。占主流地位的标准微观经济理论同经济史展现出的个性化事实相比，虽然其证明了经济学科的规范性，却损害了它的适用性。

二、市场：社会建构

替代消费者理论的第三个基础假设也是如此，即市场被认为是拥有自主权主体进行协调的排他形式。事实上，从研究企业和家庭（或个人）的微观经济理论过渡到一般均衡，这个被认为是宏观经济领域唯一精确的表达，需要通过设定存在一种被称为“市场”的制度才能实现。在这种制度内部，同时出现了大量相互独立自主的参与者的需求和供给。

正如前面强调的那样，标准微观经济学教材中的论证基于拍卖者的存在，该拍卖者汇集了所有交易，只有经过反复摸索试验找到均衡价格之后才会允许交易进行（见第一章）。

最复杂的协调形式

这种假设是站不住脚的，它遭遇了诸多反对意见。首先，奥地利学派的分析从物物交易推广所遇到的困难中分离出了市场，虽然物物交易是个体理性的体现，但这种观点却无法被大多数货币的历史印证：无论用何种方式分析，信用才是货币发明的基础，而货币又促进了商品交易的发展（Alary，2009）。与之相反，将货币引入一般均衡模型的尝试失败了，因为当个体交换一篮子商品和服务时，一旦交易完成，货币就会消失。其次，古典政治经济学在这方面的分析尤其令人满意，因为它表明代理人在观察到价格在空间和时间上存在差异后，决定成为这些交换的媒介，这给他们带来利润并证明他们存在的必要（Marshall，1890）。因此可以说，市场是组织的表现，它们的结合定义了一种独特的制度化体制。市场绝不是主流经济理论认为的自然状态表现，主流经济理论显然滥用了“自然”的含义（“自然”失业、“自然”利率……）。最后，创造市场成为让总体需求和总体供给相遇的解决方案，但这一方案并不是在任何时间、任何地点都有效的：对于某些特殊质量结构和存在规模报酬的商品而言，市场无法建立起来，因为这种商品的市场不具备稳定结构（White，2002）。

从这些反思中出发，我们可以从历史和理论性著作中提取能够让某一给定市场切实可行的制度层面和组织层面条件。

在社会层面，我们能够列出建设市场所需的必要条件。从制度角度来看，市场交易首先是物权转让的行为，当只靠信任关系和互惠关系已不足以保障交易的正常运行时，物权转让就需要以保障合同执行的法律体系为前提。同样地，交易商品或服务需要进行支付，这就要以存在计量单位和支付体系为前提。最后还考虑到支配各类交易的税收制度。只要这些一般条件中的任何一个无法被满足，市场的可行性就处于危险之中。

另一组条件是产品/服务的特殊性。收款方需要就商品的性质达成一致，而如果涉及服务，尤其是需要随着时间推移分期交付的复杂服务，就服务的性质达成一致意见就会非常困难。从更本质的角度看，就商品的质量达成一致意见很重要，例如在劳动合同就业领域就更是如此。正如信息不对称微观经济中所展现的那样，无法就质量达成一致可能会阻止市场的开放（如 1984 年阿克尔洛夫对二手车市场的研究）。另外，在许多市场中，会有独立的第三方来验证产品的质量。当然也有例外，例如，一家大型公司自身会支付费用给评级机构对其发行的证券进行评估：这是导致所谓衍生品危机的因素之一。决定市场开放和运行的程序应当能使市场参与者保持信任，同时在可能的条件下保证平等待遇。因此，任何知情人的投机不法行为都会损害参与者对股票市场的信任。频繁的交易可能导致不平等待遇，而不平等待遇也必然有损市场威望。这些条件既是一般的，又是特殊的，需要在每一个新市场出现时被适应、完善或建立。

因此，当数字化对出版业、音乐或电影行业造成影响时，知识产权问题就出现了。为了从几乎零边际成本的发行中获得收益，面对强大的公众压力，经过了长时间对创造者收入的保护的过程后，规则最终诞生，这是两种相互矛盾要求之间的折中方案。同样，交易离岸化在解决法律冲突和保证电子支付方式安全方面产生了问题，也给应当征收关税的民族国家带来了问题。这些问题还远没有解决，这表明电子商务还没有达到稳态结构。电子交易的发展在空间和时间上改变着市场关系。然而从历史上看，市场刚出现时具有本地化和弱周期化的特点，而电子商务则与高关税壁垒几乎消失有关，它代表了未来全球性、开放性和持续性的市场。这些高频率的交易催生了短期交易一统天下的局面，我们可以在金融市场上找到完全相符的例子，它与落实投资所需要的必要期限相对立，更与技术成熟需要的时间相对立。总之，我们必须摈弃将市场视作最简单、最明显协调形式的观点；与之相反，这是最脆弱的协调形式之一，它需要不同经济领域的规则相互补充才能存在。

三、制度形式是体制安排的集合

经过上述分析之后，我们就可以借助原子排列成分子的结构，对五种制度形式的起源和性质提出新的看法。

（一）利益 vs 义务，横向 vs 纵向

在关于市场失灵的文献中，国家干预通常被视为另一种协调原则。这种二分法是新古典主义与凯恩斯主义之争的基础。新社团主义（Schmitter，1990）和经济社会学（Hollingsworth，Schmitter & Streeck，1994）文献的优点在于提出一种分类法，该分类法在市场和国家之外考虑到了其他四种中间形式的协调（Hollingsworth & Boyer，1997）（见图 5 – 1）。

（1）联盟构成了一种协调模式（在英语中意为“治理”），它依靠参与方的一致意见得以维系，完全按照经济逻辑运作，与市场的地位相同。联盟的主要关切是共享不确定性风险，例如在创新和新技术实施方面。

（2）私有等级制，特别是纵向整合的大型企业的私有等级制，构成了另一种协调模式，其作用在资本主义的漫长历史中越发重要。这种模式既可以推动生产成本和交易成本的最优化，又可以促进创新。

（3）社群汇集了公社、部族、行政区和俱乐部，且具有一种凝聚力。这种凝聚力来源于参与者遵守游戏规则，这些

规则在或大或小的组群内部有效，但在一般情况下是受约束的。社群的最大优势就是信任的建立，这对于大多数经济活动尤其是商品交易和信贷是极其必要的。

（4）最后是网状组织，这些网状组织对应专业协会、工会和代表私有利益的政府，也就是说，将传统上划归中央集权国家的某些活动肢解开来。但它们也可以建立在社会关系领域（家庭、团体……）。在这两种情况下，网状组织都可以在经济竞争和创新中被调动起来。

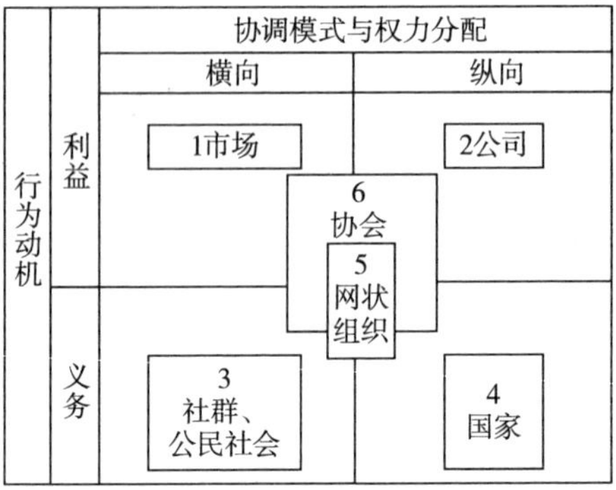

图 5－1　各种协调原则的分类

资料来源：根据 Hollingsworth & Boyer（1997）。

市场与国家之间二分法在某种程度上类似于摩尼教的善恶二元论，是建立在双重标准基础上的分类：一方面是行动动机，要么是经济学家所珍视的个人利益，要么是社会学家所重视的义务意识；另一方面是水平与平等性质 vs 协调过程中的等级制与不平等。此外，我们还可以看到每种制度安排都需要特殊条件，并且通常会展现出同样多的优势和弱点。因此，无论何种结构都不会先天地成为最优化制度安排，这一点在经验观察中和比较研究中都得到了广泛证明。

这种分类的优势也值得强调：协调原则确保了从微观到宏观的过渡，反之亦然。因为就中间层面而言，协调原则在经济主体之间生效，而就更广泛的层面而言，协调原则掌控了经济体系。最后，调节理论的概念可以用来分析经济部门的运行体制，而不仅仅局限于宏观经济层面（见第六章）。

（二）制度经济学：分类的必要性

20 世纪 90 年代，制度主义文献大举问世，主要内容建立在市场与制度之间的对立关系上，言外之意是所有非纯粹经济学的调整都属于制度，并且按照同样的逻辑变成了著名的非市场制度（Hall，Soskice，2001；Yamamura & Streeck，2003）。然而，与这些协调原则相关的制度安排多样性已经否定了这一假说。因此需要明确的语义界定，而 20 世纪 90 年代的研究提出了一系列定义，这些定义相互关联并分成了从最普遍到最特殊的六种结构（见表 5－2）。

宪令是在政治科学著作（Sabel，1997）和经济史著作（North，1990）中逐渐被大家所熟知的，它改变了弗里德里希·冯·哈耶克的反建构主义给出的含义（1973）。宪令在合法性范围内生效并且需要通过协商审议，它定义了在各种秩序和领域中解决局部逻辑矛盾的规则。它从根本上属于政治性的过程，在法律上则被称为“事后分析”。

制度定义了一种非物质且需要法律参与的方式，它具有构建组织间（也可能是个人间）相互作用的效果。在缺少参照基准和规则的空间内部，战略行为繁多可能会带来不确定性，而制度则有助于降低这种不确定性。制度在政治和经济领域可以统治和管理一切。大量历史研究已揭示出制度对宪法秩序有显著依赖性（North，1990），这一规律同样也适用于公共干预和市场之间的关系（Fligstein，2001）。

组织与制度本质性的不同在于，一种明确的权力结构实现了一系列的惯例，以协调该组织内部的个人战略和可能代表机会主义的行为。这个实体可能是一个企业或非营利组织，通过结合管理过程和经济激励，以尽量确保每个组织的一致性。因此，交易成本理论（Coase，1937）及其当代发展（Williamson，1975，1985）所提出的企业与市场之间的对立得以推广。

常规定义了一种已习得的行为规则，这一行为规则是基于大家默许行为方法的合法化，并且转化为一种形式上的共识，所以该行为规则对于处在统一组织或面临相同问题的经济主体来说具有可传播性和可习得性。行为规则本质上是认知层面的、个体之间的、非物质性的，这些特点将常规与组织和习惯区分开来。常规的概念是由进化论提出的，尤其要注意到它将公司的特点描述为行为能力的集合体（Nelson &

Winter，1982；Dosi & Salvatore，1992）。

公约是一套相互依存的期望和行为逐步趋同的结果，它通常是非刻意的趋同，通过完全分散的相互作用形成，并且不掺杂任何明确程序或人为协调。因此，这个过程是社会性的，而不一定属于认知层面。公约一旦建立起来，全体成员都会将其视为“自然的”，这会让人们忘记了俗约起源于何种行动原则。关于公约的研究已经得到了广泛认可，学者们也开始强调其与调节理论之间的关系（Favereau，1989，1993a，1993b，1997；Boltanski & Thénot，1991；Orléan，1994；Salais & Storper，1994；Batifoulier，2001）。与常规相反，公约不容易越出它诞生的空间范围。因此这两种形式的动因是先天不同的。

习性确定了社会化过程对个体行为和表现塑造的结果。习性是皮埃尔·布迪厄社会学说的核心概念（1980）。这一概念用处极大，因为它指出了属于同一社会群体、在给定场域内活动的个人，在几乎不受任何强制力或明确组织约束的情况下，其行为可能具有规律性。因此，制度秩序被纳入个人本身（Douglas，1986）：经济学家所称的“偏好”不是外生参数，而是从前活动相互作用的结果（Bowles，1998；Gintis，2000）。习性可以成为确保某些制度形式可行性的重要组成部分，如日本的劳资关系（两性之间的劳动分工）或由德国联邦银行实行的货币制度（超级通货膨胀之殇）。

表 5-2　从制度秩序到习性

构成要素	性质		
	定义	行动原则	变化因素
宪令	一般性规则的集合，用于解决下层机构（制度、组织、个人）间的冲突	通过协商审议确定合法性	——一般来说在民主国家具有极强惯性； ——政治进程在法律重构中所发挥的作用
制度	非物质化的程序，用于确定组织（个人）间互动的结构	减少或消除战略行为带来的不确定性	——结构性危机； ——低效率不足以导致制度变化
组织	一种权力结构，也是常规的集合，用于克服协调时产生的问题和机会主义行为	“胡萝卜加大棒”政策（即报酬和控制体系）与制度和常规相关联	——与竞争相比效果不显著； ——重大危机导致结构重组
常规	源于默许行为合法化的行动规则集合	标准化简化了复杂的程序，有利于形成集体理解和集体反应	——环境的不利变化； ——一系列常规之间不协调或从实践向理论演变
公约	能够互相增强的行为和预期的集合，诞生于一系列分散的相互作用	公约的起源被遗忘后，就会变成“自然”	——一般危机、入侵、翻译…… ——效率几乎不会成为评判标准
习性	内化于个体的行为集合，形成于个体社会化进程中	适用于特定场域，随着场域转换或会导致失衡	——习性向其他场域转移； ——开始新学习，通常较为艰难

资料来源：扩展自 Boyer 和 Saillard（2002）。

将调节理论中的制度形式进行重组和一般化是新的研究

课题，这要基于上述定义的“基础模块”重新拼接。在这一点上，公约经济学①也明确地朝着该目标发展，即建立塑造宏观社会学和宏观经济学的制度。但这只是对“整体/个体主义”内容的一次更新（Defalvard，1992，2000）。而从调节学派角度来看，这可能是理解各种制度出现、成熟、产生危机以及最后消失的重要阶段。

（三）劳资关系：整合差别性协调原则的制度形式

对不同制度进行分类让我们可以重新审视劳资关系的概念，并突出了其与劳动力市场视角下分析方法的差异。首先，劳资关系是由合同决定的，而合同则是员工和企业之间利益的相互作用所产生的结果，即主流经济理论所支持的横向关系。但它也包含代表劳动组织的等级制关系，即一种与市场关系起协同作用的权力关系。因此，单纯将工资视为市场调整的结果是容易引起误解的，因为一整套组织规章（招聘条件、晋升、报酬决策程序等）的目标是或多或少地让雇佣关系的管理（每家企业的劳资关系都会有所偏差）脱离商品关系下典型竞争机制以及经济波动风险的影响。从这个角度看，差别化的就业合同可以长期共存，而且不会朝着统一薪酬的

① 法语“L'économie des conventions”，是以研究个体间协调形式多样性为主的经济学派，起源于20世纪80年代的法国，其与调节学派共同构成了法国两大非主流经济学派。——译者注

方向趋同。

但是我们必须在市场关系和权力关系的协同作用中增加第三个协调原则，即由劳资关系的集体性而产生的协调原则。私人合同的范本草样通常会被写入劳动法，而劳动法又涉及诸如工会和雇主联合会一样的协会。鉴于劳资关系内在的冲突性，维持最低限度的社会和平就需要国家特权。正因如此，我们不可能同等对待产品市场和劳动力市场，因为即使在新自由主义战略盛行的时代，我们也不能将复杂的劳资关系决定机构简化成完全竞争市场上可以忽略不计的细微阻力。同样也不应当忘记的是，在那些借鉴了卡莱茨基主义和凯恩斯主义的理论看来，企业家和员工之间的信息不对称使就业水平依赖于投资决策：工作取决于更高层次的经济活力。从某种意义上讲，劳资关系的制度化似乎在试图抵消一部分权力不对等。这就解释了放松就业合同限制的政策为什么反复遭遇失败。一方面，即使是从企业的角度看，使工资成为唯一的调整变量也是不现实的；另一方面，劳动立法机构的改革会引起对立的发展趋势，如员工失去对公司的忠诚或在工资提升驱动下需求反而下降。

（四）市场金融体系：自动组织的幻觉

金融市场往往具有很强的象征意义，因为它接近于标准理论的基本假设，即忽视了能够限定金融市场的制度安排的稠密程度，并大大高估了金融市场的稳定性。在重大危机期间，经济政策制定者才意识到金融市场的脆弱性和不稳定性，那时金融市场在模拟进程的影响下演变，从而导致了投机狂热和急剧崩坏交替出现（Orléan，2004）。因此，纵观整个历史，政府都致力于出台管控机制来限制这些危机爆发的规模和频率。

对纽约证券交易所的观察给予了我们一些启示。首先，一家私营公司的社会属性是保持市场稳定。鉴于评估金融资产质量存在困难，就需要行政机构，即证券交易委员会（Securities and Exchange Commission）负责维护交易的透明度和公平性。但是证券交易委员会可以由金融家自己掌控，在账户的真实性上或者向股东提供的信息质量上作假对他们而言是一个巨大的诱惑。因此，在互联网泡沫期间，一些公司（如安然公司）能够开发出一个“创意会计”，例如，允许将进款集中在官方账户中，而将亏损放在附录中。当危机爆发时，政府只能采取立法手段加强对这种行为的制裁。

用一种更通俗的语言说，人们难以察觉内幕交易，而金融家总是可以创造新的金融工具，这既是获利机器，又是致命毒药。即使分析家戳破了庞氏投机骗局，即用新投资者的资金回报老投资者，但如果靠影响力关系而非权力关系，一个有权威的金融家就足以平息争端。放松管制、金融创新、危机出现和政府接管形成了一个循环，而正是通过该循环的不断重复，金融市场的可行性才在长期得到了保障，但保障的方式却并不完善（Shleifer，2000）。因此，组织、市场和监管共同定义了金融体系可能存在的稳定性。

四、组织和制度：从同构性到等级化

许多分析人士认为组织和制度并无二致，认为它们都是市场协调的替代方案。制度学派的研究揭示了两种对立的因果关系。对于资本主义多样性学派（Variety of Capitalism，VoC）来说，企业是制度建设的起源，而调节学派的理论则正好相反。

（一）资本主义多样性理论：企业塑造其制度环境

的确，Hall 和 Soskice（2002）将企业组织的超模块化理论（Milgrom & Roberts，1990）扩展到资本主义制度中。该理论与管理机构可能存在对比性结构的事实一致，这与标杆分析法的单纯概念相反，标杆分析法认为每个人的贡献都应该严格地加在一起，因此，从一个最好的方式过渡到另一个最好的方式是很容易的。

仅举以下一个例子：零库存生产模型和全面品质管理模型首先需要一个典型且严格的工业组织来满足元件交付的时间限制；其次需要一个身负众长的劳动力，这样可以很容易地从一种商品的生产转移到另一种商品上；最后还需要保证产业关系足够平稳，以便让罢工局限在非常小的规模，这样就不会对价值链整体发展产生威胁和阻碍。

那么理论上可以通过两种假设相互组合来产生多样化的资本主义：一种假设是劳动、设备和产品之间的技术或组织类型具有互补性；另一种假设是企业组织与全球经济制度之间的结构相同。

（二）调节理论：制度塑造组织

而对于调节理论而言，主要的因果关系是从宏观经济转向微观经济，即使全球发展态势永远不会仅仅是各企业协同发展的结果。原因何在？因为制度形式是由整个社会层面的集体行动产生的，整体社会层面与支配经济活动的层面显然是不同的。此外，宏观经济属性绝不可能体现出一个代表性企业会碰到的约束。我们可以在图 5－2 中总结这两种学派之间的争论。

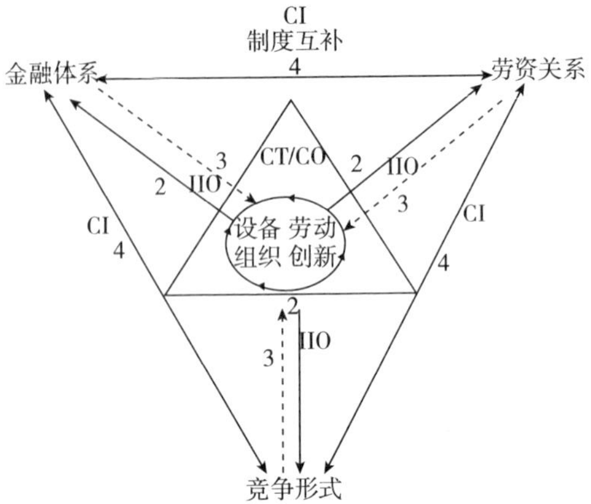

1 CT/CO 技术/组织的互补
如零库存生产、全面品质管理、多用途劳动力。
2和3 IIO 制度与组织同构
如零库存生产与严格工业结构、多用途劳动力与培训系统。
4 CI 制度互补
如严格工业结构、就业稳定、恒久的金融市场。

图5－2　组织互补、组织/制度同构、制度互补

资料来源：Boyer（2002c：182）。

（三）衔接微观与宏观的生产模式

这两个概念是互相替代的选项还是可以合二为一的？一个解决方案是放弃直接从宏观向微观过渡的希望，而转向建立一种融入制度形式的中间层级，从而塑造集体和个人行为。这正是生产模式这一概念的关注点，它是由 Gerpisa 在汽车行业劳资关系的分析报告中引入的（Boyer & Freyssenet，2000：24）。

公司所处的环境不能简单概括成价格体系，因为制度形式决定了金融、竞争和劳资关系，并为公司汇总了恰当可用的信息（Aoki，2001），然后在组织层面公布了公司的选择。我们可以借助增长模式和收入分配方式的特点来总结这些制度形式的影响。

因此，盈利策略的关键取决于这些制度和宏观经济的特征，即企业在确定产品政策、生产性组织和劳资关系（即确定与其他公司在总体劳资关系方面的偏差）时所面对的变化与发展类型（Billaudot，1996）。

最后，一个公司想要获得中长期的生存能力，则需要政府的仲裁，这让企业能够对环境信号变化进行持续性调整，使其符合企业所选择的盈利策略，尤其要考虑到不同部门行业的特点。

从这一角度来看，制度架构的优势是在企业的组织化选择中传递了同样多的限制和激励，但却没有假设制度形式的互补性与企业管理制度的互补性之间存在一对一的对应关系。第一代调节学派的成果表明福特式增长体制与福特制企业之间存在这种对应关系。可见与第一代调节学派的成果相比，这是一点非常重要的修正。

（四）现实主义微观经济的制度基础

如果采用上述分析框架，那么瓦尔拉斯的微观经济理论的地位就会被动摇，因为必须考虑到特定社会和特定时期中占主导地位的制度架构。

五、制度形式塑造行为

通过分析劳资关系来取代对非完全竞争劳动力市场的分析，可以获得丰硕的成果。

（1）历史和国际比较分析方法。“工资铁律”是建立在就业和失业波动规则之上的，而对法国长期工资形成的分析揭穿了“工资铁律”可以永久存在的谎言（Boyer，1978）。这种机制在工业工资制形成的过程中盛行，且剥夺了集体维护权益的权利。在竞争性调节中，就业与工资同累积的周期性演变保持统一节奏。社会斗争则汇聚了工人的力量并对之加以利用，最终促使工资成为一种越来越广泛影响因素的变量，这时工资展现了资本/劳动之间的相互妥协并有利于减少冲突和不确定性。福特制劳资关系便是这一新式调节的典型代表，它有利于工资增加后就业的增长，而这得益于需求的刺激效用和生产力现代化程度的加深。因此，油价飙升导致的经济衰退可能同时伴有追求名义工资甚至实际工资的增长以及失业率上升。这种停滞性通货膨胀表明了垄断或行政调节的出现，同时也标志着其进入了危机（见图5-3）。

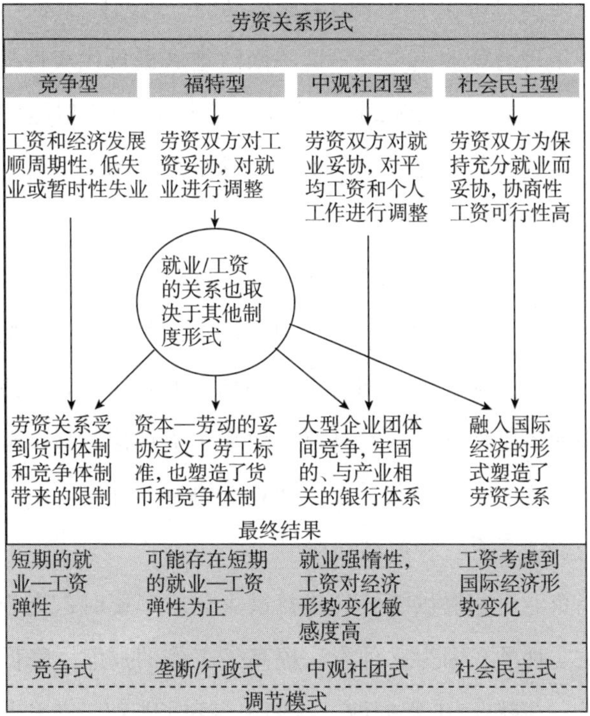

图5－3 劳资关系的四种形式，即四种就业/工资交互关系

但是，在美国和法国观察到的这种结构并不具有普遍性。在日本，劳动与资本的妥协并没有把重点放在工资法定化以快速调整就业上，而是为核心圈层员工提供隐性的就业保证，以换取劳资关系所有其他组成部分的可塑性（Boyer & Yamada，2000）。

社会民主制社会仍在探索一种完全不同的结构。工会代表的权力使劳资关系成为原始妥协不断进行周期性更新的结果，这是通过组织中员工向上层流动的一系列程序来实现的，这与捍卫现有就业岗位——这一南欧地区极具代表性的特点截然相反（Boyer，2002d）。在金融集团和“新型经济”企业中，劳资关系存在不同的形式，其中薪酬和人员流动性会随着金融绩效指标的变化而变化。

（2）形式化分析方法。由于权力关系是劳资关系的核心，确定工资就是为了最大化地调动员工积极性。因此，它不再具有使劳动的供给和需求达到均衡的属性：非自愿失业是规则而不是例外，这完全符合效率工资理论。这一策略的重点在于改变企业家和员工之间相互协调的程度。由此可以发现劳资关系有三种典型结构。

当企业竞相提供能使其收益最大化的工资时，充分就业是无法实现的，因为这种方法提高了工作的强度，降低了工作质量：在就业/工资领域，我们观察到了类似于菲利普斯曲线的关系，而且我们已经有了充足的论据来质疑可持续性充分就业的可能性（Kalecki，1943）。

相反，如果公司同意协调他们的工资制定政策，那么工作强度下降的障碍就此清除，在更高就业水平上工资上限就仍然是恒定的。

另一种极端情况是一个单纯由员工组成的工会拥有了这样的权力，以至于它成为具有一定统一性的与雇主协会进行谈判的对手。对于雇主协会而言，必须对工资和需求构成的宏观经济后果与竞争力进行考虑，特别是当经济在很大程度上对国际竞争开放时。在这种情况下，工会的目标显得尤为重要：如果它打算促进所有人实现就业，这种联合协商的模式则远比为自身利益发言的竞争模式要有效。然而，如果工会只想维护自身成员的利益，那么我们就可以通过牺牲一小部分无法获得最佳工作和工资的员工利益来获得就业配给（Boyer，1995）。

（一）制度形式在时间上的不协调会激发经济动力和危机

这是新古典宏观经济学的隐性假设：正如在瓦尔拉斯一般均衡模型中，无论是商品交易还是服务交易，抑或是劳动力、信贷、金融资产的交易，所有交易的发展都具有独立周期性。这个假设是站不住脚的，因为我们可以证明每种制度形式都有其自身的时间周期性。各种制度形式之间的时间性不一致可以产生经济动力，这种经济动力是由社会各个领域的衔接程序组成的。

金融体制是反应时间最短的一种体制，这一特点在危机历史的长期观察中得以认证，并在各种资产交易的全球化和数字化中得到加强。竞争启动了积累进程，这必然使积累面对更长时间周期的劳资关系。当我们将这两种制度形式的相互作用作模型化处理时，就有可能获得一个新的模型。在新模型中标准经济理论所假设的均衡实际上是不稳定的，以至于经济发展的典型过程变成一种内生循环，也就不需要来自别处的冲击，进而结构性均衡也不会被扰乱（Goodwin，1967）。

随着资本主义逻辑的深化，通过降低成本来竞争就会遭遇瓶颈，这也导致了企业将创新发展作为扩大边际收益的策略。但是相比于降低价格的标准式竞争，创新的时间更长。这表明每个创新体系都有可能出现周期循环（第六章）。人口学引入了一种不同的时间维度，即世代更迭的时间维度，这在习性、表征和规范的形成中非常重要，在基础设施、住房、教育和医疗等领域的支出形成了长期的经济动力。最后，生态进程为时间的等级制划分引入了额外的维度。因此，我们会产生这样一种直觉：当代价格体系传递的信号，如污染权，无法显示出无止境的经济增长进程在未来可能遇到的限制。

这种方法也带来了对危机起源的另一种解读，即危机起源于不同时间性的不一致（Boyer，2013a）。此处仅举一例，金融的时间性较短有利于投机泡沫的再次产生，投机泡沫产生的原因在于创新者低估了本质性创新给他们带来实际预期收益所需要的时间。

（二）长期的转变：波兰尼思想的回归

随着对这一问题研究的深入，我们可以对漫长的历史进行再解读。

在某些时期，过去危机的教训体现为通过某些制度形式的等级化，再次展现政治管理手段。第二次世界大战后的情况便是如此。鉴于战后重建和实现现代化的必要性，国家重申其在组织信贷体系方面的特权；在代表性、索酬和获得社会保障等方面加强了雇员的权利；通过鼓励创新和公共研究体系的转移，与工业部门建立了新的关系，并且在国家一级制定竞争原则。“事前估计”可能会作为不利于发展的制约因素出现，而在生产现代化和提高大部分人口生活水平方面，公司的表现已证明了“事后分析”是一种行之有效的制度化体制（Streeck，1997）。

这种结构可以无限期持续吗？调节理论表明，由于其本身的成功，制度化体制的成熟会引发逆向发展倾向。在这种情况下，企业致力于外迁以寻找新的盈利渠道（Boyer，2002c：180）。因此，他们会重新考虑以前与员工达成的妥协，并认为国家规则和税收制度已成为无法接受的限制。从某种意义上说，市场关系和竞争可以跨越国界，这会给企业带来更多的权力。银行也同样不受国家管制的约束，金融体系则更是如此。最后，市场经济自我调节性质的特点会重新浮出水面，也正是基于这一点，企业家说服了行政部门和政治家。大多数市场主体忘记了之前出台管制规定的原因——即避免破坏性危机重复发生——最终同意将经济组织分配给私营公司和投资者。

这种解释符合波兰尼（1944）的观点，并且对其观点进行了革新，因为它考虑到了1945—2010年这段新的长周期。货币本质上从公有变为私有，劳资关系几乎被商品关系和典型的合同关系取代，环境服务的商品化似乎变成唯一理性的选择。当代经济正在重新陷入金融不稳定和重大危机，即前文分析的劳动力市场的弹性影响了薪酬制社会的凝聚力，最终会酿成一场重大的生态危机。

六、结论：制度是宏观与微观的必要中介

调节理论的方法往往是针对制度宏观经济学和历史宏观经济学的，这也是本书第一部分所遵循的指导原则。随着时间的推移，我们逐渐将其扩展到新领域，这为我们的分析开启了富有建设性的前景，即调节理论也可以对微观经济理论独有的问题进行分析，甚至是建立在信息不对称基础上的传统问题。

在我们的分析中，核心的假设仍然是：制度形式是宏观经济规律与个人、集体行为之间必经的交点。

第六章 当代资本主义的新制度安排

随着调节理论应用范围的扩大，我们有必要创造一些其他的概念，用以解释清楚那些不再属于宏观经济领域的问题。

一、多样的生产模式、分化的资本主义

在解释从宏观到微观过渡的策略时，由于必须建立起一种中间层次（见第五章），生产模式的概念显得至关重要。我们需要从概念和经验两个方面来论证这个新的概念。

（一）制度安排和管理工具的内在联系

所有公司都处在技术前沿的假设已经被一些统计研究所否定，这反过来又催生了新的理论，包括 X 效率理论（Leibenstein，1966，1982）。从某种意义上说，生产模式的概念是这种分析方法的延伸，它解释了企业进行组织选择的

内部和宏观经济因素。首先，决定生产组织选择的是利润策略，而不是在可能的范围内实现最优配置。其次，生产潜力随着政府妥协执行情况在不断更新，而政府妥协试图使各参与者的利益和激励趋向一致：管理者、工程师、技术员、操作员，还有消费者和分包商。最后，每家公司的选择必须符合增长模式的一般特征：收入分配是有利于提供低成本的标准化产品还是不同质量的差异化产品？由于引入了不同的决定因素，所有的制度安排都有助于塑造生产模式，使其能够调动技术知识、展现出生产中的雇佣关系和竞争类型（Boyer & Freyssenet，2000）。

（二）时间和空间的重大变化

对于汽车行业来说，这个问题已经得到了发展并取得了大量的实证结果（见表 6－1）。在每个时代和特定社会中，需求结构、劳资关系结构、竞争形式和是否具备分包的能力会共同决定一种特定的生产模式。在 20 世纪初的美国，泰勒制模式产生并迅速得到推广，这种模式建立在对劳动力控制和劳动力标准化的基础上。而同一时期在英国，职业工人的持久劳动自主权以及对资本的控制则定义了伍拉德模式。

福特模式与上述两种模式都不同，因为它建立在装配线保证生产同步的基础之上，并寻求递增收益。但随着社会富裕程度的提高以及工资等级固化导致的社会分层，斯隆模式设法将规模收益和范围效应结合起来。这最终形成的是与福特积累体制相关的生产模式。

对日本的案例分析让我们将生产模式和积累体制区分开来。各国专家学者的著作倾向于把朴素生产作为日本汽车工业的标准模式（Womack et al.，1990），并将其视为日本增长模式的核心，指定其接替斯隆模式。相反地，Gerpisa 分析结果显示了丰田永久降低成本至恒定量的模式是非典型的，它并不能代表其他日本汽车制造商的利润策略。本田生产模式的出现证明了这一点，这种模式基于创新和灵活性，符合更加不平等的增长体制，并在市场革新的背景下对创新引发的差异化给予奖励。

表 6-1　生产模式概览

生产模式	利润策略	公司—政府间妥协	增长模式和收入分配方式	案例
泰勒制	劳动管控和标准化	劳动力廉价且具有流动性	增长缓慢，竞争性调节	20 世纪初的美国
沃拉德制	多样性和灵活性	劳动自主权 vs 高资本收益	低增长，竞争性调节	19 世纪初的英国
福特制	产量与报酬递增	高工资 vs 生产率	生产，无大众消费	两次世界大战之间的美国
斯隆制	规模报酬与范围经济	员工持续融入公司	生产与大众消费同步并制度化	第二次世界大战后的美国和法国

续表

生产模式	利润策略	公司—政府间妥协	增长模式和收入分配方式	案例
丰田制	永久降低成本至恒定量	公司可持续性，多面手员工稳定性	高增长，先由国内需求拉动，后由出口拉动	1970—1990 年的日本
本田制	创新和灵活性	个人晋升 vs 反应度和创新性	增长更加不平等，有必要革新市场	1980—2000 年的日本

资料来源：拓展自 Gerpisa 的研究项目（http：//gerpisa. org/biblio），一手资料来自 Boyer & Freyssenet（2000）。

（三）同一国家空间内生产模式的异质性

这最后一个例子揭示了另一个重要的教训：在日本，丰田模式和本田模式虽有差异，但却长时间共存。同样地，在当代美国市场上至少同时存在三种模式：适用于通用汽车的斯隆主义，在某种意义上将丰田制移植到北美变成的福特制，当然也有移植过来的本田制。这是一种普遍特征，因为即使在 20 世纪 60 年代，这三种模式也有相互影响：通过标准化寻求规模产量和收益（福特），规模效益和范围经济协同作用（通用汽车），追求创新和灵活性（克莱斯勒）。

我们可以从中发现一个有趣的解释：在同一制度架构下，市场和劳动分工的发展和复杂性为不同的利润策略创造了空间。每种策略都有比较优势并显现出其他策略的弱点，但没有任何一种策略能够征服整个市场。相反，根据制度环境的演变，相应的组织模式的布局会随时间的推移而发生变化（Boyer，2002c：184）。

与代表性企业的假设相反，宏观层面上占主导地位的制度架构已被证实会影响各种生产模式的分布。

二、各行业和地方性的制度设施

我们研究各部门待遇时也发现了同样的异质性问题。最初，调节学派第一代学者在著作中深入研究了两种策略：一种认为同一种逻辑以相同的方式影响所有行业，另一种则认为每个行业是对福特主义工业逻辑要求的补充。但是这两种观念是无效的，因为大多数其他行业部门都没有组装线，而一些非常具有代表性的行业（建筑业、葡萄酒行业等）创建了其自身的生产组织和就业关系，完全不涉及福特制度所谓的限制。

（一）以葡萄酒行业为范例

因此，调节学派学者认为该行业是非常适合用来分析的领域，当然分析不能基于产品的同质性（瓦尔拉斯提出的概念），而应基于生产领域复杂的社会构建，这种社会构建有史可查。对这一问题的思考不断完善，得益于一篇具有奠基意义的研究，它对法国葡萄种植、葡萄酒酿造业进行了长时间的考察（Bartoli & Boulet，1990）。事实上，这个行业在高端市场和常规消费市场中表现出了显著的二元性，这两种市场是通过不同的制度设施组织起来的，制度设施要么基于可以保证售出高价的良好土壤，要么基于寻求收益，即商业品牌逻辑。这项研究还强调了在很长一段时期内大庄园的等级化呈现出稳定性，以及种植地与国家立法之间的相互作用，国家立法本身也涉及了欧洲农业领域的规定。因此有必要进行介绍：

——基于明确生产结构施行效果的劳动社会收益；

——在有组织的竞争框架下交织的个人资产；

——在国际体制中限制该行业发展动力的国际法规。

因此，如果我们放弃有关同质性和与福特制互补性的假设，那么解释每个行业与宏观经济发展动力之间关系的性质就显得十分重要（见图 6－1）。

（二）辨认行业间结构的异质性

这一历史、社会和经济领域的概念引发了针对不同生产活动划分的研究和讨论，尤其是石油化工领域（Du Tertre，1989），以及农业领域——将农业视为一个整体（Lacroix & Mollard，1994）或者细分到更小的层级，小到原产地命名控制葡萄酒和普通葡萄酒之间的区别（Bartoli & Boulet，1989，1990）。就服务而言，各部门的模型化更为复杂。市场服务/

非市场服务、家庭服务/企业服务的区别（Petit，1988）提供了关于竞争形式的分析基础，但并不足以精确地定义它们。对于那些具有非物质类型结构的服务来说，情况更是如此。

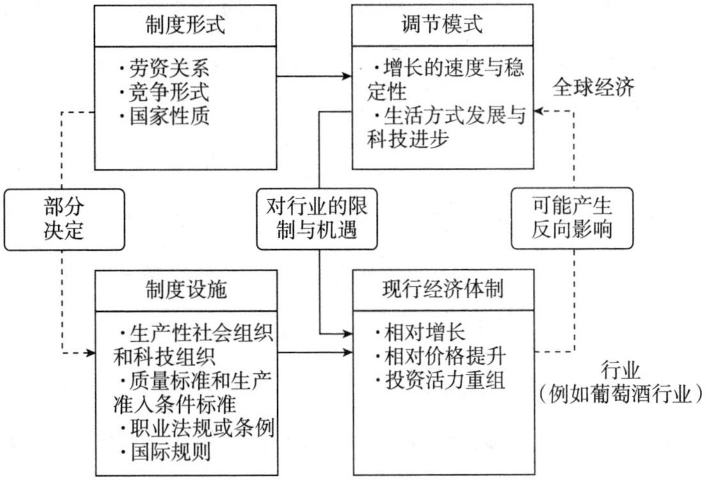

图6－1　全球和行业间的复杂循环链

资料来源：Boyer（1990b：69）。

三、社会创新体系（SSI）

生产模式的概念与行业部门设施的概念从本质上看都是静态的：如何将二者嵌入制度形式的网络呢？在调节学派理论中，我们提出了社会创新体系（SSI），它将新熊彼特主义提出的国家创新体系（SNI）进行了一般化推广。

（一）资本主义是创新与融合，而非重复

与“调节”这一词汇给一些分析学者的最初印象不同，调节不仅代表着经济和社会的再生产，而且指明了这种再生产条件的转变（Aglietta，1976）。事实上，竞争引发了一种寻求更高效技术来生产标准商品的过程，但是当这一过程显示出其局限性时，竞争就会转向创新。如果说约瑟夫·熊彼特将创新视为企业家精神的结果并担心中产阶级的出现会抑制创新的活力，那么历史则表明创新可以被集体化组织起来且可以周期性地刺激增长，即使个别时期是通过连续的金融泡沫实现的。这正是熊彼特学派通过对国家创新体系（SNI）的分析研究所确定的（Freeman，1987；Nelson，1993）。国家创新体系向两个方向延伸：一种是向生产性创新之外的领域延展；另一种则是朝合适的层次开放，当然并不一定是国家层次。

（二）宽泛的创新含义：组织创新、制度创新、金融创新和国家创新

我们的研究集中于将创新系统引入调节理论的概念体系（Amable et al.，1997；Amable，2003），当然这要归功于新熊彼特学派在前期进行的各种扩展研究。首先得益于资本重要时代的历史分期：在福特主义阶段，创新在技术和产品方面

都成为决定性因素。其次是重视生产组织领域的创新，正如生产模式的概念所证明的那样。最后尤其要赋予制度创新决定性的地位：没有创造集体协议，大规模消费就不可能展开，而大规模消费又是发展大规模生产所必需的。

考虑到我们需要将创新体系和发展模式连接起来，就必须从根本上在同一层面对接金融创新，也正是得益于金融创新，金融主导的积累才能繁荣发展直到2008年（Boyer，2011b），当然其中一些金融创新就是为了促进创新而设计开发的（风险投资、股票期权支付、向公众介绍投资新兴企业……）。某些经济体通过税收或社会保障的方式，将国民收入的1/3～1/2用于重新分配，在这些经济体中，创新使得国家多种形态活动趋于合理化，或为这些国家提供新型收入（绿色税收）。这种情况必须要考虑到，因为这就是北欧国家经济的秘密之一，其中国家改革旨在促进建设或拓展经济的结构性竞争力（Pedersen，2008）。

（三）社会创新体系的规模：一个经验问题

国家创新体系概念的另一个一般化推广在于创新过程在哪一层级进行。在一些经济体中，社会创新体系有效地集中于保护本国领土内的结构性竞争力方面（日本、韩国、德国）。另外，其他国家只欢迎大型跨国集团的研究实验室，对于这些大型跨国集团而言，创新基本是在公司内部流转的。

最后，在意大利严格的工业传统中，尽管未来市场可能会面向全球，但互动网络被极度地集中在小领土范围内，硅谷模式可以被视作对这种传统的更新。由此我们便提出了规模和调节层级的问题（见第九章）。

（四）创新体系的多样性：国家层面互补性的体现

我们是否见证了在国际层面存在不同国家创新体系的趋同？一些研究成果借鉴了管理学科思想，建议鼓励最优实践，将这些实践结合起来便能实现可能达到的最优体系。一些学者汇集了国家创新体系各组成部分的指标，却得出了不一样的结论（Amable et al.，1997；Amable，2003）。事实上，能够定义一小部分结构的互补性出现了，这些互补性会让结构呈现出特殊性（见表6－2）。纵观整个历史，每个社会都在制度出现方面创造了新概念并发展了能力。

第一批国家创新体系依靠市场推动创新，然后将其传播到整个社会。广泛承认竞争原则、以知识产权法保护创新、通过教育系统在创新者与生产者之间进行分配。其结果是导致了熊彼特式创新机制，激发了层出不穷的重大创新浪潮，也导致了财富的两极分化。这种社会创新体系（SSI）在计算机、制药、金融、文化娱乐产业等领域繁荣发展。

表 6-2　四类创新体系

	结构体系			
	商业型	中观社团型	国家推动型	社会民主主义型
1. 一般原则	市场是创新的必要载体	大型企业将创新和技能内部化	国家是创新和调节模式的核心	通过制度社会化，就创新的动力和结果进行协商
2. 涉及方面				
科学	基于竞争的研究体系，包括获取公共经费（国防、卫生）	学术体系与技术应用的相对脱节	公共基础研究，与产品开发关联性很低	以追求自然和社会需求为导向
技术	专利和版权的重要性，二者是创新的激励和保障	一部分创新仍是个人头脑中的想法，无法形成体系并在企业内部共享	由政府采购以及对资本商品的研究学习推动	技术领域逐渐取得进步：从自然资源到信息技术
人力资源	两极分化严重，一方面是高学历从事创新，另一方面是低学历从事生产	普通、无差别和大规模教育，具体技能在公司中培养	教育在学历两极分化中起作用：行政管理与创新 vs 生产	教育和报酬追求理想化的平等，若因进步而被淘汰，则由公共机构重新培养
金融	金融工具复杂多样，包括对创新的风险投资	稳定的金融参与，经济信贷化和长期化	银行发挥作用，创新者融资相对困难	相对简陋的金融市场

续表

	结构体系			
	商业型	中观社团型	国家推动型	社会民主主义型
3. 后果				
创新	熊彼特式重大创新浪潮，优势在于专利思想以及将创新的收益私人化	有复制和改造产品的能力，采用可以提升增量且可以盈利的技术	涉及大量投资和长发展周期的重大创新。采取福特式创新，即相对集中的创新	与解决社会和经济问题相关的创新，无论是边际创新还是重大创新
专业化	与重大创新相关的行业：信息、太空、医药、金融和文化娱乐产业	需要广泛协调并调动本地化且有长期积累能力的行业：汽车、电子、机器人	与重要公共基础设施相关的行业：交通、电信、航空、航天、军备……	响应社会需求（健康、安全、环境……）或通过技术开发自然资源的行业
4. 例子	美国、英国	日本、韩国	法国	瑞典、芬兰、丹麦

资料来源：整理自 Amable 等（1997）。

在另一种结构中，一家大型公司或企业联合体（如日本经连会或韩国财阀集团）在企业内部组织创新，然后将创新成果分配到旗下不同行业部门。此时个人掌握的知识技能可以发挥决定性作用，其基础是被人们广泛掌握的一般性技能，然后通过大型公司的运作将技能专业化。接下来，专业化会在经过不同专业部门协调的领域继续发展，如汽车、电子和机器人领域。

而在公共部门也可能会推进第三种形式的国家创新体系，这是由于缺少真正的熊彼特所描绘的私人企业家，而且需要回应对市场竞争产生的某种不信任感。其也主要集中在公共部门，所以与增长活跃市场的产品开发关联性很低，需求最初来源于政府采购，融资也通常来源于银行信贷，而在过去银行信贷也被政府部门严格管控着。诚然，教育体系是服务大众的，但其目的是在工程、创新和管理方面发现人才。故此类国家创新体系专攻公共基础设施、运输、航天、太空和军事领域。

最后还存在第四种惯例，它通过谈判达成妥协，在所有参与者中间解决包括创新在内的经济活动组织提出的问题。其目标是从自然资源开发中建立起一个行业，以便更好地满足在教育、终身学习、安全和健康方面的社会需求。推行平均主义和崇尚高质量的教育是一种资产，因为它是培养创新者和催生有实力高消费者的沃壤。

（五）共存：国家创新体系的互补性

鉴于在某一国家的背景下这些特殊性十分鲜明，全球化进程经常被视为对这四种国家创新体系存续的威胁。而制度上构建优势的方法否定了这种假想：除了由于金融化背景下实际汇率不稳定导致的经济波动之外，国际化还使每种体系的比较优势均得以加强（Amable et al.，1997）。所以当人们发现专业化比互相竞争更具有互补性时，也就不会感到惊奇了。

四、培训关系：劳资关系与教育体系之间的相互作用

对劳资关系的首批研究揭示了典型调节结构与相继出现的各积累体制之间的关系。鉴于创新过程是资本主义社会经济体制的一个显著特征，我们必须进一步完善之前的分析，即思考一下技术变革和劳资关系之间的联系，在每种社会中如何培养劳动者的资质和能力，以及生产范式是否会迫于培训制度和组织的压力而改变。

（一）从社会效应到培训关系

在调节学派的研究中，这个问题的提出是由于人们意识到福特主义作为一种富有成效的范式已经过时了，而在异端经济学的研究中，那些最能调动参与者能力的观点似乎更有

前景。例如，日本曾探索开发另一种工作组织，而不是接受遵循福特主义原则的经济体带来的惯性。正是在这种背景下，对培训和劳动间关系的研究得到了发展，培训—劳动关系的概念描述了教育体系创造能力，而企业负责调动这些能力（Caroli，1993；Boyer & Caroli，1993）。

下面让我们回到对这一概念有着重大贡献的研究上，该研究对属于同一部门的德国机构和法国机构进行了比较（Maurice et al.，1982）。虽然在同一欧洲市场中竞争，但这些公司却采用了不同的工作组织，在德国公司的组织具有多功能性，而在法国公司的组织则采取了更贴近劳动科学组织的原则。这种差异产生的原因在于，一方采取了重视职业培训的体系，而另一方则选择了普通大众教育。得益于引入了培训—劳动关系的概念，法德差异便成了一个很好的例子，可以明确地解释能力培养体系和劳资关系之间的相互作用。显然，它们各自的组成部分之间也保持着关联，这两个领域之间的协同作用在很大程度上促进了经济表现，这一点主要体现在相应产品的价格形成上，而非体现在显性劳动生产率方面。

接下来要做的是通过模型化分析方法来检验这些观察结果是否可以被归纳出来。

（二）能力分类有助于引导创新方向

基本思想是认为生产率的提高不仅来自通过调动大规模生产得到的典型规模收益，还可能来自技术人员创造新流程和新生产方式的能力。通过充分有效的教育体系或见习体系培训大量有能力的技术人员，这一点也很重要（Caroli，1993）。培养技能数量的多少一方面取决于新兴生产范式所需的技能水平与总人口中平均技能水平之间的差距，另一方面则取决于企业和政府支付这笔额外培训费用的意愿。最后，正如内生增长理论所假设的那样，社会技术范式的本质不是为了使收益在长期恒定增长，而是有组织逻辑地推动生产进步。

我们可以将模型概括为生产范式未来变化与培训体系回应变化的相互作用与影响。创新不会由于其可能带来的潜在收益而自动出现，只有当社会同意为培训配备足够的资源且社会组织足够有效时，创新才会产出成果。如果不利的条件占上风，那么新的范式则不会被该经济体所采用。

当学者们研究采用非主流生产范式的可能性时，将劳资关系的概念作一般化推广就会显得意义非凡。教育体系和培训体系的不当或惰性可能会对生产范式造成一定程度的阻碍。考虑到一面是两种稳定的均衡状态共存，另一面是一种不稳定过渡状态，如果没有付出极大努力，经济体很难采用这些新兴技术。这也解释了教育水平较低的社会长期没有发展的原因，而与此同时，教育的迅速现代化在韩国等经济腾飞的国家中发挥了决定性作用（Seo，1998）。

（三）德国和法国发展轨迹分化的原因之一

在社会学家给出“社会效应”这一诊断三十多年后（Maurice et al.，1982），培训—劳动关系的概念仍然与自21世纪初以来法国和德国宏观经济发展轨迹分化的原因有关（Boyer，2011a，2015A）。这也是某些分析所得出的结论，这些分析主要强调劳动质量、产品和市场力量之间具有互补性（Salais & Storper，1994）。需要注意的是，莱茵河两岸（法、德两国）教育体系具有很强的惰性（见表6－3），这与该模型中的一项结论是一致的。

表6－3　法国—德国：两种技能培训体系

内容	德国	法国
技术培训体系效率	见习体系和技术学校的质量； 各州和公司之间对话的持久性	技术培训和专职培训吸引力低； 在学校习得的技能与企业需求有差距
公司在技能培训中的参与度	通过二元见习体制产生深刻影响； 有兴趣进行继续教育	技术培训碎片化； 继续教育侧重于获得高学历
技能培训费用安排	各州和公司共同支付大额专项基金	公共部门自助基金数额庞大，但效率低下

续表

内容	德国	法国
技术培训和见习制度化的外延与质量	制度化以及资质指标化程度高； 资质周期性重新审查	制度化，但与公司的期望出入较大； 迟于新生产范式
技能对经济表现的影响	在出口方面以及产品价格掌控能力方面收效明显	福特制惰性导致其对经济的影响以及价格控制能力较弱

资料来源：整理自 Caroli（1993）。

五、国家社会保障体系

在劳资关系的组成部分中，我们可以看到间接工资和补偿员工可能承担风险的方法。自第二次世界大战以来，该部分变得至关重要，尤其体现在国内生产总值中社会性支出份额增长方面。这一转变引发了新的问题。社会保险应该由雇员之间互助解决，抑或相反地由国家为其公民提供？私人保险市场能否在长期取代集体形式的社会保险？相对地我们可否想象国内典型的团结型社会关系最终会演变为关怀型社会？

（一）三种逻辑之间相互作用的结果

社会保障在制度学派研究中并非一个简单概念。尽管埃斯平·安德森分类法（Esping - Andersen，1990）的建立为众多分析提供了共同的参考标准，但国际领域各项比较研究得出了各种各样的定义，从而导致极其多样的分类方法随之出现。结构主义方法旨在提供一个可以解读普遍现象的“万能钥匙”，以及一种原始分类法，以解释国家社会保障体系（SNPS）的持续多样性。事实上，根据布律诺·泰雷的理论（Bruno Théret，1996a），我们可以将社会保障定义为保障人口繁衍的条件以维护经济活动和政治权力：“经济学领域内员工社会保障同体论会迫使政治学以类似的方式对待社会保障问题，所以政府部门会重建保障家庭秩序的行政手段，在劳动力市场上，这种家庭秩序保障既是对工资制关系的补充，也可以对其进行替代。”因此，社会保障作为一种结构形式，处于经济、政治和家庭三种秩序关系的交会处，并在这三者之间形成各种联合或替代关系。

因此我们能够以三种秩序的行为和逻辑为基础，探究社会保障的混合式特点（见图6－2）。

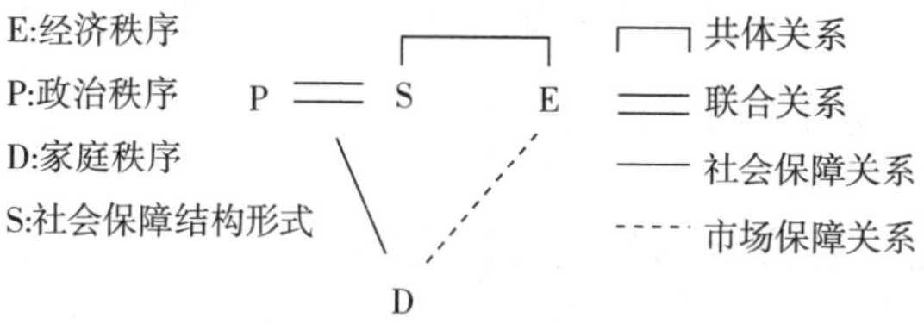

图6－2 社会保障的基本结构

资料来源：Théret（1997）。

（二）结构多样性纷繁复杂

根据相应关系链的强度和方向，我们可以设计出六种理想类型的国家社保体系（见图6－3）。例如，自由化国家社保体系会展现出两种变体：当家庭秩序由经济秩序支配时会展现出个人主义（美国），或者在经济领域内，当家庭繁衍的迫切需求由企业负担职工风险来保障时，则会展现出父爱主义（日本）。相反，如果政治极大地参与了社会保障并对家庭繁衍产生重要影响，国家社会保障体系又会成为国家干预普救主义类型（瑞典）。最低普救主义（英国）或社团量才主义（德国）国家社保体系的结构又有所不同，因为与前面的类型相比，二者在经济秩序和家庭秩序之间出现了等级调转。不过有一些组合结构可能不具备可行性，这减少了我们能够观察到的国家社保体系数量。最后，这种方法的好处在于，许多以前的分类法都可以在其中找到合适的位置，由此我们可以对不同类型的体系进行比较。

（三）社会保障纠正积累失衡

这种分类来源于结构主义和静态分析方法：严密的国家社会保障体系结构是什么样的？这一问题还涉及社会保障体系出现和成熟的根源和条件。经济、社会和政治三个方面的诉求结合在一起形成一个过程，并展现出以下共同特征：

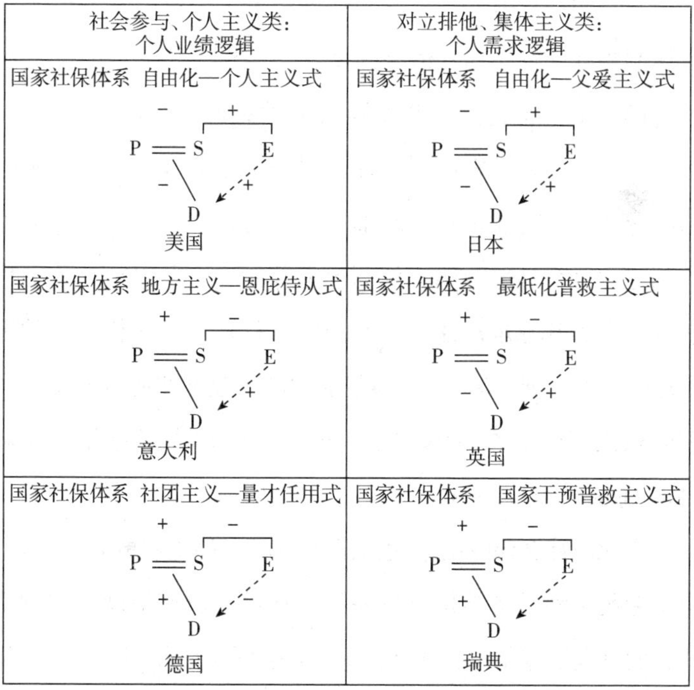

图6-3　四种要素不同组合方式构成的各类国家社会保障体系

资料来源：Théret（1997：210）。

（1）当生产结构发生变化时，根据其对农业、工业或服务业的影响，会出现对安全的需求，与正在重组的旧秩序相比这种需求是全新的。工业革命加剧了不稳定性，从而激发了对集体保障的需求。

（2）这些需求必须由利益集团或社会阶层承担，所以他们集中并甄选了社会保障涵盖范围的建议。压力集团也在是否设立劳动事故保险或建立退休机制的问题上出现了明显的分歧。我们可以就此看出社会保障体制的多样性以及各类社保体制相互交织、相互依存的关系。

（3）如果最初的互助原则由每种风险相关团体来捍卫，那么工资制的扩展则让建立社会保障的必要性超越了各种体制的分化。正是在这种情况下，政治力量和行政手段才会参与到建立可行且尽可能有效的保障体制中。所以土地均分思想的存在和其力量被证明是欧洲国家社保体系结构形成的因素之一（Manow，2009）。即使退休制度建立在通过资本化实现的私人保险社会的基础上，也需要法律来确定相关体制（Montagne，2000；Fellman et al.，2009）。

因此，社会保障国家化的历史源于三种机制的相互作用：由于专业化和经济结构出现差异，利益构成也呈现出多种形式，而且政治体制具有选择和整合社会需求的作用，所以我们所观察到的社会保障体系呈现出极为丰富的多样性，而国际上，例如在欧洲层面，开始对各种体系进行比较研究也就不足为奇了（Emmenegger et al.，2012）。这种比较在健康保险领域尤为突出（André，2007，2014）。而对拉丁美洲地区社会权利的分析也展现了国家社保体系之间的巨大差异（Lautier，2012）。

（四）社会民主经济：福利资本主义

在前面的分析中，社会保障作为对不稳定性、危机和不平等加剧等问题的补偿机制出现，而这些又是资本主义逻辑延伸会导致的典型问题。北欧经济的发展路径（Fellman et al.，2009）最终产生了一个典型的社会民主资本主义模式，这不禁让人想起了最早期的资本主义理论（Visser & Hemerijck，1997）。事实上，主流经济理论认为，国家征税会对私人企业成本产生影响，进而影响其竞争力，这实际上是创建了一种有利于经济表现的社会资本。从广义上讲，如果以追求社会公正为目标，政府会引导投资流入各类社会保障部门，因为这样最终有利于实现经济动态效率（见图6－4）。

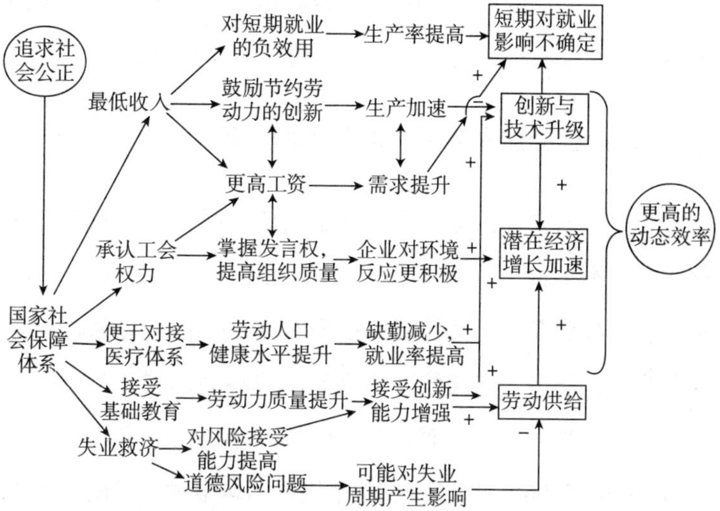

图6－4　社会民主国家的社会保障有助于提升经济活力

资料来源：Visser和Hemerijck（1997）。

最低工资制度一定会干扰劳动力市场的短期调整，但这是在鼓励发展节省劳动力的生产性组织，从而提高生产率。

此外，在工资制主导的公司中，较高的工资会促进需求，从而增加企业的就业供给。承认工会权力，让员工代表参与公司管理，可以帮助公司适应竞争和技术变革，同时减少社会冲突。教育的扩展和质量帮助员工塑造了日后可以由企业调动的一般能力。尤其是劳动力智能化，其目的在于解决问题，而不是改变劳动的本质。失业救济肯定会导致更长的失业期，但它可以避免贫困化、满足需求，并给失业者提供时间找到可以维持生计，甚至与其受教育水平相符的工作。

因此，广泛的社会保障可能会对短期应对能力产生负面影响，但它却有助于设立提高动态效率的社会资本。

（五）社会民主体制抗冲击性的奥秘

然而，国家社保体系并非静态实体，因为其本身就充斥着冲突和不平衡，特别是在重大危机期间表现得尤为明显。实际上，社会民主主义经济体已经对其社会保障体系进行了重大改革，使得人们相信这些国家很快将会趋同于盎格鲁—撒克逊式的福利制度，而非继续坚持社会民主主义福利制度（Anderson，2006）。20 世纪 90 年代初瑞典金融危机的残酷性和严重程度似乎使这个国家基础性制度化妥协发生了转向（Notermans，1995）。也有学者预测金融化带来的不稳定影响会与社会民主制度的抗冲击性产生冲突（Aglietta & Rebérioux，2004a）。一项回顾性的历史研究所得出的结论认为，对战后瑞典模式的挑战并不在于社会保障体系效率低下，也不在于对基础性妥协的内生侵蚀，而在于1991—1992年那场金融危机带来的后果，它损害了社会利益，造成了失业，长久地移除了权力关系（Vidal，2010）。无论如何，瑞典的福利资本主义并没有趋同于盎格鲁—撒克逊模式。

基于对北欧国家近一个世纪的轨迹比较，调节学派的研究表明了这种福利资本主义的存在条件在于该体系本身与国家创新体系的再生动力具有互补性（Boyer，2015b）。尽管有些理论学家认为马克思主义对资本主义的分析、熊彼特式的创新以及广泛的社会保障福利理论之间互相对立，但像丹麦这样的国家用其实际情况证明了这些理论强调的三种机制是兼容的。教育制度和国家行政机构一旦根据其参与国际化的程度制定促进经济持续现代化的目标，那么经济就会创造足够的价值为社会保障各个部分提供资金（Boyer，2015b）。其他的社会也有广泛的社会保障范围，但会与工业基础衰退以及出口部门规模产生冲突。国家社保体系和国家创新体系之间的协同作用是北欧国家抗冲击性的核心。

（六）通过市场和竞争进行调节：事倍功半

最后一个例子将会展现改革策略的局限性，这些改革策略建立在这样的信念之上：公共组织本质上总是无效的，而相反，市场使得有可能在没有任何集体干预的情况下获得最佳的平衡。更笼统地说，降低诸如英国或美国等国家的社会保障并使其合理化，根据实际经验来看，这种意愿并不能减少社会性补助在国内总产值中所占份额。究其原因，可能在于失业率攀升等致贫困人口增多，从而更具针对性的计划得以产生，也可能在于医疗技术的进步以及人口健康水平的提升（Boyer，2015c）。

从制度主义的角度来看，这种失败并不令人惊讶：考虑到社会保障提供的服务和产品的复杂性，在市场上想通过产品和服务的标准化来组织竞争，这种做法即使具有可行性也绝非易事。这就是为什么像图 6－3 所示那样复杂的体系结构随着时间的推移而发展并表现出了明显的抗冲击性（Boyer，2002c）。

因此，与纯粹的市场机制相比，建立制度并不是引入摩擦，而是一种制度安排的另类形式，这些制度安排能够克服棘手的协调问题——国家社保体系就属于这种制度。

六、不平等体制和发展模式

劳资关系不平等程度的缩减促成了大规模生产和消费体制的出现，但该体制的衰竭助长了一种观念的回归，这种观念认为不平等现象加深是建立另一种体制的条件，新体制建立在竞争持续扩张的基础上，通过内部自由化、贸易开放以及资本运动开放实现（Boyer，2014）。

（一）竞争理论

二十多年来不平等现象愈演愈烈，催生了大量研究文献。这些文献的一个共同特征是找出一个关键要素，并认为它是影响整体收入形成的条件。

第一个理论来自对不平等现象的观察：经济发展首先会加剧不平等，而后将其削弱，这是技术革命带来的后果。技术革命首先加剧了收入的分化，而后再将其影响扩散到整个社会（Kuznets，1955）。

研究技术变革的专家们已经提出了一个类似的假设，它强调在传播和信息领域通用技术的扩散会向有利于高学历人才的技术进步倾斜（Aghion et al.，1999）。这样的技术革命将会减少它所涉及的技术的两极分化。

国际经济开放的持久性使全球化在广义上成为重要的解释变量。我们可以想象一下新兴工业国家在标准化产品生产中的竞争，中国在其中处于领先位置，全球化给承自福特制的中低学历人员造成了损失。依靠操作经验的劳动反映了全球化影响的不明确性，主要在于人们如何看待国家内部或国家之间个体的不平等问题（Milanovic，2005）。

金融收入爆炸式增长是金融创新驱动的积累体制（见第四章）的特点，也带来了一种理论创新：由于资本回报率高于增长率，利息收入与劳动收入的差距加深了不平等现象

(Piketty, 2013)。我们可以在针对长期历史的研究中找到与20世纪30年代相似，甚至与法国和英国旧制度相似的结构。

制度主义研究方法提出了第五个一般性假设：一些制度安排在报酬或固定利率方面制定了经济规则，一旦这些制度安排被全员竞争所取代，不平等的出现就完全符合逻辑了。这个假设适用于描述日本的情况（Uni，2011），主要因为在同一部门内部，生产率提高的异质性不断增加（Lechevalier，2011）。

读过上述这些理论后，读者自然会提出这样的疑问：是每位学者都提出了一个普遍适用的一般性理论，还是他们更注重引发不平等产生和再生的特定机制？

（二）明确不平等出现和加剧的过程

毫无疑问，经济学家滥用“理论”这个术语来表述某一特定模型，从褒义的角度说，就是与观察得出的特定事实相一致；而从贬义的角度说，则是基于对社会的特殊视角进行主观选择的结果。在制度主义分析方法中，塑造调节模式乃至增长机制的过程便是如此，其相对强度和关联都取决于制度结构。按照这一观念，我们便可以构建不平等体制的概念，因为不平等被认为是某些过程特定结合的产物。这些过程分属不同的时间和空间，但却在既定的时间和地点以其特异的方式被结合起来。以下展示的是其中一些机制。

劳动—资本间的冲突是滋生不平等的第一动力，这体现在功能性收入分配方面。劳动—资本冲突影响个人收入分配，主要依据在于，个体的身份是劳动人员，同时获取工资和利息的中产阶级成员还是纯食利者。当利润在价值创造中的比例上升时，描述个体间不平等的指标恶化也就不意外了。

在光辉三十年过程中的工资制社会里，阶层间的斗争与传统的阶级斗争重合在一起。这些斗争集中体现在接受教育、接受培训以及获得更高报酬工作等方面。这种机制更为重要，因为市场竞争取代了可能导致工资等级差异的集体协议，这与前面提到的制度主义分析不谋而合。

随着金融的发展，劳动—资本冲突正朝着食利者与严重负债的劳动人员（包括企业与个人）之间权力对抗的方向发展。在严重负债的就业者中，我们也会发现熊彼特式的创新者，他们不得不靠举债来开发新产品。而创新收入显然最终会转化为定期收益。因此，这种不平等的根源不同于生产资本与劳动收入之间冲突所产生的不平等，托马斯·皮凯蒂的著作中隐含地表达了这一观点，而主张技术变革的专家们认为这种机制只适用于经过重大创新浪潮之后的经济调整时期（Perez，2002）。

第四个过程在历史上使团结和个人主义这两种辩证的主导思想交替出现，但轮换周期较长。当市场和竞争加剧引发危机时，新一代人便会同意重建团结的基础，并通过再分配税的方法解决。而繁荣时期则有利于个人主义，这破坏了先前的团结基础并可能破坏渐进式发展。从 20 世纪 50 年代到 2010 年发生的一系列事件均符合这一逻辑。

不平等不能被简化为收入、财富甚至影响力方面的差异，即便获得教育、健康、休闲娱乐和体面工作这些基本权益能够通过社会保障得到满足，因为这些基本权益就如同大量的基础性商品，而社会保障则是按照商品逻辑将这些商品扣除的。逐步建立国家社会保障体系也是这一过程的组成部分。一般来说，国家社会保障体系趋于减少不平等，但面对重大危机带来的财政赤字时，社会保障的“合理性”却会加剧不平等。1990—2000 年的这十年内就出现了这种逆转。

上述各种机制和过程并不能够在不平等方面建立一种具有普遍性的模式，而关于不平等的研究不仅局限于此。

（三）在每种社会经济体制内重组此类过程

事实上，这些组成部分的表现形式参差不齐，并且根据所处历史时期和所在社会或国家的制度结构而有所不同（见表 6 -4）。在一个农业和古典调节主导的经济体中，不平等体制源自旧制度的社会地位。随着工业革命和积累的兴起，不平等的根源主要集中于资本—劳动的冲突。该冲突既可以定义一个典型的马克思主义体制，也可以将其大致划归到库兹涅茨式体制中，至少是在连接生产转型和不平等的库兹涅茨曲线上升部分。

混合经济体制使得福特主义蓬勃发展，它与之前所有的体制都有所不同，因为它倾向于建立妥协，并在一段时间内稳定住各种不平等的根源：劳资双方妥协稳定了工资—利润的分配，员工群体内的阶层斗争逐渐冷却，通货膨胀也使食利者面对企业家的权利大打折扣。这种过程通过具有极强再分配性质的税收得以延长，并且丝毫没有影响积累的动力。最后，由于公共支出和社会补助的增加，家庭类型的变化和城市化成为在集体基础上重建团结的重要载体。

这种转变在二战后的社会民主政体中达到了顶峰，以至于出现了“福利资本主义”（Fellman et al.，2008）甚至“谈判资本主义”的说法（Pedersen，2008）。相比之下，金融化积累使得食利逻辑披上了现代化外衣并再次出现，导致了极为严重的财富两极分化。

最后，拉丁美洲社会无疑受到了其经济金融化的影响（Bruno，2008），但劳资不平等却体现为人们难以找到正式工作，而这才是政治和社会两极分化的根源。与其并行的是一种建立在出口农产品和原材料基础上的社会经济体制：当政治向民主化过渡，并且通过社会保障体系构建起安全网络时，收入的高度集中化只受到了轻微影响，无论不同国家的社会保障体系发达与否。

表 6－4　与发展模式相关的各类不平等体制

发展模式	不平等体制的组成部分					一般特点	历史或当代实例
	资本与劳动之间	劳动者之间	食利者与劳动者之间	个体主义与社会团结之间	私人产品与公共产品（社会保障）之间		
农业/食利经济，古典式调节	次要	次要	食利者掌控	低税收和累退税	通过家庭团结	地位不平等体制	旧制度法国
内涵式积累，竞争调节	变为主要	不同领域有差异	企业家相对食利者地位上升	低税收，可能存在累退税	新出现的问题	库兹涅茨式不平等体制	工业革命时期的欧洲、当代中国
有大规模消费的内涵式积累，行政调节	工资—利润分配稳定	制度化使劳动者之间不平等稳定下来	食利者主动退出	依据收入和财产的强累进税	获得公共产品（健康、教育）的重要性	肖恩菲尔德式的混合经济体制	光辉三十年（法国），镀金时代（美国）
战后的社会民主体制	表现出基础性和解	团结型工资等级表	奖励创新者	再分配性质明显的税收体系	大众内在的意愿	梅德纳式福利资本主义	北欧国家（1950—1990年）

续表

发展模式	不平等体制的组成部分					一般特点	历史或当代实例
	资本与劳动之间	劳动者之间	食利者与劳动者之间	个体主义与社会团结之间	私人产品与公共产品（社会保障）之间		
金融化积累	核心是金融 vs 其他	十分明显，但属于次级地位	创新者有转化成食利者的趋势	单一税率，征税弱化	大幅度私有化	1%对抗99%的社会（占领华尔街）	英国、美国、冰岛、爱尔兰（1990—2007年）
食利/原料出口体制	周期性显著	正式工作与非正式工作对立	核心冲突：食利者—企业家	有限税收，再分配性极低	萌芽的、分裂的	不稳定与不平等的发展中国家（普雷维什）	拉丁美洲（两次世界大战之间）

七、环境制度机构

近年来，经济学家和政府对不断增长的不平等现象的研究已日趋普遍化。科学研究显示气候变化速度正在加快。受其影响，自 2000 年以来，环境问题不断被列入国家政策和国际会议议程。这个问题是从 20 世纪 70 年代初能源相对价格的突然变动后出现的：这是否标志着非可再生自然资源的有限性会限制经济增长呢？

（一）理论上的挑战

每个学派都设法将环境约束与其理论基础结合起来，由此带来了多种多样的分析判断。

对于主流标准的经济学理论，经济体滥用环境资源并无须承担后果是合理的。因此，得出的解决方案是为这些资源设立费用，并让市场负责设定相应的价格。而政府行为只能被限制在确定全球总量这方面。这个解决方案已经被政界人士广泛采用，例如，签订国际生物多样性公约（Boisvert & Vivien，2012），以及引入全球污染物排放市场作为应对气候变化威胁的合理回应。

交易成本理论认为，在许多情况下，通过谈判确定各方权利和义务的规定可以内化负外部性，例如与污染有关的负外部性。即使在没有明确的产权定义的情况下，各方也是有可能达成一致意见的，这就将第二种研究方法与前一种研究方法区分开来。但解决与严重污染事件有关的冲突难度巨大，这往往会限制该解决方案的效力和生效范围。

公共产品理论始于一种历史和归纳的方法，表明除了创造私有产权和等级权威之外，集体如何在没有任何理论的情况下探索这些公共产品管理规则。这种案例主要存在于农村社群，居住距离较近便于居民协商解决问题，而且互惠互利的关系也让居民们产生了信任。即使理智地认为国际化创造了新的公共产品，我们也很难将这些小社群的学习机制推广到国际层面。限制全球变暖的国际协议经常遇到困难就证明了这一点。

公约经济理论正是从不同的实证逻辑或原则（商业、工业、公民）间的对立性出发的。这一理论指出，这些逻辑原则的对抗可以产生公约，因为公约就是不同代表观点之间的妥协，缔造公约的目的在于通过降低不确定性来协调不同主体的行为。“生物多样性公约”的建立在一定程度上符合这种类型的协调进程，最终形成了广泛的代表性（Boisvert & Vivien，2012）。

调节的贡献是重新解释了阶级和社会团体之间的利益冲突。例如要依据经济、社会和政治之间的关系以及它们所暗含的权力关系，重新审视污染者与污染受害者之间的冲突。调节理论还坚持妥协的可能性以及妥协的制度化：妥协并不意味着在表现和利益上达成一致，而只是承认主要利益相关者的实际所得并没有多于他们宣称自己所得的那一部分。道德清白或政治合法性对于这些制度化妥协的可行性而言并不重要（Amable & Palombarini，2005）。

（二）是第六种制度形式，还是一系列制度机构？

这些妥协是否已经强大到可以创造出第六种制度形式？有人对此提出了几个论点（Becker & Raza，2000）。首先，由于这种妥协与生态之间的关系无法归为五种典型形式中的任何一种，将"社会关系的本质"作为当代社会经济体制的支柱提出是有一定道理的。其次，这些作者又指出，货币制度最初是作为"货币约束"而被米歇尔·阿格列塔（Michel Aglietta，1976）提出的：所以为什么不将生态关系转换成生态再生产约束，并将其组织成一种制度形式呢？最后，学者们自然也提到了卡尔·波兰尼虚构商品理论中货币、工作和自然的"三位一体"。当集体不再控制虚拟商品的使用并允许商品化进程发展时，社会存在本身就会受到威胁。在调节理论中，第一个问题由货币秩序制度决定；第二个问题谈论的是劳资关系，并不能将其简化为纯粹的商业关系；第三个问题则有可能指的是"经济与环境的关系"。

大多数由调节学派学者制定的概念和进行的实证研究并没有采用这种观点，而是倾向于将其等同于各行业的制度机构（Rousseau & Zuindeau, 2007; Elie et al., 2012）。这一观点起源于阿兰·利比茨（Alain Lipietz, 1999）在里约峰会上评论各国的立场时所提出的对环境进行干预的样式取决于积累制度这一假设。该假设是根据发达国家与发展中国家工业化程度的对立所提出的，但其在关联性上还有所欠缺。从某种意义上说，环境制度机构（DIE）将是制度形式在经济/环境关系上的投影。劳资关系的制度化固定程度应与环境制度机构的发展同向而行。同样，竞争形式可以决定将环境约束纳入某一进程的能力，而国家和经济政策的风格则为其在标准和补贴、法规和税收、维护和预防之间的选择提供了依据。就其本身而言，金融和货币体系对企业投资生态创新领域的研究项目并非毫无影响。最后，经济专业化和国际一体化类型也影响了环境制度机构发展的程度（Élie et al., 2012）。

（三）依赖于资本主义的类型

在研究资本主义多样性的后续成果中（Amable, 2003），通过对各国的一些对比数据的检验可以看出制度机构的应用推广程度，这些数据涉及污染、垃圾和废水处理的投入程度、生态法规应用的程度和广度、环境税收的水平以及环境方面的创新。这便是不应将环境问题视为一般的制度化妥协衍生物的另一点论据，因为它并非只在各个领域中较一般制度化妥协出现轻微偏差。

这导致主要横坐标中，一方面，许多国家反对干预主义和社会化管理，即北欧和中欧地区；另一方面，南欧国家的环境干预措施在公共领域和使用市场手段方面都受到限制（见图6－5）。对次要纵坐标的分析则凸显了非常自由的环境管理逻辑，其特点是低税率和宽松的监管限制。所有盎格鲁—撒克逊国家都属于这一类，这与每种资本主义形式的调节模式基本原则具有相似对应性，而关于这些资本主义形式的影响我们已经在国家创新体系中分析过（见表6－2）。

当我们直接检验不同形式的资本主义对绿色税收水平和环境创新规模的影响时，我们还远不能找到完美的对应关系，这也说明了环境制度机构和发展模式之间存在复杂的关系。

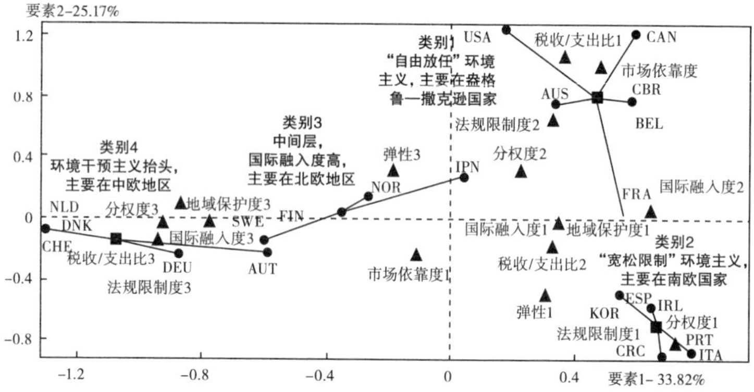

图6－5　环境制度机构与资本主义类型的关系

资料来源：Élie 等（2012）.

（四）时间性冲突、阈值效应和不可逆性

各种环境制度机构寻求控制的每种生态进程都是根据自身的恒定时间产生变化的，原则上没有理由与经济决策时间保持一致。因此，积累可能导致严重的生态失衡，然后影响进一步的增长，并最终引发企业、社会团体或国家的纠正措施。根据我们的研究，环境制度机构的时间周期会在水资源管理、对抗工业化和城市化污染、物种多样性演变和全球变暖等方面显示出巨大差异。因此，环境限制始终会显露出来，并对塑造经济动态做出贡献，当然这通常要经历一场残酷的危机。

经济和生态之间的非线性关系已经通过许多生态系统突然改变的例子得到证实（Muradian，2001），这也引发学者们进行了大量的理论化和模型化工作，以解释导致崩溃的原因（Good & Reuveny，2009）。直观的答案是这些参与者的短视或短期思想导致了他们逾越底线，因此，科学的进步应该在长期规避这些灾难发生。“在当前的认识水平下，生态学可以更好地预测变化的幅度而非估计发生变革的阈值。由于价格体系也无法评估在何种范围附近不连续，似乎专家和消费者都无法准确预测生态变革阈值”（Muradian，2001）。

新古典主义理论则表现出了乐观态度，因为价格体系能够甄别出生态体系是否有可能发生崩溃。这种乐观主义并不

仅仅取决于理性预期假设和对经济与环境联系全知的假设，更主要取决于完全替代的假设，取决于相应增长模型的线性化以及因此引入的完全可逆性。然而，这些假设在生态失衡逐步累积时或者在生产需要不可再生资源时可能是错误的，并可能引发阈值效应（Arrow et al.，1995）。

因此，环境限制使未来增长的前景产生了局限性，而要突破这种局限性则又要发挥调节理论的两大功效。一方面，在整个理论化过程中我们考虑到了各种形式的不可逆转性（Boyer，Chavance & Godard，1994）；另一方面，调节学派强调对过程和轨迹的理解，而不是实现长期平衡的趋同。

（五）历史分析方法：经济—环境等级制的倒转？

研究增长问题的理论学家和计量经济学家对增长和污染之间的关系抱有浓厚兴趣。在对国际横截面数据进行研究时，这些数据呈现出类似于库兹涅茨曲线的变化趋势：低收入国家最初无法采用清洁技术的手段，但富裕国家跨过了在持续增长的同时减少污染的限制（Grossman & Krueger，1995）。学者们进行了大量的统计工作，但并未建立起相当于经济法的规定。实际上还有许多因素介入其中：难以测验的因果关系机制，而决定机制也并非严格属于经济领域，因为研究过程中借助了其他领域的方法，例如，认为富裕会改变个体的首要价值观。此外，我们并不清楚减少污染是由于创新还是由于生产性结构转向污染较少的活动（Carson，2010）。但令人惊讶的是，在理论建设层面如此薄弱的研究，却在各国经济政策和21世纪初期国际经济中产生了极其重要的影响，同时传播了对经济增长的乐观态度，并促使自由贸易条约谈判排除了环境条款。

而基于调节学派和制度主义研究视角的批判则全然不同。一方面，对国际横截面数据的分析揭示了那些历史发展轨迹差异巨大的国家的当代状况，并且料定今天的发展中国家最终将具有与老工业化国家相同的结构。当人们认识到国际关系、专业化和创新的转变不允许他们走同样的道路时，这一假设便经不起推敲了（Chang，2002）。另一方面，厘清经济利益与社会群体策略的博弈是看待影响环境问题的关键点，所以要将环境制度安排的历史发展作为解释变量考虑在内（见图6－5）。

日本的增长体制是逐渐考虑到环境约束的范例（Okuma，2012）。经过一段时间的现代化发展，环境破坏越来越受到政府的关注，公司在投资时就优先考虑了这一问题的影响，最后将环境标准的国际化作为京都会议后续的议题。

八、结论：资本主义发展体现了制度安排的复杂化

从对前面调节理论概念的回顾中可以看出，调节理论不再只是一种宏观经济理论。事实上，它已经催生了大量在新

领域的理论应用，对调节理论的一般化推广也有可以帮助我们解决基于制度化的微观经济学和历史宏观经济学之间的中观经济问题。

第二个一般性结论是关于资本主义经济在长期的动态特征。虽然自由主义政策的成果给人们留下了一个印象，即他们的未来在于市场领域的不断扩大，但有必要强调随之而来的反向运动，即相关新制度机构的创建，这是竞争机制运行的必要条件。除了深化国际层面的劳动分工，我们也必须考虑到制度安排日趋复杂化，因为制度安排事关创新、行业发展、社会保障以及环境等重大问题。

第七章 政治与经济：当今世界的政治经济学

本书分析到此处，需要我们思考这样一个重要问题：如此多样化的制度安排能否定义具备稳定性的体制？进化论观点强调竞争过程和市场的选择，而这种机制实际上依靠技术选择或新产品的成败发挥作用。然而制度形式是社会基本关系的系统性汇总，同时也受政治，即权力问题的影响。本章旨在解释一些集体性进程，得益于这些进程，我们才能在社会政治制度中剥离出严谨的形式。

一、通过经济分析论证国家干预

第二次世界大战后，国家对经济进行干预的必要性主要体现在三个方面：稳定经济，提供市场无法提供的公共产品，以及根据实现社会公平的共识进行再分配（Musgrave，1959）。而如今世界的知识结构和政治形态都与 20 世纪 90 年代有很大不同，了解这种变革背后的原因很重要，因为这是近20年来实行经济政策的基础。

（一）当代政治观

随着时间的推移和战后增长模式的影响，公共经济学的三大支柱受到了质疑：

首先，货币主义理论质疑中央银行和财政部门调控经济周期的能力，甚至建议将货币增发规章制度写入宪法。新古典主义经济正在推广和强化这种立场，以反对积极的宏观经济稳定政策。

其次，由公共部门独家生产公共产品这一现象受到质疑，人们希望推进多个私营供给者竞争生产的模式。

最后，一种新激励理论的出现证明了不平等加剧的合理性，在这种观点看来，不平等有利于劳动、企业家精神、创新，并最终有利于形成储蓄。储蓄被认为是投资的决定性因素，这打破了之前主流的凯恩斯主义观念。

从进入21世纪开始，这三个问题合并成了一种新的主流经济观点，即赋予政府部门加强市场机制来改革经济的使命，因为市场机制是提高效率的唯一动力。需要注意的是，美国民主党人和共和党人都同意这一观点（白宫经济顾问委员会，1996：39－42）。

不难发现，生产、劳动以及金融市场自由化政策的实施加剧了人们之间的不平等，以至于再分配和累进税的问题重新回到大众视野。这一问题在学术领域（Piketty，2013）和政府公告中都被提及，甚至2014年美国总统奥巴马在国情咨文中以及美联储主席珍妮特·耶伦在其就职演说中也有谈到，他们认识到货币政策是造成不平等加剧的一部分原因（美联储，2014）。因此，经济政策必须在经济效率和社会公平之间进行权衡，这将取决于政府中各方的偏好。

（二）规范化视角：追求市场效率或社会公平

特定政策的构思设计需要明确说明，这种观点得到了广泛认可。政治决策者面临两种要求：首先是市场理论要求他们实现经济效率，其次是道德和精神层面追求社会公平的普世性原则提出的要求（Rawls，1971）。一些经济学家声称，理想状态是兼顾这两个要求，但这一理想注定无法实现。主张福利资本主义的学者们认为社会公平是衡量经济效率的标尺（见第六章），而忠于市场原则的学者们则认为只有完全竞争市场运行的结果才是公平的。讽刺的是，第一类学者最后加入了第二类学者的阵营。

因此，就国家及政府的行为而言，政策制定应该服务于经济和社会，同时应当摒弃任何政治领域的特殊性，因为政治只是经济和社会的投影。

（三）社会冲突并非政治的起源

如果着眼于法国历史上的某些政府干预行为，上述观点的准确性又体现在何处呢？结论还是较为明确的。事实上，进行政府干预的两种逻辑都会存在，但两种逻辑指导下的干预形式却大相径庭，并且政府干预始终是集体行为主题在政治领域内进行斗争的结果，而不是王室大臣之间商议的结果！

按照第一种逻辑，经历危机和经济萧条时，政府干预的必要性就会凸显。必要性并不体现在捍卫经济效率这一抽象概念上，而仅仅是为了恢复经济，甚至是结构性或周期性不稳定的市场经济。因此，中央银行从最初的民间私人机构发展成公共机构（Bouvier，1973），甚至在第二次世界大战之后，大多数政府意识到有必要建立一个特殊的农产品价格体系，因为农产品价格的波动在两次世界大战期间发挥了至关重要的作用。

而按照第二种逻辑，道德诉求固然存在，但为了修改法律，必须在不同的社会群体之间建立联盟，在政治领域中进行激烈辩论——不同权力关系的结合在这里起着决定性作用，而并非社会公平理论所提出的要求在发挥效力。

这些过程导致公共干预涉及的领域和合法性得以扩大，例如，劳动安全问题得到越来越多的重视，劳动法从商法中剥离出来，货币的设计和管理制度化并被赋予公权特质，退体权益得到承认以及医疗体系逐步建立健全。同样地，建立基础义务教育法的目的，并不像功利主义经济学家描述的那样是为了形成人力资本，而是为了建立起依附于新政治范畴的公民身份。

因此，政治领域并非仅仅是经济和社会力量的投影，它有着自己的行为逻辑，即在领土范围内践行着将各类规则（也包含经济规则）制度化的权力。

二、政治学与经济学：从分离到交织

经济学与政治学的分离不利于人们了解当代世界。经济学家急于攻讦政治学家忽视“理论学习”，所以在某种程度上欠缺理性。相反，政治学家则倾向于在政府选择和决策层面忽视经济发展的影响。而政治分析领域也开始应用理性选择理论，并没有受到两门学科相互分离的影响：它们在研究方法上重新统一，但由于各自领域的特殊性而不会相互影响。而历史分析就不适用于这种分离假设。

（一）市场源于其政治赋权

在一些社会中，社会关系和经济关系仍然没有分别。然而一旦商品交易渗透到社会中，便会催生一种动力，它使得政治领域和经济领域分离的必要性凸显（Braudel，1979）。分离活动发生在不同社会的不同时期，而苏联解体则表明这种分离并不是理所当然的。对于老牌工业化的资本主义经济而言，这种政治和经济的分离发生在近四个世纪之前。那时新生的政治经济学在试图突破王权政治背后的各种关系，以便最大限度地促进商业繁荣和手工业者的劳动分工。

从那时开始，政治范畴和经济范畴在逻辑上就开始逐渐分离。政治主要涉及对领土内个体实施权力影响的问题；经济则侧重于商品和财富的流通，但这些流通往往会越过政治的固定边界。对权力的追求会影响政治范畴，而对财富的追求则决定了经济范畴，所以二者的兼容问题也会随即出现。

例如，王室颁布的货币规则不会阻碍民间信贷的发展，因为民间信贷有助于商品活动。货币本来可以使政权机构变得富裕，但机会主义行为却导致本地货币贬值，从而可能会使贸易和生产活动从本国外移。这时政治和经济之间就产生了相互依存的关系。如果经济条件不利，政治层面上也很难进行征税，而税收又恰恰是保障王权行使的必要条件。

（二）国家与资本主义的协同发展

从某种意义上说，这种相互依存的形式不断变化，并在整个资本主义的发展历程中得到了巩固。工业资本主义的兴起需要能够通过交通网络进行国土整合的国家类型。在两次世界大战结束后，国家通过组织生产、操控财政和制定社会政策来干预经济的手段已经被合法化。国家增加对个人收入的抽成也被人们逐渐接受，因为这有助于内涵式积累并创造额外的财富。国家已经“融入其中”，而不再只是外围的“守夜人”（Delorme & André，1983）。

（三）当代社会：水乳交融的政治和经济

一方面，政府为资本积累提供了一些必要条件，其中包括物权的界定、执行以及支付体系、货币制度等。

另一方面，具体的政治组织及其中介作用需要征收一部分经济领域创造的价值，这是政治范畴与经济范畴的第二重联系。因此，财政—税收制度与发展模式之间也存在关联（Théret，1992，1999）。

为了窥清这一问题的全貌，我们最好对不同的民主政治体制进行概括归纳。在形式上，它主要涉及公民和政府之间新的互动流程，包括选举流程、民意调查以及压力集团的发展。因此，政府不仅要满足经济和金融势力对它的期望，还要努力履行在选举期间向公民做出的承诺。经济政策决策的过程受到影响并且变得复杂，甚至到了由于无法达成一致意见而受阻的地步（见图7－1）。

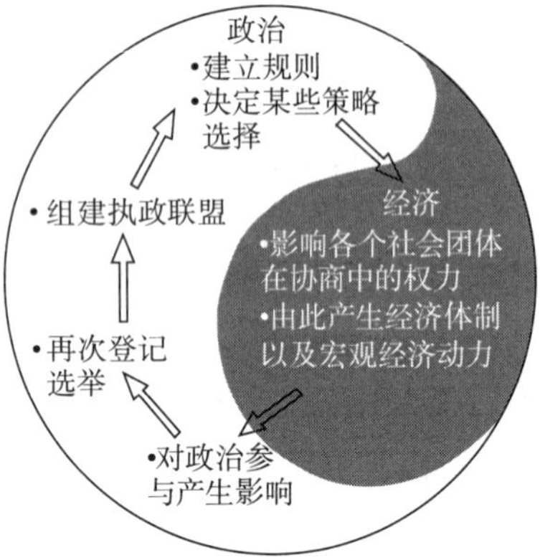

图 7－1　阴与阳：政治与经济

资料来源：引自 Palombarini（2001：前言）。

（四）政治与经济在时间性上的冲突

政治与经济的交织还有另一个重要的后果，即不断产生社会转型的动力。政治会受选举日程和政府联盟形成的影响，经济则受生产、投资、创新甚至人口变化周期的影响。所以政治和经济在时间性上没有理由重合，这意味着政治经济体系存在内生演变。事实上，在政治和经济这两个领域，对某一领域的主体而言表现为外生因素的，往往是政治和经济二者相互作用的产物。

社会转型动力的一个特例就是被称为“政治周期”的模型所提出的（Nordhaus，1975）。当临近选举时，政府会倾向于实行振兴和刺激政策以赢得选民的青睐，使得其自身或其继任者在之后被迫采取矫正政策以稳定公共赤字。在福特主义和凯恩斯主义联合的时期，美国确实出现了这种政治周期。当然还存在许多其他的情况，例如，希望加入欧元区的国家会大力执行调整政策，以满足欧盟条约制定的标准，而一旦入盟申请被批准后，这些政策实施速度将会放缓。经济周期在某种程度上是政治组织非理性的表现，或者至少是其通过自我调节干预经济进程的表现。

在调节理论的框架下，这个周期同时影响着政治和经济，因为某些结构性的原因，导致二者的时间性产生差异。宣布一项改革可以在瞬间完成，但若想最终取得成效必须逐步调整各方行为，而且最终需要一系列配套改革来推动最初的改革。当股票价格和公共债券的利率随金融行情变化发生波动时，政治和经济在时间性上的差异性可能会破坏政府信誉和宏观经济稳定性（Boyer，2013a）。

三、葛兰西与普兰查斯理论的回归

鉴于上面的论证，在一定时期内具有稳定性的政治经济体制很难先天存在。因此，我们要回归到调节理论的基本问题：如果危机总有可能产生，那么诸如福特制或某些时期的金融导向积累体制这种相对稳定的结构是如何被人们发现的呢？

（一）霸权集团假说及其政治解读

补救与机遇、自然进化选择、互补性或者等级制度相继被用来解释积累制度为何出现（见第二章）。在经济领域表现不佳（失业率高、增长缓慢等）的制度结构会使我们质疑通过效率做出的选择，并促使我们探索组建政治联盟的道路，这是政治经济体制存在的必要条件。这一问题符合普兰查斯（Nicos Poulantzas，1968）和葛兰西（Antonio Gramsci，1978）理论流派的分析。已经有学者对他们的理论根据时代发展进行了更新，以便更好地理解政治联盟形成和调节模式内在逻辑之间的联系（Palombarini，1999，2001）。

在某些情况下，先天处于严格经济范畴中的调节模式或许无法在政治范畴中找到存在的合法性，也正是由于这一原因才会导致体制崩溃的情况产生。相反，开放环境下的经济危机是可以被疏导和克服的，这要得益于霸权集团的强大能力以及摆脱危机策略得当（Lordon，1997，1999）。在其他情况下，政治联盟在中长期维持稳定可能会引发内生增长转向危机，这在政治和经济范畴中都会有所表现。

（二）制度是政治联盟的表现

为了分析上述结构中哪些有可能出现，我们必须将制度创建和经济政策看作内生因素，以便解释在何种条件下，霸权集团可以组建在政治领域有效且带有可行性调节模式的联盟（Amable，2003）。基于自身的经济形势和政治倾向，代表不同利益的主体会寻求相互协调和重组，目的是影响即将占据优势的政治联盟，甚至在有可能的情况下成为其中一员。联盟一旦形成，就会决定创建一种制度或制度形式，各方利益主体依据制度要求进行活动。由此新的一轮迭代开始了，以便让政治适应新的经济结构。政治经济体制要与能够确保政治和经济领域兼容性的结构相适应。

（三）最初的霸权集团及其危机：21 世纪的意大利

考虑到论证的完整性以及其中涉及相互作用的复杂性，仅靠文字上的论证在很多方面都存在局限性。因此，有必要在明确的背景之下，将这些相互作用作模型化处理（Palombarini，2001）。

首先，当权的政治联盟制定经济政策来确定汇率和政府赤字。随后在此基础上，雇主联合会和工会进行谈判来决定就业与工资，这就会影响到经济体中各个群体的经济地位，即雇员、企业家以及依靠公债利息生活的食利者。在第三阶段，这些不同的社会经济群体也会考虑意识形态和政治倾向因素，进而决定支持或不支持政府。反过来，政府则决定采取与其支持者群体兼容的政策，特别是在短期和中期决策上。

考虑到意大利的宏观经济特征以及三类社会经济群体的

政治倾向分布，一种新型的联盟出现了，其中企业家和食利者走到了一起，他们将经济政策中的两个关键工具，即汇率和财政赤字固定下来。雇员被永久排除在外，这就解释了为什么历届政府不会考虑失业问题，因为它们代表的都是同一个霸权集团。

这种状态是一成不变的吗？事实并非如此，因为随着赤字的累积，公共债务占国内生产总值的比重会上升，促使利率逐步上升，直至企业家与食利者之间出现利益冲突。此时内生代谢机制开始起作用：公债率的缓慢上升使得调节模式脱离其稳定区域。从实际经验来看，意大利政府加入欧元区阻止了其公共债务持续增长的可能性，而这是企业家和食利者之间组建联盟的基础，因此，这种联盟同时引发了政治危机和经济危机。

相比之下，我们发现福特主义危机也有相似的过程：石油和原材料价格飙升激化了由于生产模式消耗殆尽而导致的尚在萌芽中的危机（见第四章）。这个问题又推进了一个一般性假设：如果一个主要的社会经济群体（这种情况下往往指的是雇员，而非食利者）被永久地排除在政治联盟之外，当社会经济体制发展到顶峰时，其结构将变得不稳定。这一结论与传统理论相一致，它倾向于认为民主原则（可以理解为包含政治空间中所有的利益相关者）不仅与宏观经济稳定性以及效率相兼容，甚至还对它们有利（Favereau，1993b）。

四、政治经济体制的形成

现在我们可以对一些有助于产生中长期稳定结构的机制加以阐释了。

（一）对实践的推广和抽象化过程

首先考虑政治领域。在专制体制中，权力分配的不对称会促进人们寻求事先一致性：巴西和韩国的历史提供了很好的例子，缺乏民主性的政府能够实施一些制度化改革，进而开启经济发展进程。但在民主体制中，各种利益集团之间通过谈判达成互利的妥协，这种方式被证明是构建可行性制度形式结构的良方。最后，也是最重要的是，人们经过反复思考建立起这些政治经济体制，那么这些体制会转化为治理的范式或者政府的范式，供其他社会参考——丹麦的弹性安全模式就是很好的例子。

在与之相对应的经济领域中，利益结构可能会转变成对政治的影响力。因此，劳资双方的谈判能够产生强大的协调机制，如福特式集体协议。反过来，经济定位也会影响政治中介的结构，例如，政策可以有利于劳动就业以及社会保障组织。第二种机制让我们关注到经济和政治领域的一些互补性组织。例如，在美国，军事工业集团能够衔接私人经济利益和公共政策。第三种机制源于多种政治经济体制之间可能存在的一致性，这是一种将过去的成功案例抽象为一般准则的过程，这一准则可以应用到许多其他领域。因此，在工业部门推行的泰勒制合理化改革，也可以被推广到服务行业甚至政府部门。距今更近的例子是私营企业的管理模式开始被应用到政府服务供给以及教育、医疗等服务供给中。

（二）四种衔接和调停形式

首先，政治与经济两个领域中的任何一方，都会倾向于将自身的运行规律强加于另一个领域，有时甚至会取得成功。在之前的苏联体制下，苏共的政治意愿是通过专制计划来支配全盘经济组织。这种体系无法克服其在长期引起的不利趋势。相反，巨大的经济利益可以影响国家政治，其目标是形成一套涉及补贴、降税等方面的法律（当然也有可能是废除现有法律）。政客和经济学家之间可见的合作取代了市场这只“无形的手”。这类体制的可行性无法得到保障，美国金融体系在 2008 年急剧崩溃就是证明，这是华尔街大亨掌权后，着手对抗不切实际的金融监管所产生的直接后果。

其次，对等性原则可以同时掌控政治和经济进程。产油国便是一个很好的例子。食利收入占据主导地位决定了经济活动的专业化，但这种专业化既不利于工业化发展，也不利于形成重新分配食利收入的侍从型国家，可见，这与公民认可税收从而监督政府的民主化进程相去甚远。当代中国则在政治与经济之间呈现出明显的融合性（Boyer，2011d）。政治领袖和私营、国营企业家形成了联盟，而大量的地方社团主义就建立在这些联盟基础之上。他们的共同目标是实现增长最大化，以创造就业机会，并保障流向民众的最低限度的再分配。在国家层面，政权合法性源自自身足够快速的增长以保障人民生活水平不断提高，同时避免因单一政权带来的社会矛盾（见第八章）。为了保障人民的利益，政府部门内部也吸收了经济领域和学术界的人士。由此便可看出其与苏联体制的差别，但这并不能证明中国体制彻底避免了社会矛盾的产生。

学习和谈判是实现经济和政治进程相互承认和兼容的第三种方式。一方面，政治家们会考虑到以实现经济繁荣为目标，因为这关系到他们征税和开支的权力。另一方面，如果经济主体希望在给定的领域内从事经营活动，并从国际竞争时制度化建设的优势中获利，他们便会同意遵守某些集体规则，包括缴纳税款（见第六章）。当这种基础性妥协面对新问题而定期更新时，我们就可以将相应的政治经济体制定义成谈判型资本主义（Pedersen，2008）。这样的妥协绝不是自然形成的——在经济和政治中的权力博弈可能会永久阻碍这种妥协的策略。19 世纪末到 20 世纪 70 年代，英国长期的衰落便是达成妥协受阻的例子，最后只有通过（强制的）全面自由化才得以解决（Elbaum & Lazonick, 1984）。

对于政治经济体制的出现而言，修补与机遇是十分不确定的因素。因此，当我们重新审视美国在执行新政那漫长而又矛盾的过程时，我们惊讶地发现新政是没有经过深思熟虑的一个伟大项目，其中出现一连串的试错与对经济危机的判断和解决方案相关（Blyth, 2002）。此外，美国的危机到了第二次世界大战后才真正得到解决（Baslé et al., 1984）。修补也可以用来弥补宏伟改革中的缺陷，这些改革在政策制定者看来自然是合理可行的，但实施起来可能会导致体制紊乱。这让我们想到了始于 2010 年的欧债危机，这场危机在维护金融和银行稳定方面催生了多种新型补救措施（见第九章）。

（三）每种发展模式都有其政治经济体制

以上分析提出了政治经济体制的概念，丰富了调节理论的基本概念体系（Boyer, 2015d）。这一概念是通过霸权集团定义的，我们要研究它所追求的核心目标以及用来施政的工具与机构。长期的历史研究和各国间的比较研究相互交织，为我们提供了三个基本落脚点（见图 7－2）。

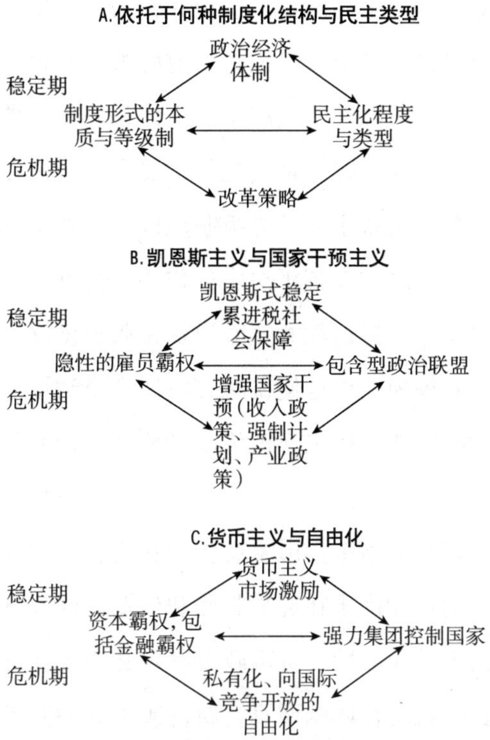

图7－2　政治经济体制与改革策略

政治经济体制必须具有兼容性，而且在大多数情况下它一方面与发展模式互补，另一方面是对政治体制本质的补充。反过来，这两个概念都体现了在经济和政治层面中霸权集团的性质。

第一种理想类型是凯恩斯—国家干预主义体制。它建立在使用货币和财政政策的基础上，目标是稳定经济活动和保持充分就业，同时采用高额累进税并大力发展社会保障。这种体制与新型的，甚至可以说是与前所未有的权力关系结构相匹配，因为此时隐性的霸权集团主体是雇员，他们是增长红利分配以及组织、技术现代化的主要参与者。在所有的制度形式中，劳资关系主导了等级制地位，当然不排除与苏联体制的竞争在这之中发挥了决定性作用。此外，保证充分就业也是必要条件，但这就意味着通货膨胀速度逐渐加快，甚至最终危及发展模式，这使得凯恩斯理论受到了货币主义的挑战，进而导致凯恩斯主义被施政者放弃，转而投向新古典主义理论。

第二种理想类型是货币主义体制和新自由主义体制。维持价格稳定的目标优于在通货膨胀和失业之间权衡利弊，财政政策被视为是无效的，货币政策制定必须委托给独立的中央银行负责。就这种体制而言，新古典主义为其带来的理念是一切都可以归结为竞争和市场激励的重建，从而促使社保体系从大众福利制向工作福利制转型。很明显雇员不再是霸权集团的一部分，资本才是，而且主要是金融资本而非产业资本。从前的民主程序仍在继续，但它们对经济政策走向几乎没有影响，因为国家已被强大的国内压力集团所掌控（如美国），或者必须依附于国际债权以便为数额巨大的公债融资（如欧盟）。

因此，调节学派理论吸收了许多其他学科的理论，特别是借鉴了经济社会学的某些成果（Streeck，2012）。这些研究成果表明20世纪70年代典型的税收国家后来成为债务国，因为这些国家主要通过举债的方式寻求应对社会问题和经济问题的策略。自2000年以来，中长期债务国承诺实施改革，采取紧缩政策以支付社会开支和利息，并偿还贷款。因此，负债国家对债权人的回报会超过对其公民的回报。民主资本主义由此产生了危机，因为无休止的财富积累已经开始转向国际范围，而政治权力则继续以管理领土内全体公民为己任。

（四）应对危机也受制度承袭的制约

重大的危机，即发展模式的危机，标志着以往发展规律的中断。各国政府意识到过去的经济政策已经无效。在这种情况下，“改革”一词变得无所不在。需要注意的是，在危机的第一阶段，改革策略继续受到霸权集团和政治条件的制约。正是在这个意义上，我们可以说人们对原来的道路有某种程度的依赖性，因为努力实现另一种发展模式必须考虑到前一种发展模式的遗留物（见图7-2）。

如果以法国为例，我们便会发现右翼和左翼政府都会首先遵循福特主义的制度妥协。从那时起，政府便重拾公共干预，并在其中探寻从危机中全身而退的策略。努力限制收入，尝试恢复有效的产业政策，甚至重启指令性计划，这些措施都证实了改革政策的指导思想和表现具有惰性。出于政治支持的需要，特别是选民支持的需要，在工资制为经济活动主导形式的社会中，这种改革的谨慎态度很普遍。在法国，阻止新事物出现的时期特别长，但在美国、英格兰乃至德国则较短。这说明了改革政策具有国家化特点，与代表全球性解决方案的国际组织的建议是矛盾的。

在货币主义和新自由主义体制中也存在改革政策依赖旧结构的现象。在欧盟，2010 年开始的危机被解释为财政放任宽松的结果（希腊），而不是金融自由化导致房地产和股市泡沫的结果（西班牙、爱尔兰、英国）。失业率上升被再次认为是由劳动力市场制度僵化造成的，这使得欧洲当局再次建议采取措施以增加劳动力市场弹性，这种指令从 20 世纪 80 年代中期以来就不断被反复强调，尽管其效果平平，甚至引发阵痛（加剧了贫困）（Boyer，1986b）。

这是欧盟内部统治集团具有稳定性的表现，但也会引导我们思考其背后经济思想的组成。

（五）不同资本主义类型下的政治经济体制形式

关注政治经济体制形成的过程具有重要意义：即使有一些共同机制在起作用，它们在时间和空间上也必定体现出许多特殊性。我们在社会创新体系中（见第六章）已经提到了这一点，对政治经济体制而言更是如此（见表 7 - 1）。

表7－1 政治经济体制与资本主义类型的关系

特点	资本主义类型				
	市场主导型	社团主义型	国家主义型（欧洲大陆）	家庭型（地中海地区）	社会民主主义型
基本原则	一切问题依靠市场解决	大型企业将外部性内化	集权或分权式国家建立补充型国家干预	侍从主义国家和家族式企业间的互动	所有经济主体之间就干预和改革进行谈判
经济政策制定主体	压力集团、智库	执政党、政府和大集团	政府部门按照普遍民众利益	代表各种利益的政党间相互作用	政府与民间团体的代表
对立政权/反对派的本质	负责监控市场的机构/强力联邦机构	大集团之间的竞争/国际压力	社会抗议运动/全球化进程中大集团的压力	公债持有者的权力/相对于欧盟丧失部分国家自主权	金融全球化带来的不稳定和危机/社会的异质性增长、个人主义
	产生结果				
政治经济体制	面对危机依靠实用主义和创新能力	对抗危机政策可能长期受阻	国际化和欧洲化效应导致效率损失	改革难度大，公债累积失控	应对危机迅速，决策相对透明
发展模式	物竞天择的结果	恢复力强，保守主义（日本）	经济表面平稳，但没有真正摆脱危机（法国）	经济停滞，制度重组面临不确定性	政府部门重组以及发展社会保障，恢复能力有限

当代人们对政治的作用有了新的共识，认为政治最完善的结构形式之一就体现在市场主导的资本主义中。应当注意到，这种模式需要大量的机构负责监督不同市场的运行，以此保证竞争的有效性。但是这些监督机构往往反过来被其监控的利益集团所俘虏。利益集团又转而向政府施加压力，这就使理论家梦想的模式与资本主义现实之间产生了差距。所以我们向其他社会输出的在很大程度上是理想的资本主义神话，而非资本主义的现实。这也表明经济思想和改革策略在地域和历史方面具有同源性，之后它们会传播到其他地方并发挥作用。

第二点启示对这一结果起到了一定的缓和作用：新自由主义几乎在全球所有国家均被视为参考准则，即使各国在实践过程中可能会存在些许差异。例如，在中观社团主义主导的资本主义中，占主导地位的经济主体仍然是与主要政党和政府高层有紧密联系的大型集团。

然而，前面所讲的两种典型结构并不是对立的，因为至少还有其他三种政治经济体制共存。在国家主导的资本主义中，国家仍然是核心经济主体，它依据公共利益制定经济政策并使其干预行为合法化，当然干预行为也包括决定是否开放经济迎接国际竞争、是否开放其金融市场以更好地为公债融资。而对于存在强大家族财富的资本主义而言，似乎总是与侍从型国家而非专家统治型国家同时存在，在这样的资本主义中，经济利益的多样性反映在政治代表的多样性中。债务增加的问题悬而未决，从而导致国际债权人参与其中，并在危机时期发挥着关键决策者的作用。

最后，社会民主主义型资本主义长期以来一直是市场资本主义模型的替代品，因为它有能力通过有效地实行民主（包括在经济领域实行民主）来协调各利益相关者。在全球化带来的金融危机的影响下，这种资本主义创立原则的执行力受到了侵蚀。尽管许多公共服务已经私有化，但政治经济体制仍然能体现出其特殊性，尤其在对新兴经济问题的反应速度方面和其决策过程的透明度方面。这与市场资本主义有着明显区别，在市场资本主义中，根本性政策是压力集团之间相互作用和博弈的结果，而这些团体并不代表基层公民的利益和期望。

在以上简要的概述中存在一个悖论：政治和经济的表态呈现出趋同的态势，而在政治经济制度中却始终存在着显著差异。这就引发我们去思考和分析当代资本主义演变中思想观念发挥了何种作用。

五、思想观念的作用：凯恩斯是否正确?

在《就业、利息和货币通论》（以下简称《通论》）的结论部分，凯恩斯论述了思想家和理论家的思想观念在社会转型中所起的作用，并认为思想观念甚至比利益的作用更重要。来自不同社会学科的研究人员对这一论断进行了深入、细致的研究（Hall，1989；Blyth，2002），受调节理论启发的学者在探索新主流政治经济学理论时，也对相同的主题进行了研究（Lordon，2002）。

（一）一组系统性、循环性的因果关系

对比经济学说和理论发展的历史与资本主义制度和组织的历史，我们不难发现，这些历史都假定了一种简单的线性因果关系。例如，与流行的观点相反，亚当·斯密并没有构造出资本主义产生的条件，他只是单纯地分析了一种当时新兴的社会经济制度下的工作流程并将其理论化，需要注意的是，这种社会经济制度已经存在了。约翰·梅纳德·凯恩斯并不是美国新政的启示者。即便是米尔顿·弗里德曼这位天才辩论家，仅靠其一己之力也不足以摧毁这一凯恩斯主义的遗产，因为新政的出台还融合了众多其他思想观点。

因此，我们必须采用一种提纲挈领式的视角，因为众多的学术理论、大众思想观念以及诸多经济主体的行为表现相互影响，相互作用，才最终形成了组织社会和经济生活的新方法（见图 7－3）。

（1）某一社会和某一时代的重要经济学家。依据此前的分析，资本主义形式十分多样，所以正确的方法是坚持认为经济学家和理论家研究的都是他们身处的社会：他们的知识

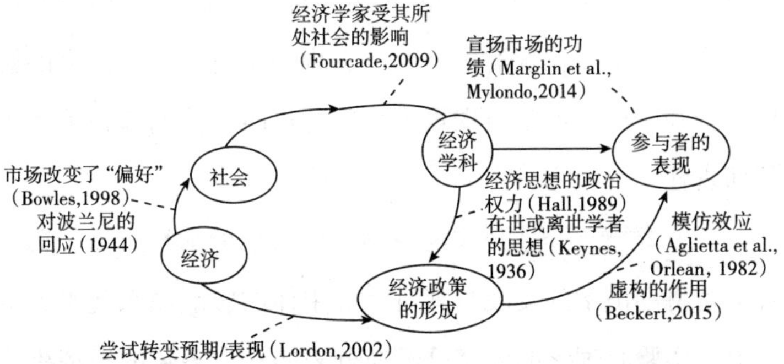

图7-3　思想观念在经济和经济学中的作用概览

结构都会或多或少地带有当时社会背景的痕迹。一项有关1890—1990年分属美国、英国和法国的经济学家身份地位的对比研究就能很好地证明这一点（Fourcade，2009）。因此，不排除如下可能，即经济学家从英国移民到美国是促使政治经济学向经济分析然后再向经济学过渡的原因之一。当然，在过去的30年里，经济学家是经历过跨国教育的，但他们受到当地社会的影响可以通过他们的出版物清楚地展现出来（Fourcade et al.，2015）。

第二种因果关系是经济学科的发展启发或促进经济政策的形成。这一点在约翰·梅纳德·凯恩斯的思想中体现得尤为明显，他的思想已经在大多数国家传播开来并适应了各国的特殊性（Hall，1989）。在当代，深奥的动态随机一般均衡模型已经从学术期刊走向实践，并成为中央银行的分析工具。同样，负责保障竞争原则的部门运用产业经济学的前沿知识来论证时应当拒绝某些兼并/收购。对于主流经济学家而言，他们将自己最早发现的优良经济表现归于自己理论研究的愿望十分强烈……但当出现重大金融危机时，他们却拒绝承担任何责任。

（2）教导经济主体像经济学家所要求的那样行动。第三种关系将经济学的发展与其对经济主体的影响联系起来。事实上，实验心理学的研究已经充分表明，大多数的经济决策都源自实践中得出的常规惯例，而不是来自微观经济学家引以为傲的理性逻辑思考（Kahneman，2011）。经济学家非常慷慨地建议所有公民都学习这一学科，以便使其不再犯错误。所以经济学家变成了经济理性的传教士，他们宣扬市场是不可逾越的调节形式，哪怕市场会摧毁所有其他组织形式，甚至包括曾经由社群发展而来的组织形式（Marglin & Mylondo，2014）。

第四种因果关系探索了一种完全相悖的影响：当经济主体无法确定自身欲望且无法看透未来时，他们便会开启模仿行为，这些模仿行为发挥着重要作用，甚至可以决定经过研判的经济政策（Aglietta & Orléan，1982）。在凯恩斯学派有关融资协定的观点中，我们也能发现与行为构成相类似的表述，因为即使是思虑最周详的经济学家也无法确定他们设定的数学模型一定是理性的。理性预期的概念必然会被虚构和想象所取代（Beckert，2015）。

(3) 经济政策的新手段。因此，负责制定经济政策的人采取的策略不再是基于过去的规律建立仿真模型，而是试图影响民众的预期与行为表现。在整合经济主体策略的异质性方面，“语义想象力”起到了重要作用，并为这些异质性策略提供了聚焦点，如竞争性反通货膨胀（Lordon，2002）、强通货紧缩政策驱动型增长（Boyer，2012b）、绿色经济、呼吁逆增长等，这些例子都体现出了人们试图将某些能力归因于思想观念。

最后我们需要一个组成部分来使错综复杂的因果关系形成闭环，这一点十分重要。随着政策不断增加经济激励，经济主体承认了外在动机（即与市场报酬相关的动机）影响其内在动机。因此，他们的偏好渐渐内化，以至于他们自己转变成了理论上的经济人（至少是逐渐接近这一状态），而这也有助于承认经济人理论的合理性（Bowles，1998）。

论证到这一阶段，我们需要再次引用卡尔·波兰尼的理论：这种策略实际上破坏了社会的基础，因此，一种与市场暴力完全相反的政治抵抗运动开始了。此时重新强调集体性会遇到问题，所以需要新一代知识分子和理论家对此进行解答。

（二）基于虚构预测的金融

在凯恩斯主义盛行的时期，论述思想观念作用的文献比较少见。但进入21世纪后，相关文献显著增多，这些文献都表明经济思想和政治经济体制之间存在历史固有的联系。

（1）第二次世界大战后不久，顶尖学者和政治精英按照凯恩斯的《通论》进行国民收入核算、分析经济形势，并建立了第一批宏观经济模型，法国就属其中一例（Boyer，1985）。这些国家的经济政策从国家层面流入经济和社会领域并产生影响，这便使凯恩斯主义的思想付诸实践。对于调节理论而言，凯恩斯主义是对福特主义制度化妥协的补充。

（2）从20世纪90年代开始，因为对经济转型的理解不同，特别是对金融权力崛起的解读不同，有突破性的思想创新便更加分散了（Orléan，1999）。事实上，对新兴发展模式的犹疑导致这一时期涌现出大量报道，表明投资者对未来和发展战略有着清晰的认识（West & Mitch，2000；Thrift，2001）。自商业和工业资本主义出现以来，未来规划的可能性一直是至关重要的。但随着金融创新、竞争日趋激烈以及价值创造链条跨国化，对未来的判断已成为企业家的行为核心（Froud et al.，2012；Boyer，2012a；Beckert，2015）。

某些行为主体的实力强大到足以掌控未来，这些行为主体可以进行思想创造（这里的行为主体不包括生产者），例如硅谷就是这样的行为主体，它足以影响信息技术和通信技术。之后政府当局再根据自己的意图来改造这些对未来的思想创造，并最终形成政策，例如，在建立有利于创新的新型金融工具方面就很好地体现了这一过程。中央银行发现它们也必须考虑到这一转变，并试图引导私营部门的预期。在中央银行看来，宏观经济学家们被迫放弃凯恩斯主义乘数原理和完整的经济循环链条，转而赞成凯恩斯主义中的“动物本能”①，这一概念应该取代理性预期假说，因为在结构急剧变化和高度不确定性的时代，理性预期已经显得不合时宜（Akerlof & Shiller，2009）。

因此，在构建经济运行思想观念的过程中，公共部门决策者和私人部门决策者之间的等级地位发生了显著变化，这种变化将货币政策变成了一种手段，而不再是一门技术——以至于后来出现了如艾伦·格林斯潘（Alan Greenspan，2007，2013）一样的知名人士成为现代经济领袖。我们认为格林斯潘发现了货币行为的新特点，但档案资料显示，这纯属意外发现，它是在观察中央银行和金融家长期相互适应活动后形成的（Krippner，2011）。

（三）新自由主义是一种行为表现转换的过程

在异端经济学说文献中，我们经常会发现将当代资本主义等同于新自由主义的现象。资本主义是一种社会经济制度，

① 动物本能（英语：Animal Spirits），是凯恩斯在《就业、利息和货币通论》一书中提出的经济学术语，用来指影响与引导人类经济行为的本能、习惯与感情等非理性因素。凯恩斯学派以此来解释企业家精神。——译者注

自由主义、秩序自由主义和新自由主义是学说。它们之间的概念定义相去甚远。历史上自由主义表现为在政治上和经济上解放个人的思想体系。秩序自由主义假定竞争必须服从集体强制的、独立于经济主体本身的规则。新自由主义是这样一种思想体系，它允许在经济领域竞争的胜利者根据其自身利益改变规则，即根据“赢者通吃”的原则在社会领域（Frank & Cook，2010）和政治领域（Hacker & Pierson，2011）推行霸权。

如何解释一种学说转换成为资本主义的一种形式？马克·布莱思（Mark Blyth ，2002，2008）对此给出了一个一般性的分析框架，也将之运用到调节理论的分析中。分析的起点是经济主体在重大危机中所面临的不确定性：它们不仅无法估计未来的社会状态，也无法解释导致危机的复杂过程，但它们又必须克服这场危机。在探索复杂性的过程中可能会突然产生一种思想，它会对经济主体的作用给出一种简单的解释。

对于新自由主义而言，问题来自过去遗留的制度僵化，只有恢复市场机制才能克服。当涉及利益分配时，才有可能产生新结构下的集体行为。采用新自由主义的观点，一方面可以宣布导致危机发生的旧制度遗留不合理；另一方面则可以提出解决对策，这种对策不是对旧经济秩序的艰难重组，而是借助市场和竞争手段替代旧经济秩序，这种策略对于占主导地位的社会经济群体以及新参与者而言都是有利的。

所以新自由主义的思想体系取得了很大的成功，甚至其支持者将它奉为历史发展的最终形态。当美国经济增长无通货膨胀时情况便是如此，“大缓和”① 时期也被视为新自由主义优越性的证明。然而，在微观层面和地方层面，过剩现象十分严重，最终酿成了一系列投机泡沫，首先是电子经济泡沫，随后转向房地产泡沫。新自由主义的传播和作用是导致危机的直接原因，这符合调节理论核心的内生代谢过程（见第四章）。

六、重大危机中的政治

2008 年 9 月，雷曼兄弟银行破产引发金融危机和随后的全球经济危机，这一案例让我们能够围绕两个问题来检验本章分析框架的准确性（Boyer，2015d）。第一个问题是：我们能否明确在应对同类危机时政治组织产生了何种影响？如果上述问题的回答是肯定的，那么第二个问题是：这种影响在多大程度上依赖于世界主要经济体的发展动力呢？

（一）行为表现具有惰性

需要注意的是，在世界主要经济体中，人们对危机的研

① 大缓和时期，亦称大稳健时期（英语：Great Moderation），通常是指 20 世纪 80 年代中期起至 2007 年这段时间。——译者注

判没有形成一致意见。在美国，一些专家和舆论认为危机来自金融过度自由化，而有的人则将危机归因于与政府担保抵押贷款有关的道德风险。在欧盟，主流观点认为南欧国家产生主权债务危机是因为其违反了欧洲联盟条约对赤字率和公债率的规定，也有少数人认为是放松金融监管进而引发了投机性房地产泡沫，并滋生了政府的放任政策。在中国，主要存在两种对立性的观点：一种观点支持维护国家干预的力度，另一种观点则主张通过增强市场机制来实现现代化。

事实上，这三大经济体的政治经济体制差异巨大，所以在危机产生之前它们追求的目标也有所不同（Boyer，2015d）。在美国，股东价值模式占据统治地位，其核心是创造金融财富。在欧盟内部，其主要目标是扩大单一市场。在中国，则是要实现增长动力与就业活力以维护稳定。所以这三个经济体中核心经济主体也是不同的：在美国是金融市场与政府当局，即与中央银行进行沟通；在欧盟是各种欧盟机构之间进行艰难的协调；在中国则是政府关注社会和经济生活的各个层面。

政治经济体制的差异与经济领域和政治领域的结构组织以及两个领域间的互动有关：

（1）在美国，北美发展模式是金融和创新驱动的，是强权霸权集团意志的体现。这个集团逐步汇集了金融家、经济领域高官和一小批极其富裕的食利者。该霸权集团得到上层中产阶级的支持，因为他们可以从放宽金融监管中获利。

（2）在欧洲，以欧元实现货币统一有利于维护这片古老大陆的经济增长，这种增长基于两种不同发展模式间的互补性：一种是由创新和出口驱动的北欧模式；另一种则是消费和/或政府支出驱动的南欧模式。

（3）在中国，宏观经济活动的主要杠杆由中央控制。中国正在探索一种原创的发展模式，其中，竞争是主要的制度形式，而投资则是增长的载体。

（二）创新并没有随即建立体系

实际上，自2008年之后，这三大经济体中没有任何一家完全恢复其之前的增长体制。从调节理论的角度来看，这是一场巨大的危机，因为这不仅是维持经济形势的能力出了问题，更是经济增长的原动力出了问题。通过对比我们可以得出一些一般性的经验教训（Boyer，2015d）。

（1）政治组织十分重要。事实上，美国联邦制在应对危机的速度和规模上都显示出了有效性。欧盟的政治经济体制则遇到了结构松散和不完善等问题，所以应对较为迟缓并且决定巩固其过去未能有效实施的一些规则，这让欧盟在2011年时再次陷入危机。中国政府则遏制住了自由化进程，并重新调动可用的政策工具以实现经济快速复苏，这样做的代价是放慢增长转型战略规划，即放慢过渡到满足健康、退休福利和教育领域需求和社会需要的增长模式的进程。

（2）创新带有旧体制的印记。在美国，霸权集团正在进行抵抗，并显示其引导政府干预的能力。政府干预正在朝着霸权集团引导的方向进行，挽救经济但不破坏整个金融体系、放弃货币主义的正统地位、同意扩大财政赤字，这些干预的目的是恢复现代经济的基本制度，即其支付体系与信贷体系。从这一角度看，危机造成的创新与历史缔造的创新，其成因无甚差别。

当度过反应时间后，欧洲领导人意识到欧盟在金融监管方面的落后，并决定采取一系列改革，这些改革受秩序自由主义概念启发，即按照规则而非按照团结和再分配原则来建立联邦制。尽管公共舆论对欧洲建设已经失去了信心，同一批汇聚了各国大企业和政界人事的精英团体仍在继续坚持着这一目标。这是依赖于旧制度结构遗留的第二个示例。

进入21世纪以来，中国宣布要逐步过渡到更少依赖投资、更多依靠消费的增长模式。然而，为了阻止可能出现的经济萧条，中国在国企和基础设施建设方面大规模使用投资杠杆以振兴经济，这就会加剧其积累体制下的结构性失衡。因此，历史束缚了现实，也就是说，新政策竭力避免的结构性问题再次出现了。

七、调节理论中经济政策的矛盾性

所有的经济思想都具有相同的变革社会的力量吗？

（一）当简单的思想遇到了需要求证的政策

从一开始，对资本主义经济调节的研究就遇到了支配经济政策商讨的“排中律”逻辑（Boyer & Mistral，1978）。20世纪70年代，面对已经暴露出局限性的国家干预理论，自由主义者提出要恢复市场机制。而由于全方位放松管制的战略加剧了经济不稳定和不平等，在面对当前的经济危机时，凯恩斯主义者提出了要恢复国家的作用。而对于调节理论而言，选择并不局限于这种二元对立。

一方面，国家和市场不是保障现代经济调节唯一的制度安排（见第五章）。另一方面，一种政治经济体制进入危机，并不意味着我们不能设计另一种政治经济体制以应对新情况。所以市场崩溃不能证明我们需要在所有适用市场机制的领域将其排除；同理，一种国家—经济关系陷入危机也并不意味着国家的作用走到了末路。

某些思想太过简单从而会引发社会和政治的辩论，而本章似乎只讨论了这些思想。首先，制度主义者支持已形成体系的因果关系，而在公开讨论中此类因果关系难以发生转变。其次，建立可行的制度基本不会是专制决策的结果，而是参与者之间长期互动和谈判的结果。最后，政策制定者的理性并不是从经济学家那里借用的，而经济学家们想让政策制定者成为只关心效率和公正问题的系统工程师。当然，政府官员可能会援引某一经济学家著作中的论点来支撑自己的政策决定，尽管这些决定从根本上看是根据权力进行政治分析的结果。所以在这种背景下，受调节理论启发的提议历来很难受到关注。

（二）一般规范理论在不确定性面前更让人心安

我们可以用对比分析的方式逐个比较三种经济政策制定方法的立场。

新古典主义经济观点在历史上出现已久，它源于“看不见的手”这一对市场经济神圣特质的假设。其目标定位基本不会引发质疑，因为新古典主义的支持者提出的改革（自由化、私有化、国际开放、加强竞争）旨在创造一个与理论模型更贴近的世界。在零和博弈的背景下，当政治阶层想要将困难的政治决策交给市场力量决定时，新自由主义观点就会受到追捧，其中一个示例就是美国提高生产率带来的收益已几乎停滞（Krippner，2011）。

后凯恩斯主义的概念在危机时期找到了受众，因为他们长期以来一直主张推行积极的经济政策，这对于抵消经济结构不稳定带来的不充分就业是十分必要的，特别是当经济过度金融化并且出现一系列危险性投机泡沫时。事实上，当政府介入拯救金融系统并调用公共支出以减少风险时，凯恩斯主义便回归了。凯恩斯主义的力量和持久性体现在它提出了与自由市场支持者旗鼓相当的另一种规范。另外，有效需求原则为人们理解经济现状提供了一把“金钥匙”，它比新古典主义的解读更加现实。而调节学派的研究方法则存在重大缺陷：在理论构建过程中，调节学派对万能药方十分抵触，他们认为必须明确分析地域和历史背景后才能提出解决方案。相对于货币政策而言，是否应当更推崇财政政策呢？一切都取决于福特主义是否盛行，或者与之相反，即金融主导的积累体制是否盛行。更糟的是，调节学派让政治领导人陷入绝望，因为他们认为建立在传统杠杆上的行为绝对无法取代制度形式重组，因为想要转入另一种发展模式就必须进行制度形式重组。通过解释政治联盟在所有摆脱危机策略的可行性中占据重要地位，调节学派引入了相对主义，这导致其反对者认为它并非一种科学理论，因为它否定了严格经济层面的决定论。

从某种意义上讲，调节理论更重视实际分析而非建立规范，这可能是其在塑造当代经济政策方面影响微弱的原因。

八、结论：政治经济学 vs 经济学？

当代经济学家终于使政治领导人相信他们的学科具有科

学性，能够论证、预测并提出有严密逻辑依据的经济政策建议。以前的施政者主要受意识形态和政治经济学蒙昧主义左右，但得益于建立在微观经济基础上的随机动态模型，政府可以信任央行专家和财政部专家提出的措施。在2015年，人们普遍认为这是一种幻想：新古典主义经济模型虽然以逻辑严密著称，但其与日益金融化、不稳定和不平等的经济现实却没有任何关系。此前国家干预被视为一切罪恶的来源，现在却成为恢复货币和金融体系的解决方案，缺乏国家干预，经济便无法运行。

事实上，政府在整个自由化时期从未停止进行干预，并且一直是大多数制度形式重组的主要推动者。2008年经济危机后，政府采用大规模干预措施以抵御经济萧条的风险，这显示出政治在经济中具有结构性特点。调节理论为这一悖论提供了答案，因为它强调这两个领域的交织是一种政治经济体制具有可行性的必要条件。这不是意识形态选择的表现，而是试图对资本主义发展动因进行抽象化概括的结果。通过展示政治经济体制的多样性及其对政治组织的依赖性，相关研究为在重大危机时期理解民主、探寻其他可能性拓宽了空间。

第八章 资本主义形式的多样性与革新

本章按照历史走向铺陈开来，向读者再现二战结束后的那段岁月。

我们观察到了何种主要发展变化？理论是如何对其进行阐释的？调节理论对这些发展变化阐释的核心是什么？它与其他制度主义流派有何不同？调节理论是否适用于中国？为什么亚洲和拉丁美洲的发展轨迹差异如此巨大？在同一个区域内，我们是否会发现同一类型的资本主义？

一、从体系趋同论到“资本主义反对资本主义”

第二次世界大战中出现了两种相互竞争的经济体系：一种是由战争和重建转变而来的资本主义经济，它将私有化与国家干预紧密结合；另一种是在苏联影响范围内的经济，该体系实施专制计划，国家的政治权力干预起到了决定性作用。

（一）曾经的苏联体制

如果说这两种体系的对抗自20世纪60年代开始通过冷战在地缘政治方面表现出来，那么二者之间的竞争也会体现在经济表现和科技发展上。但是这两种经济体系都出现了紧张状况，这导致了一方在市场经济中大力引入国家干预，而另一方则在中央计划经济中模拟市场机制。我们可以按照大国在组织协调经济活动中市场和国家的相对占比将这些国家进行排列，一些经济体系专家认为这两种体系结构最终将会向介于二者中间的形态趋同（Zinam，1976）。

（二）经济奇迹时代

随后的事件表明，这种预言在很大程度上是乌托邦式的，但仍有研究试图解释为什么被二战毁坏的国家，其经济表现会优于美国。答案是这些国家采用了混合经济：如果说德国、法国和日本曾试图追赶美国，那是得益于国家干预有利于现代化和私人主体间的协调。在二战后的那段时间里，这些国家已经建立了自己的制度，与典型的市场经济制度不同，这些制度的动态效率似乎更高。因此，欧洲和日本的奇迹在于它们的制度彰显了混合经济的优点，即结合了私人利益和来自公共权力的驱动与规则（Shonfield，1965）。所以我们能够在计划中发现接近资本主义形式的根源，这些计划可能是指令型的计划（如法国），也可能是大企业驱动的私有型计划（如美国）。这便是经济趋同理论的第二部分，当然在这种情况下经济趋同理论只适用于资本主义经济。在整个 20 世纪七八十年代，这种趋同的预测再一次被驳斥。首先，经济合作发展组织成员对石油危机做出了不同的反应，美国与欧洲国家政府做出的战略选择也有差异。德国和日本经济的活力似乎超过了美国。有分析认为这两个国家在经济主体之间开展了更大程度的合作，使它们能够更有效地应对危机并应对提升国际竞争力的需求。紧接着是苏联经济体系的崩溃，有些学者将其解读为社会主义和资本主义斗争的历史性终结（Fukuyam，1992），而其他国家则开始了各类资本主义之间的竞争。事实上，正是在这个时候，伴随着米歇尔·阿尔贝尔的《资本主义反对资本主义》（1991）一书的出版，资本主义的各种现代理论才相继出现。而如今国际环境发生了沧海桑田般的巨大变化，美国和世界其他地区的相对表现正在发生逆转。因此，最初的问题也随之发生变化：鉴于各国之间相互依赖性的增强，美国式的市场资本主义模式是否会广泛传播，以至于动摇曾经精诚合作的各类资本主义？这个问题促使人们重新研究资本主义制度。

二、资本主义的多样性

如果说“市场经济”这个概念暗示了它的单一性，那么制度主义方法则强调了资本主义的内在多样性。

（一）四种逻辑交汇：市场、公司、国家和社会团体

我们已经指出任何制度形式都取自这四种范围，而四者所占比重则随着社会构成的不同而存在巨大差异（见第五章）。运用这四种逻辑也可以克服自由市场资本主义与协调性资本主义之间的对立（Hall & Soskice, 2001）。协调形式要以资本主义多样性理论为前提，这一理论又得到了以下几个方面的保障：公司控制的范围（大规模企业和行业联合类企业控制范围更广）、由国家主导的公共干预中介模式（干预的形式多样）、社会群体的作用、社会团体通过建立信任来促进贸易。

由此我们定义了差异巨大的各类理想型资本主义（见图8－1）：

（1）垄断型资本主义结构的特征是公司在市场竞争中处于优先地位。这种结构是20世纪30年代美国资本主义的典型特征，在20世纪60年代再次出现。

（2）混合经济型资本主义体现了国家逻辑与市场逻辑之间的相互妥协，这种结构一度被认为是各种经济体系趋同的一种形式。

（3）集体资本主义建立在国家与大公司嵌套的基础之上，典型代表为20世纪60年代日本的资本主义，以及美国

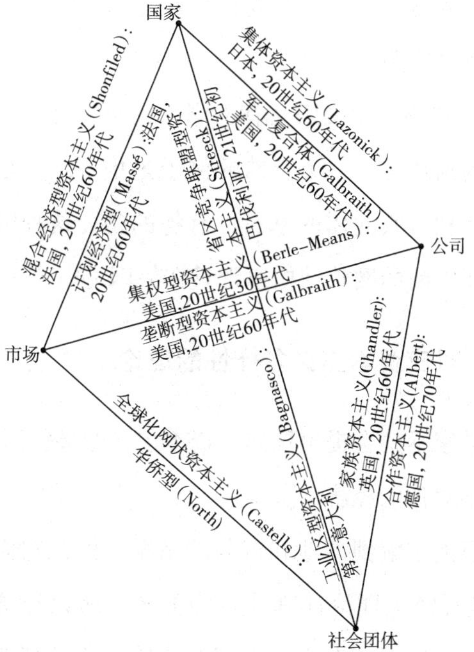

图8－1　资本主义多样性分析：四大协调组织原则的排列组合方式

资本主义中涉及国防的一部分，即人们熟知的“军工复合体”（Military Industrial Complex）。

（4）家族资本主义确立了社会团体组织与企业组织之间的联系。这不是一种老旧过时的形式，因为这种结构持续至今，在南欧国家中仍有存在。根据对莱茵模式资本主义的解释之一，合作资本主义可以归入此类。

（5）工业区型资本主义的基础是家族企业与地方政权的互补性，地方政权通过公共基础设施向家族企业提供维持其生命力的必要支持。另一个变体是建立在德国联邦州制基础上的省区竞争联盟形式。

（6）网状资本主义则又有不同，它是一种连接社会团体组织和市场的结构。一个特殊的例子是华侨网，华侨的家庭关系是经济利益共同体的基石，有趣的是，这种网状结构是跨国的，而以前的网状结构通常只在一国之内建立。

（二）对应资本主义多样性的理论

经济学家不禁会提出疑问：资本主义的最佳形式是哪种？

信息不对称的经济。资本主义产生分化的第一个原因是经济主体只能了解到本地和有限的情况，因此它们无法做出（标准）微观经济理论计算的行为方式。所以经济主体必须找到科学的方法以便在它们不了解决策模式的环境中做出决定。公司必须借用有限理性（Simon，1997），个人则必须相信行为惯例（Kahneman，2011）。行为惯例不仅是心理层面和普遍适用的，还取决于制度环境（见第五章）。

对于这些经济主体而言，市场不再必须保持均衡，因为对产品质量、劳动力质量和信贷的不确信都会危及市场运行，除非有能够消除这种不确信的集体性机构实施干预（Glitz，1987；Akerlof，1970）。这在很大程度上取决于供给方和需求方的力量对比，或者取决于集体干预市场组织的能力。

（1）制度互补性假设。如果这是造成资本主义差异性的唯一机制，那么有多少国家就会有多少种资本主义形式。事实上，国家是围绕结构类型重组起来的，这一点通过各种国际比较方法已经得到证实。这些分类重组，特别是它们随时间推移展现出的相对稳定性可以用互补性假设来解释（Amable, 2003）。

因此，当竞争主要针对产品质量和产品多样性时，雇员的多面才能与工作能力就会发挥作用；而当竞争主要面向标准化产品价格时，劳动灵活性则起到决定性作用。同样地，社会民主体制的经济表现取决于其社保体系与创新体系的互补性（见第六章）。互补性假设也解释了为什么引入日本全品质战略的尝试往往会失败，原因是缺乏与之相适应的劳资关系妥协。

（2）技术变革经济与演化模型。但我们也必须解释为什么这些差异会长期存在。一个重要的参考是，可以形成创新的演化模型。鉴于规模报酬递增，最初被认为是边际和可逆的技术选择，开启了这种技术主导的积累轨迹（Nelson & Winter, 1982；Dosi, 2000）。在不同的技术标准之间的选择也是如此，在某种程度上说，组织和机构的选择也是如此。

当然，技术和制度对路径的依赖并没有相同的形式。事实上，对于制度而言，这意味着在危机严重的时期，经济主体必须制定符合旧制度遗留的策略，这就会无形中引导可能出现的新体制（见第七章）。

（3）政治是激励与限制的基础。新制度经济引入了更强大的机制：宪法和法律秩序在经济主体表现和技术能力之间建立了基础媒介，从而导致政治和经济两种秩序相互交织，避免了纯粹的经济决定论（North，1990；Coriat & Weinstein，2005）。但是这种制度秩序本身就是政治进程的产物。民族国家并不等同于市场竞争中的公司：公司可以宣告破产并消失，而民族国家却几乎不会出现这种状况。因此，我们不能引入经典的演化模型来分析各类资本主义转型，因为它们都有评判自身发展情况的标准。

（三）政治和经济相互交织，构成了资本主义多样性

调节理论推动了先前提出的各种机制，但不能将调节理论简化概括为这些机制。事实上，调节理论也引用了另两个假设。

其中最重要的一条假设是：政治进程是推行货币政策制度形式的基础，从结果的角度看，这种制度形式也是一种资本主义形式。这与货币是市场秩序基础的论调相悖（Aglietta & Orléan，1982；Théret，1996b）。同样，劳资关系是一种矛盾性和对抗性极强的社会关系，所以它需要政治干预。此外，融入国际经济的模式也是纯政治类的问题。这些问题的结合往往会产生新的论题、促进资本主义发展变化。

第二个关键的假设是：不应当局限于依靠国际层面的分

析来展示资本主义的分类，而是应当优先着眼于长期的历史研究，从而厘清当前的结构形态是如何形成的。这是对历史终结之毒的一味对症解药。

三、资本主义的历史仍在继续

资本主义理论是历史的产物，在过去30年中经历了巨大的转变。

（一）亚洲国家的突破：对理论的挑战

长期以来，标准经济理论认为，工业化国家俱乐部在第二次世界大战后就不再接收新会员了，因为大多数发达国家在创新方面享有优势，实现了规模报酬递增，掌握了国际体系网和游戏规则。从20世纪60年代开始，日本迅速腾飞，经济呈两位数增长，日本企业随之实现赶超，就像90年代的中国一样。这并非个例，多数其他亚洲国家的工业化战略也获得了成功，以至于出现了大量有关“亚洲四小龙”蓬勃发展的文献，这个概念甚至早于21世纪出现的“新兴国家”概念。实际上，新兴的资本主义形式正在出现（见图8－5和图8－6）。出现的原因是什么？是如何出现的？

在美国，公司的概念是为股东利益服务、以实现利润最大化为目的的经济实体，而日本的公司却十分反常，从某种意义上可以说是非理性的：日企保障那些有利于公司发展的多面手雇员就业稳定，缺乏领取固定收益的股东，与市场融资相比使用银行借贷的数量更多……所有这些做法都是用日本大型集团的成功在下赌注。

在调节理论看来，日本的劳资关系结构与原始积累体制并行不悖。而在美国，薪酬增长被法定化和制度化以换取灵活就业。在日本，正是长期雇佣关系使得劳务合同的其他组成内容有了尽可能多的调整余地（Boyer & Yamada，2000）。通过比较日本和美国汽车工厂的长期表现，我们发现两国的劳动组织本身并不相同（Freyssenet et al.，1998）。因此，这种原创的结构被称为“丰田制”劳资关系，而相应地，与其相匹配的增长体制也被冠以“丰田模式”的称号。

（二）交叉融合——资本主义革新的过程

新体制的出现关键在于交叉融合的进程（Boyer，1998，2001）。二战后，将美国大规模生产方式移植到日本的尝试遭遇了一系列阻碍，这些阻碍主要由特殊的职业关系性质、工业集中程度、小规模市场和战争破坏等原因所引发。移植来的生产模式逻辑与适应日本制度结构的要求产生了深刻的矛盾，并引发了一系列调整。如果说交叉融合是资本主义差异化的强大助推力，那么内生代谢就是支配资本主义演化的第二种机制（见第四章）。将二者结合起来，我们便可以对美国和日本资本主义的相互作用和演变进行综合分析。

（三）接替苏联式体制的资本主义

“苏联式国家资本主义”（Sapir，1985）的特殊性，以及休克疗法引起的突然大幅转型，这些都是关于构建资本主义有效形式的丰富教案。

（1）苏联崩溃的三点教训。首先，暴风雨前总是格外宁静，在经济表现中亦是如此。定期的宏观经济发展变化尽管有些令人担忧（生产率下降趋势、公共支出和提高生活水平之间的分配的紧张矛盾、无能力刺激创新），却掩饰了发展模式的局限性，即依靠过度投资推动，却周期性陷入投资引发贫困的发展模式。当领导者意识到这种危险时，他们已经无法进行富有成效的改革以挽救该模式最核心的部分。源于其韧性的系统僵化引爆了突发的重大危机，这便是内生代谢的又一个案例。

随后便迎来了经济学科的“真理时刻”，即经济学变成了市场经济的科学。按照亚当·斯密所珍视的交换倾向假定，原苏联国家计划委员会的倒台会“自然而然”地促进市场发展；按照同一逻辑，政治家会认为专制政权的结束将催生民主制的诞生。长期经济萧条导致了社会混乱，弱者生存艰难而强者则在争夺公司股票份额，所有与福利有关的指数全面下滑，甚至包括预期寿命。事实上，市场基础理论研究者在市场尚未出现时，完全没有考虑到其结构设计。就市场而言，社会学本可以比经济理论更实用。

第三点教育意义是，休克疗法的支持者似乎忽视了资本主义制度是长期形成的，而不是对短期要求做出的回应。资本主义制度是与等级制度相适应的，最基础的部分应当早于其他部分出现，但是这些最基础的部分却是最难建立的。资本主义不是建立在单一金融创新基础上的，因为金融创新只是完成了金字塔尖的部分，而金字塔的底部还要有制度安排、规则和规范，这些都是从危机应对措施的反复尝试和失败中耐心提炼的结果。事实上，创立公司法、设计审计体系和成立监控这些措施应用的必要机构，远比设立金融市场困难得多。俄罗斯政府的西方顾问已经根据俄罗斯自身情况设计出了一种金字塔结构，但令人惊讶的是，它伴随着 1998 年的金融危机崩溃了（Boyer，2001）。

（2）不存在向市场资本主义的趋同，而是形成对比鲜明的各种结构。这些专家顾问相信由于其内在优越性，盎格鲁—撒克逊资本主义将吸引东欧经济互助委员会的成员国家。在这些国家加入欧盟的谈判中，其政府部门都更多地宣传市场资本主义原则，而不是本国的福利资本主义模式（Berend，2009）。

然而，除了波罗的海国家之外，苏联阵营的前任成员国都没有达到预期的结构形态（Chavance & Magnin，2006；Myant & Drahokoupil，2010）。这些国家分成了两种极端阵营：

一方面，专制国家几乎采用全方位的保守主义；另一方面，处在市场经济边缘的国家则接受了将市场作为保障其现代化的载体（见表8－1）。

表8－1 接替苏联体制的各类社会经济体制

	寡头资本主义/食利国家	市场经济边缘国家	基于对外直接投资的国家	专制国家	基于移民收入和援助的国家
国家/基础性妥协的作用	政治与经济持续交织，政治主导	国家作用削弱和现代化	国家经济配适跨国公司	无重大变化	弱国家
国际关系	通过出口自然资源	调动旧制度遗留的国际关系	重新定位出口/倒向欧洲	国家操控	不对等/依赖
社会保障	大幅缩减	有限的社会保障	坚持一定水平的社会保障	坚持社会保障	生活水平低
代表国家	俄罗斯、乌克兰、哈萨克斯坦	波罗的海国家	波兰、捷克、匈牙利	白俄罗斯、乌兹别克斯坦	阿尔巴尼亚、波斯尼亚和黑塞哥维那、摩尔多瓦、亚美尼亚

资料来源：Myant 和 Drahokoupil（2010）。

两个变量可能产生差别：

——一些国家的对外关系保持不变，而另一些国家完全倒向欧洲，引入跨国公司帮助其建立和发展生产体系。

——有关私有化的战略选择和有关经济制度改革速度的战略选择。

根据这两个标准，原社会主义国家现在被划分为五种形态。应该指出的是，其中只有两种形态是真正的资本主义：边缘市场经济和基于接受外资的市场经济。俄罗斯在两种模式之间摇摆不定：在第一阶段是寡头资本主义，后来基本上变为食利国家。白俄罗斯和乌兹别克斯坦展现出良好的连贯性，即政治对经济的统治，这是政治在最后一刻起决定性作用的完美例证。还有一些经济体只能依靠国际制度的转让援助才能得以为继，以至于人们会怀疑在其领土内是否真的存在某种实质经济。这些就是资本主义难治之地，就像国家一样，这些地区也可能崩溃。最后，社会保障的程度和质量组成了调节变量，这证实了欧盟东扩实际上削弱了其资本主义模式。

（四）股东资本主义

在 20 世纪 90 年代，得益于所谓日本模式的传播，未来发展的关键似乎变成在工业中深化生产率基础（Womack et al.，1990）。而在信息和传播技术的帮助下，未来的希望又被转移到重振创新上。随后便产生了互联网金融泡沫：这已经表明了经济完全向金融逻辑一边倾斜（Boyer，2002d）。自那时起金融泡沫越来越严重（Orléan，1999；Boyer，2011b），并随着 2008 年的金融危机爆发达到了顶峰。这种资本主义先天是不稳定、不平等的，在受民主原则支配的社会中其发展本应受阻。政治联盟是如何做出转变，让这种资本主义形式陡然出现的？

直到20世纪70年代，金融都在政府部门的控制下，政府部门统筹金融的目的在于为生产性投资、基础设施、住房和消费等方面筹措资金。政府控制金融要依靠实际利率，而由于通货膨胀存在，实际利率经常为负。金融家被排除在由企业领导和雇员代表（例如福特模式中的代表）组成的联盟之外（图8－2至图8－4追溯了股东资本主义形成的阶段）。

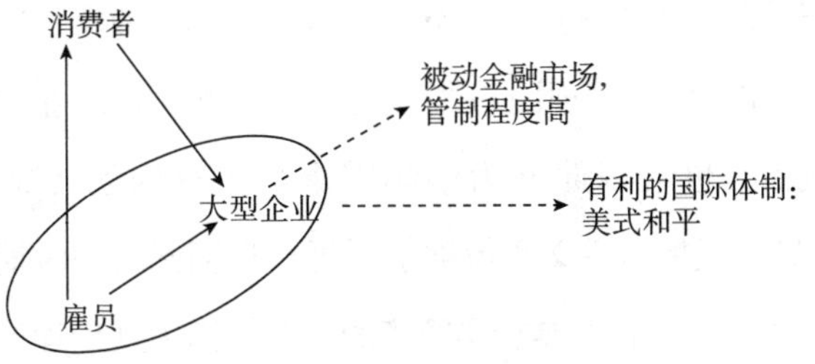

图8－2　雇员作为主要参与者的统治集团（福特制）

资料来源：Boyer（2011b）。

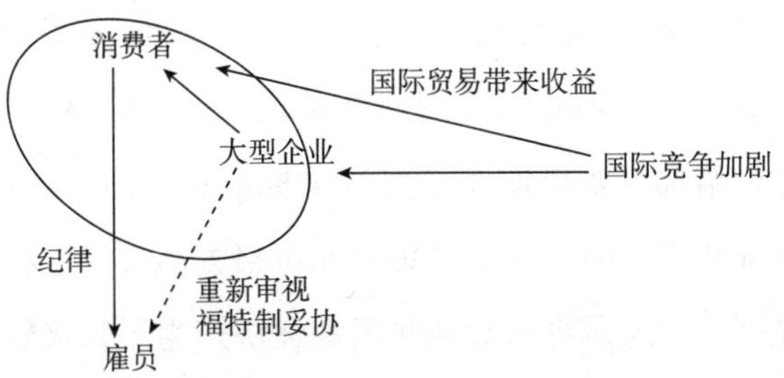

图8－3　开放经济致使雇员被排除在外的统治集团（20世纪80年代）

资料来源：Boyer（2011b）。

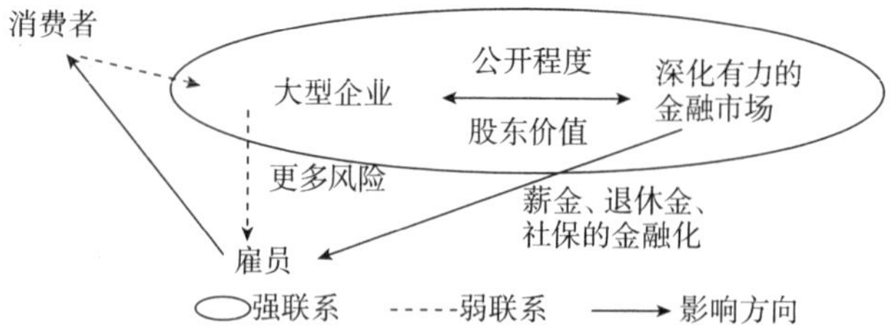

图 8-4　金融家与企业领导之间的实际联盟
（20 世纪 90 年代至 21 世纪）

资料来源：Boyer（2011b）。

（1）国际化：霸权集团的首次决裂。金融逻辑并没有立刻被强制采用，因为渐进却持久地向世界市场开放会侵蚀霸权集团：一旦超过某一极限，工资就会变成影响国内企业竞争力的重要成本，也就因此成为影响需求的关键因素（见第四章图 4-1）。凯恩斯主义政策被削弱可以追溯到这一时期，工资被逐步降低标志着古典宏观经济的回归，因为这一理论将失业归咎于相对于生产率水平而言薪酬过高。消费者是企业潜在的盟友，消费者被认为要依靠进口更低价的产品而获得购买力。这种做法的代价就是形成了弹性的劳资关系，从而使受国际竞争威胁最严重的雇员从霸权集团中退出（见图 8-3）。

这种情况主要出现在专门从事标准化产品生产的国家，因为标准化产品的竞争主要集中在价格方面，但这种将雇员排除在外的情况最终却对某些国家经济产生了积极影响，例如德国，虽然其专业化生产程度很高（Boyer，2015a）。随着这种战略越来越普遍，提高生产率变成了降价，因为价格降低可以补偿一部分实际工资近乎停滞增长的损失，正如美国的情况。

（2）金融在公司治理中占据主导地位。国际化不仅局限于贸易，还涉及直接投资和投资组合。从20世纪90年代开始，金融流动的增长速度远远超过商品和服务，这种通过放松管制和金融全球化而获得的权力使上市公司所在国的政府陷入混乱。股东打算提升自身权益并恢复企业继承的概念，企业就像股东的资产，他们拥有对公司注入或撤出资本并以此掌控公司的绝对权力。自此，将流动性和监管结合起来成为可能，这也就使其和股份公司分割开来，因为从前股份公司牺牲股票市场的流动性，而将公司中长期策略授权给领导团队（Blair, 2003）。

从学术上论证，这种权力的获得需要发挥金融在金融公司管理中的作用：美国商学院建立了股东价值理论（Fourcade & Khurana, 2013），基于这个理论，有必要平衡企业管理者和股东利益，例如，通过员工优先认股，对高级管理人员的薪酬根据公司股票行情进行指数化。正是从这个时代开始，美国企业高管薪酬激增，而中层员工实际工资中位数却停滞不前（Piketty & Saez, 2003）。

管理者和雇员之间产生分离，雇员被永远排除在阿尔费雷德·斯隆——这位二战后世界舞台中心人物——所提出的联盟之外（见图8-4）。

（3）从股东价值理论到实践。在这方面，我们必须让学术界对股东价值的维护之声更贴近其对经济体系的实际影响。从理论上讲，股东价值可以作为监控大企业经理人投机行为的手段，体现了管理者和股东之间的利益冲突。事实上，施行新的薪酬体系破坏了非金融公司高管的薪酬，所以他们会仿照金融公司高管的薪金构成，也让自己的薪酬与股市行情挂钩。

然而在美国，企业高管们有很大的自由来解释公司经营状况，他们有权用可支配流动性回购公司股份并支付巨额股息。从公司账户经营状况及其稳定性来看，需要全面降低成本，大笔的员工薪酬自然首当其冲，结果福特制下公司承担的风险与变数就转嫁到就业、工资和工作强度上。因此，股东价值似乎解决了管理者与资本持有者之间的冲突，事实上，它标志着一个新统治集团的到来（Boyer，2011b）。就像新自由主义鼓吹无记名股票市场的好处一样，股东价值理论可以揭示或掩藏潜在的社会关系本质，但它自己却参与到了经济权力、资本和财富的集中过程中，更不用说其还具有影响政治的能力了。

（五）网状资本主义

20 世纪 90 年代见证了另一种理想资本主义类型的诞生，即网状资本主义，它本身就渗透在社会内部大量交织的网状结构中（Castells, 1998）。这个概念可以用来推演20世纪70年代生产结构转型背后的理论。日本企业效法亨利·福特公司的做法，开始大规模将生产分包，而日本企业自身则在一系列的分包活动中得以加强。这些网络起初在本地，方便进行即时生产，但随着知识的增加、信息传播技术的大规模应用，这些网络可以突破地域界限并最终实现新的结构配置。空客集团见证了这一变化：飞机组件在参与该工程的多个国家生产，这推动了金融和技术标准的共享。当然这种模式也存在协调问题，以至于多地生产最终整合为一家正式合法公司。另一个突出的例子是苹果公司，该公司执行国际化劳动分工策略：研究和营销位于美国，其他组件在别国生产。这正印证了世界制造的概念，国际贸易必须从附加值而不是总价值的角度来衡量（WTO, 2011）。

各种结构性变化解释了为什么网状组织形式的企业会出现。首先，它是同一家公司内部各个单位竞争的组织方式，在某种程度上模拟了大型组织内部市场的逻辑，只是“条约”一词取代了“契约”（Aoki et al.，1990）。其次，它也有助于赋予部分单位自主权，将它们引入股市，从而动用外部控制的形式来替代内部直接责任（Aoki，2010）。这满足了部分金融家的意愿，他们需要在极大数量被细分的资产之间做出抉择。它也有利于肢解大型企业联合体，因为企业联合体是实施有效管理的巨大阻碍，尤其会影响股东价值最大化（见上文图4－3）。

这种网状公司体系对企业管理层还有许多其他优势。它利用商业关系取代了劳资关系，也分割了雇员谈判的权利。在发生危机时改组显得更容易，因为重组似乎更像是市场带来的结果，而非管理不善造成的结果。它还可以利用实时信息来操控，而不需要管理者和执行人员之间进行面对面交流。最后这种类型的组织形式会促进离岸外包，并对各区域提供的机会做出快速反应，或者通过共享各个分支机构的知识来组建联盟。这种投机的做法也符合金融家的利益，他们寻求克服生产性资本或创新战略的不可逆性（Boyer，2011b）。

除了这些与企业相关的例子，我们是否可以在概念上定义这种理想型的网状资本主义（Boisot & Child，1996）？有分析指出，用计划替代合同是这种新资本主义的标准形式（Boltanski & Chiapello，1999），这样做必须考虑到跨国生产的特点（Reich，1991），或意识到这种组织形式是获得良好经济表现的决定性因素（Porter，1985）。

调用第五章提到的那些工具则需慎之又慎。一方面，网状结构处于所有协调程序的交汇处，因为它同时唤起了利益和义务，而且网状结构既可以通过水平方式组织，也可以通过垂直方式组织（见第五章图5－1）。在极度不确定性的时期，即产生重大危机的时期，这种中心化和模糊性可以保护未来，所以当大环境稳定后其又会还原为其他形式中的一种。

另一方面，虽然纵向一体化企业和分包关系可以得到明确定义，但网状经济既可以指一系列由明确规则和合同主导的企业总和，也可以指中国企业运用的方法，即依靠本质上非正式的个体之间的信任关系。第二种模式不仅指中国香港地区的企业家、分布在世界各地的华人华侨，也可以代表当代中国的经济特征（Boisot & Child，1996）。

四、中国发展模式

中国改革开放 30 年塑造了完全不同的结构配置。通过研究中国社会基础制度转变的历史，揭示了一种新制度化妥协。这种妥协塑造了中国发展模式，该模式强大的力量也是其不稳定和危机的来源。

（一）一系列不间断的改革

这些改革是连续的，但在四个阶段中相继展现出不同的特征（见表 8－2）。

在毛泽东领导革命成功后的近 1/4 个世纪里，中国首先进入了快速增长阶段，而后又在中央投资决策的影响下突然出现严重下滑。在某些如“大跃进”和“文革”的特殊时期，社会和经济发生了翻天覆地的变化，这让政府意识到了苏联模式的制度在一定程度上已无法发挥效力。

表 8－2 中国逐渐出现竞争主导的积累制度

1949—1976 年	五个不稳定周期接连出现
1978—1992 年 没有输家的改革浪潮	第一波经济改革浪潮： ——除现有机构外，还引入市场和合同制作为补充； ——在不进行私有化的前提下引入更多竞争； ——权力和资源的下放； ——谨慎、务实的方法； ——降低政府部门占国内生产总值的比重； ——创建免税区； ——家庭储蓄极高，并被引入银行体系
1993—2000 年 有输家的改革浪潮	第二波经济改革浪潮： ——加强市场经济制度； ——统一市场； ——设立公司法，产权多样化； ——减少国有部门，开始私有化； ——开始转向金融和监管； ——中国成为石油净进口国（1993 年）； ——创建免税区； ——资源管理再集中化，宏观经济调控； —— 外资进入国内
2001—2010 年 审慎的外向型自由化	加入 WTO： ——设立国务院国有资产监督管理委员会（国务院国资委）：监管国有资产（2003 年） ——外资开放度大幅提高，同时引入尖端技术和组织方式； ——贸易合同中加入技术条款
所有时期共同的特征：高投资和高储蓄率	

从某种意义上说，第一波改革浪潮旨在建立微观层面的自由化来刺激生产并解决不安全和贫困问题。首先，庞大的国有部门被保留下来，随后新合同制被引入，以鼓励生产者扩大生产，特别是在农村地区。地方层面被授权引入新的经

济主体，从而缔造了最低程度的竞争。这是一种谨慎的、试验性的、务实的权力下放办法，也标志着一个不间断的改革进程即将开始。通过银行业的发展逐步取代公费支出和国家主导的再分配，以便更好地将储蓄转化为面向现有企业和新企业家的信贷。与1989年以后实施的苏联经济模式转轨不同（Sapir，1998），中国实行的改革被证明是正和博弈，没有输家。

从1993年开始，第二波改革浪潮开始了，其目的是巩固市场经济制度，这需要统一各个省级市场并赋予企业各种结构形式的产权。所有新企业展现出了非凡的活力，这为缩减国有部门提供了可能性，私有化进程也就此展开。与此同时，为了疏导地方层面的潜在矛盾，税收体系再次收归中央，宏观调控也发展起来。前国有企业职员和一部分农民遭受了较大损失。

从2001年开始，随着中国加入世界贸易组织，竞争从国内转向了国际，而外国直接投资也备受青睐，因为随之而来的还有尖端技术与组织形式。此外，中央政府对干预的目标和手段都进行了反复的考量和调整，以纠正之前改革导致的不平衡（见表8－2）。

（二）新型社会关系：多重地方社团主义

这些改革的成功并非巧合。一系列综合研究表明，中国已经创立了一种方式，使政府利益与企业家利益保持一致，或者至少保持部分一致。

作为改革的起点，税制改革为地方公共实体提供了最大限度的权责。公共部门维持现状，而地方政府则极力鼓励企业家的出现，因为企业是巨额财富的来源，也就意味着更多的税收，从长远来看可以扩充公共支出的来源。地方社团主义假说为这种交叉融合的形式提供了精确定义（Oi，1992；Peng，2001）。从某种意义上说，政府与企业家之间所谓的合作关系，是双方各自目标相匹配的合理化结果：一方是为了获得最高税收，另一方通过调动投资、生产和就业的活力，增强其在地方的竞争优势（Krug & Hendrischke，2007）。

这是中国社会的基础制度形式，在两个方面有着卓越表现。首先，它将政治理性和经济逻辑统一在一起；其次，它微妙地融入了中国社会阶层。但市场竞争必然会引发投机行为，例如个人占有和腐败。

尽管如此，处于此类竞争中的各方间的对抗既不会出现混乱，也不会产生持久的冲突，这得益于企业和政府之间、微观和宏观之间交织形成的重要网络，它既可能是政府内部的建制，也可能要靠个人之间关系的维系（Xin & Pearce，1996）。然而这种合作不足以在宏观经济层面建立严密的模式，必须要有另一种制度。研究政府角色和功能的历史学家和政治学家都证实，在改革和经济发展进程中，所谓的“官僚”在创建核心企业家群体方面贡献了重要力量。因此，在国内，政党和国家运作的复杂性使得经济领域和政治领域能够不断交流（Bergère，2007）。在中国社会的各个层面，我们都可以看到精英在政治领域和经济领域的双向流动。

这样一个复杂的架构如何保持良好运行？许多政治学家认为，中国的增长体制建立在一种隐性妥协的基础之上：以政府干预换取人民更高的生活水平。这种隐性妥协牵涉到社会中最活跃的那些群体——从高级知识分子到杰出企业家（Domenach，2008）。基于这一假设，我们便不难发现中国经济不是建立在典型资本主义基础之上的，因为典型的资本主义的唯一驱动力就是私人企业家对利润的追求。在中国，精英们既拥有政治权力又掌握经济资源，其目的是监督管理社会的运行。因此，效率的评判标准既不是强调消费者的社会福利（在消费型资本主义中的效率目标），也不是股东价值的增加，而是实现政治目标和经济目标的匹配结合。在这样的结构中，各个经济主体都在努力提高投资增长率或提高自身生产水平（Grosfeld，1986；Zou，1991）。

（三）竞争驱动型发展模式

事实上，许多在法律地位和所在地区有差异的实体（村、县市、省等）就自然资源进行了长期的竞争，其目的是获得生产设备并最终获得产品市场。外国跨国公司也在竞争之列，它们进入蓬勃发展的中国市场并寻求廉价劳动力。为此，跨国公司准备在技术转让方面做出让步。另外，某些地方为吸引外资建立了免税区并提供免费基础设施。

这种不平衡的增长模式（投资过度）得以维持要仰仗生产率的大幅提高：自那时起，农村劳动力从低生产率工作岗位转移到配备现代化设备的企业。

这种发展模式结合了外延式积累（更多的劳动力加入资本主义生产）和内涵式积累（生产率持续提高）。由此产生的产能过剩导致了激烈竞争、低生产成本以及市场价格相对较低。原材料价格上涨是全面通货紧缩趋势中唯一的反向力量，这还是由中国自身经济增长所引起的。

（四）被控制和分割的劳资关系

在中国，第二种基本制度形式——劳资关系，也是非典型的。首先，从法律角度来看，城乡劳动者的地位是截然不同的。这种区别体现在户口上（日本、朝鲜、越南也有类似的国内家庭登记册）。例如，以前从农村迁移到城市的劳动力不享有相应正式权利，改革后城乡劳动者的待遇差异有所缓解。

结果是劳资关系被排序和分割开了，它并不完全对应于某种竞争性的劳资关系，因为并不存在一种不具名的市场力量支配着整个就业人口（Zhao，2003；Knight & Shi，2005）（见表 8－3）。

表 8-3　五种体制形式：中国式结构配置

制度形式	主要特点	影响	
		调节模式	积累体制
1. 竞争形式	诸多实体（企业、省级单位、地方）之间的激烈竞争	保持恒定低价格和低生产成本的趋势	积累的原动力
2. 劳资关系	——双重身份地位（农村/城市）； ——就业被分割和排序； ——缺乏专门的集体性组织	大批农民工就业对竞争性工资形成的强大影响	收入分配不均：工资占国民收入比重低且在下降
3. 货币/信贷制度	大规模权力下放与宏观经济调控需求之间的辩证关系	灵活调整以应对国内/国际经济的快速变化	支撑和控制高增长体制的工具
4. 国家—经济关系	——务实和有预见性的中央政府 ——多层次的复杂治理	对新出现的非均衡性反应程度高	制度形式周期性重构
5. 融入国际经济	选择性融入： ——对外资的限制； ——控制经常项目收支平衡； ——特殊的国家标准	汇率和信贷是减轻外部冲击的关键政策变量	贸易顺差是国内生产与需求不平衡的结果
保护性措施引发的风险	竞争形式； 激烈的竞争：投资过度	积累体制； 不平衡的积累体制	劳资关系； 劳动者被分割和排序； 工资比重下降

续表

制度形式	主要特点	影响	
		调节模式	积累体制
长期的贸易盈余	非对等地融入国际经济	通过货币和信贷主动调控	制度形式周期性重构

（五）积累体制内部非均衡性反映在国际层面

事实上，融入国际经济是国家制度形式的必然结果。但是中国领导人不会完全孤立地执行外部政策，他们必须考虑激烈竞争导向积累体制的特有活力以及其可能引发的投资过度趋势。鉴于劳资关系的依赖性、分割性、序列化以及对于许多劳动者而言的竞争性，产能过剩问题无法被家庭消费的动力所消弭。事实上，劳动阶层低下的谈判能力与国民收入中工资份额持续下降有关。这有助于减缓平均利润率的下降并使之趋于稳定，但并不能填平产能和内需之间的鸿沟。

此外，私营企业获得信贷难度大，这导致其完全依靠过去的利润进行投资（Riedel & Jin, 2007），而社会援助体系不完善（失业补助、医疗和住房等）极大地提高了家庭储蓄，借以抵御家庭与个人一生中可能出现的风险。中国十多年来的贸易顺差上升趋势是由这种不平衡的国家基本积累体制造成的。

（六）危机的多源性

这些成功并不会掩盖此增长体制根源上的不平衡性，以至于有人震惊于中国尚未发生如股市崩盘等重大危机。脆弱性的根源有多种（见表8－4）。

在所有可能引发危机的因素中，最令人担忧的一点无疑是持续的过度积累。由于竞争十分激烈，过度积累可能会体现在产能过剩和企业不良贷款方面。只要经济增长足够强劲，周期内利润就可以弥补过去的损失，所以这种机制运作只有在中国经济出现明显减速的情况下才会受阻。这正是中国政府在2009—2010年和2012年通过大规模基础设施建设计划试图尽力避免的危险。

城乡劳动者身份地位不平等也可能对中国经济体制的接受度产生威胁。事实上，奔赴城市的农村劳动人口希望能找到建筑业或工业领域的工作，但他们一般并不能与城市劳动人口享有同样的社会权利（医疗、教育、住房、退休）。

表 8－4　中国发展的阻碍因素

领域	紧张局势的本质	应对政策	政策的有效性评估
1. 增长机制	投资/出口带动的非均衡性增长； 2008 年后，过度积累进一步增强	提高最低工资； 创建最低限度的社会保障，随后逐步扩张保障领域（医疗、退休、失业……）	受地方之间竞争的限制； 针对工资/利润分配和消费/投资之间不平衡的转移调控较少
2. 融入世界经济	与美国的冲突摩擦（汇率、知识产权）	审慎重估实际汇率	逐步再调整生产使之适应国内需求
3. 金融体系	有利于一些企业的过度积累，但有损其他企业利益； 信贷质量差，不良贷款多； 储户投资过低	中央试图控制信贷分配； 储备金丰富，干预能力强； 谨慎、形式多样的改革	受到地方政府相对自主权的阻挠； 对增长产生负面影响的风险； 改革影响下，长期有失控风险
4. 房地产行业	需求巨大，但与购买力相比存在供给过剩的倾向	调控信贷分配	与投机活动相比，国家干预天然滞后
5. 创新体系	保护知识产权压力大 跨国公司/国内公司的对立	研发支出持续强劲增长 继续保持内生和本土创新	资金投入量大，但研究质量存疑 追赶时间长于预期，与国外资本有公开冲突

五、发展动力：轨迹的多样性

我们对各种资本主义已经进行了静态描述，并且分析了它们随时间推移的变化，尤其是它们对重大危机的应对方式。现在我们要介绍几种决定资本主义发展进程的机制。

（一）发展演化的两个要素：内生代谢和交叉融合

内生代谢和交叉融合这两个术语已经在分析日本的发展轨迹时出现过，而日本的资本主义已经从应具有参考价值的模式转变为经济停滞和通货紧缩的典型错误示范。事实上，这两种要素涉及的范围更加广泛，因为它们有助于我们理解资本主义自出现以来的漫长历史（见图8－5）。

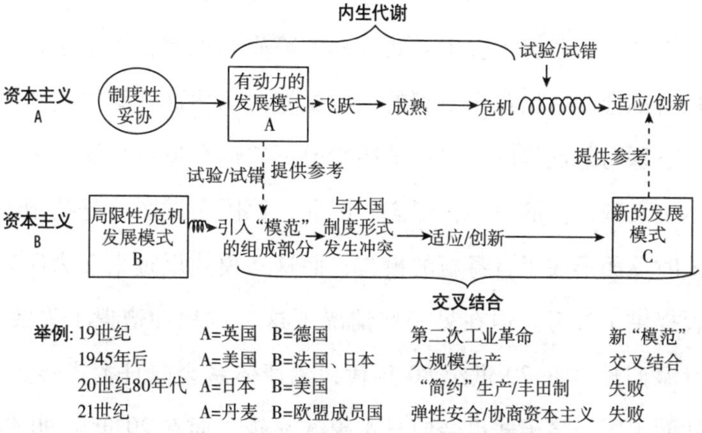

图8－5　内生代谢与交叉融合的相互作用：资本主义演变的源泉

主流经济理论关注结构稳定的均衡，虽然这种均衡可能会被偶然的冲击或技术进步打破，而承自马克思主义、经过长期历史研究而得到巩固的调节学派理论则认为，任何积累体制都不可能在几十年的发展中绕过重大危机。当然，某些表面看似偶然的事件，如看似由于对世界经济的依赖而受到牵连从而可能会引发显著的衰退。然而，从根本上讲，正是在周期循环期间，制度形式的缓慢转变导致了积累体制的内生不稳定性。如果想要建立模型，所选择的机制必须十分充足才能够解释为什么首先出现长期扩张阶段然后又发生逆转，转向积累性萧条或转向经济停滞期。第二种机制源自资本主义在空间上的安排。每个时代似乎都会出现新型的现代化方式（生产现代化、组织现代化等，总之与新的生活方式有关）且会逐步向全球推广，这些现代化方式在全球部署的过程中会遭遇各类社会中各式各样的障碍和抵制，以至于每种社会都会塑造出意想不到的结构配置。虽然这些结构起初可能被认为是低等的，但在某些情况下它们会反过来揭示出资本主义现代性的另一种形态。因此，德国在试图追赶英国模式时反而形成了自身新的模式，而这一模式反过来又为后来者提供了参考。但在另一些情况下这一过程却遭遇了失败：专家们预计在 20 世纪 80 年代，生产体系会向日本式转型，从而美国经济模式也会向日本模式靠拢。而在 20 世纪 90 年代，日本经济出现了金融化发展，并且导致了长期的停滞。

第三种结构是政府试图指定一种模式作为民族国家政策的参考，虽然这些国家可能属于不同形式的资本主义。例如，丹麦的弹性安全模式向南欧经济体的扩散没有任何交叉结合的过程，所以基本以失败告终。资本主义是不可复制的：它是由每个国家当地的策略构建起来的，而这些策略的结果总是具有不确定性。

（二）三重困境：灵活性、动态效率和社会公平

为了评判市场经济均衡状态的效果，我们是否可以将资本主义形式定义为最优化原则的产物呢？考虑到动态平衡和相互作用的研究方法，定义成可行性原则或抗冲击原则的产物似乎更合适。从技术层面来看，这是一项比主流经济理论中的均衡分析和最优化分析更艰难的任务（Lordon，1996），这就是为什么相应的研究成果尚未形成学派的原因。

上文我们已经强调了两个重要的结论。从这种社会经济制度的矛盾性特点出发，由于缺乏强力政治的中介作用，便不存在能够满足所有利益相关者的单一标准。而且正如有些理论所建议的那样，一个霸权集团并不一定要以经济效率最大化作为目标。在这种情况下，分析人士和学者会“戴上不同度数的眼镜”来看待这一问题，也因此得出了三种广义的标准：

（1）经济体对风险和冲击的反应能力如何？在主流经济

理论的静态效率分析中这一标准将被视为灵活性。

（2）事实上，如果我们按照约瑟夫·熊彼特的分析，资本主义的最大功绩之一就是它能够提高生活水平，而这是通过创造性破坏的过程实现的，这一过程的特点在于，扩张期后紧接着到来的是调整期，而不是衰退期。所以第二个标准就是动态效率的标准。

（3）最后，主流经济学家有时也会考虑到思想道德这一因素，这主要发生在他们思考经济和社会公平之间的关系时（Sen，2012）。

利用这三个标准可以简要地概括出经合组织成员体中四大类资本主义的发展轨迹（Amable et al.，1997），由此一来，我们便会对20世纪60年代在各种极端案例中寻找静态效率一般性的研究活动感到震惊（Boyer，2002c）。一方面，考虑到高失业率的持续存在，这种发展变化是可以理解的，因为这表明人力资源使用效率低下。另一方面，由此产生的赋予劳动力市场灵活性的政策加剧了不平等，却没有系统地减少长期失业。

因此，最接近市场逻辑的资本主义似乎繁荣起来，而其他资本主义则不断让步，以应对全球经济的混乱和由此带来的国内竞争压力。由于美国在重塑国际关系方面仍然起着主导作用，受短期套利而非长期竞争力影响的汇率变化波动有利于市场资本主义，但会影响其他资本主义的稳定性。从某种意义上说，盎格鲁—撒克逊国家推动了国际发展，并在其中繁荣发展。另外，国家干预主导的资本主义或中观社团型的资本主义则依赖于国际体系的相对稳定性，这使它们能够去寻求动态效率。所以这些国家被迫进行违背其基本原则的改革，而且往往会削弱它们从过去继承下来的制度优势，而迄今为止这些国家也没有找到适合自身发展的新制度。

（三）重现与新生之间：螺旋式演变

虽然对资本主义的定义无法达成共识，但是通过与其之前的生产模式进行历史对比，我们会发现资本主义的三重标志性身份特点。

（1）生产率的累积式增长。以前的经济体系是围绕一个几乎固定不变的国家组织起来的，其核心是人口的存续和繁衍，人民生活水平可以从马尔萨斯所述的人口危机中得到体现。资本主义的出现标志着社会进入了技术和组织形式长期动荡的时期，主要表现为从生产率增长相对低下一直到大规模生产建立起来的这段时期。回溯以往的统计结果虽然难度较大，却让我们发现了资本主义的新特点：之前的积累使得生产率可以在长期不断呈现出累积式增长（Maddison，2001：264）。我们必须要注意到，这不是二战后的福特主义带来的结果，而是早在追求利润刺激下接连爆发工业革命的时期就显现出来的特征。16 世纪的中国与欧洲一样在技术方面极具创造性，却不具备社会条件将这些技术转化为创新和新市场（Pomeranz，2010）。

（2）周期性危机和长波。当代经济模型都描述了动荡后经济向新的均衡单一趋同。第二个主要的典型事例关系到资本主义繁荣为其带来的周期性特征。中短期的非均衡积累造成了所谓的商业周期。在尼古拉·康德拉季耶夫（1925）之后，当代历史学家和统计学家分析出一个更长的周期，其组成是在商业周期交替之后出现了长期价格低迷的翻转。这种方法虽然在方法论上了遭遇了困难，它却提醒了经济学家预先假设稳定增长的存在是不切实际的。因此，在进入 21 世纪后，宏观经济学家曾认为他们已经克服了经济周期，正如“大缓和”时期同时实现了经济增长和通货膨胀趋缓所展现的那样。我们再一次证明了，对于一项研究分析，从市场经济的角度解读和从资本主义的角度解读，其结果必然存在差异。

（3）经济组织日趋复杂化。市场经济理论学家始终捍卫这样的观点：经济史是市场不断扩张的历史。对于调节理论而言，市场领域的扩展与建立确保市场可行性的制度安排并行不悖。新矛盾的出现导致了临时机构的建立，从旨在补偿经济不稳定性而设立的社会保障到探索环境保护方式皆是如此（见第六章）。因此，政府干预不仅在干预主义和自由放任构成的坐标轴线上左右偏移，它更主要地体现在制度架构和干预政策之间的严谨性方面（见第七章）。

在调节理论看来，预测长期增长率是不切实际的，因为这是将积累体制的可持续性向后推演，但至今为止积累体制都是以危机告终的（Piketty, 2013）。同样地，用干预主义盛行时期和自由主义主导时期无休止地交替出现来描述也并不妥帖，因为螺旋式演变似乎才是决定资本主义最重要的特征（见图8－6）。

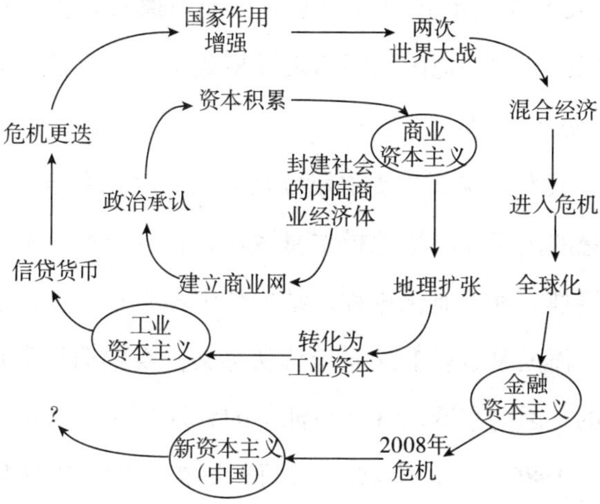

图8－6　发展趋势与长波：资本主义的螺旋式演变

六、全球化丰富了资本主义多样性

各种形式的资本主义可以通过各自的差异而繁荣发展。

（一）拉丁美洲：食利体制与资本主义逻辑之间的紧张对峙

结构主义学派指出了这片大陆的独特之处：它在经济上特别是技术上先依赖于欧洲，后依赖于美国，这种依赖性抑制了以内部市场为中心的工业化进程（Prebisch，1981）。从某种意义上说，调节理论延续了这一传统（Aboitèset et al.，1995）：按照融入世界经济的本质以及对原材料出口的依赖程度可以区分这一地区不同的发展模式（也有可能出现倒退模式）（见表8－5）。

（1）食利的诅咒。委内瑞拉是典型的因拥有自然财富而沉迷幻想的国家：国家规模本身较小，占有自然资源，因而长久地牺牲了其工业化进程；结构性失衡常常演变成恶性通货膨胀，而国家本质上又属于侍从主义。委内瑞拉的危机是结构性的，因为它既出现在高油价的利好时期（Hausmann & Marquez，1986），也出现在油价大幅下跌的时期，如2015年。

由于自然资源出口获得的外汇一再使本币升值，工业部门遇到巨大障碍，一切将食利收入引向工业生产的计划都难以推行。在创新和工业方面最发达的拉美国家也同样遭受到这种诅咒（Bresser－Pereira，2009）。可以说，几乎所有拉美国家都受到其自然资源的桎梏，只是程度不同罢了。

表 8-5 拉丁美洲的各种经济制度

组成		国家				
		阿根廷	巴西	智利	墨西哥	委内瑞拉
政治经济制度类型		受食利阻碍的资本主义	以自我为中心的工业资本主义，受到食利回归的威胁	面向国际的食利体制	有依赖性的工业资本主义	纯粹的食利体制
制度形式	占主导地位	意志主义国家	面向现代化国家/侍从主义的国家	竞争	融入国际（南方共同市场）	侍从主义国家
	受何种因素主导	货币制度	竞争	劳资关系	劳资关系	融入国际
积累体制		危机中以自我为中心	偏向于内涵式，由内需拉动	多样化的外延式	由出口和外资拉动	食利经济，无积累
表现类型		1976 年以来增长和危机交替出现	增长减速	生产率增长弱、不平等	增长，但被排除在外	结构性失衡
危机的本质		国际收支危机的接连出现	丧失竞争力	增长放缓	美国危机的影响	油价下跌引发动荡

（2）政治至关重要。这一经验可以从巴西和阿根廷的对比中得出。巴西成功组建政治联盟，努力追求以本国为中心的增长模式，且在条件允许时尽可能地减少不平等增长。阿根廷则进入了金融危机和政治危机反复出现的困局，这源自两大社会政治集团无法达成妥协。所以虽然巴西的增长速度有所减缓，但有一个相对规则和稳定的发展路径；而阿根廷则处于不同认知的交替期，很多阿根廷人民认为本国属于第一世界，然而更务实地评估阿根廷经济时就会发现其中包含了很多拉美国家的典型特征。

这一比较可以延伸到智利和墨西哥。智利融入国际竞争的过程来自国家政变，而墨西哥则依靠精英阶层按照利益需求加入了美国自由贸易协定。第二个区别在于它们各自的专业化分工：智利接受了对铜矿和其他自然资源出口的长期依附；墨西哥则以融入全球价值链为导向，专业化从事工业品生产。

由此我们可以得到一条广义的结论：从欧洲视角来看，拉丁美洲似乎属于同一种社会经济制度，而当拉美政治领导人试图协商建立区域一体化组织，如南方共同市场（Mercosur）时，拉美各国之间的差异就充分地暴露出来了。

（二）亚洲和拉丁美洲之间的差异

这是调节学派早期研究的问题：老牌工业化国家、拉丁美洲和亚洲国家在劳资关系和发展模式方面有何不同（Boyer, 1994)？从那时积累起的研究成果和一些重要统计指标表明，有三个因素影响了亚洲和拉丁美洲这两个地理区域的差异性。

第一点区别在于国际发展动力与本国发展之间联系的本质和特殊性（见表8-6）。一方面，尽管拉美国家在努力实现工业化，但仍然依赖原材料出口。亚洲国家情况并非如此，亚洲国家一般通过代加工生产融入世界经济，然后实现相应行业的恢复，中国台湾地区的经济就是典型例子。从某种意义上说，这两个地区的专业化部门是具有互补性的，从拉美出口到亚洲特别是出口到中国的原材料大幅增长就是证明。趋同指数表明专业化的差异在进入21世纪后再度加深（Miotti, Quenan & Torija Zane, 2012）。

表8-6 拉丁美洲与亚洲的特性对比

经济体制	融入国际的受限程度		
	受限度低	受限度中	受限度高
工业主导型	中国台湾、韩国		墨西哥
混合型		巴西	阿根廷
食利主导型		委内瑞拉	

第二点差异在于对待融入全球化的态度：融入全球化本质上是一种束缚，即由于国际收支难以平衡会给国家带来周期性发展停滞，还是与之相反是一种机遇，即为本国企业家打开发展新产业（主要是指制造业）的大门？大多数拉美国家属于第一类，亚洲国家属于第二类。但是这种差异化背后

的原因值得深究，因为在20世纪50年代末，韩国和中国台湾地区的人均收入水平与墨西哥近乎一致。

是否应该考虑一下政治体制差异的影响？关于民主与发展之间关系的问题已经在大量文献中被广泛探讨。对于现代化发展落后的国家来说，专制体制是不是更有效？我们在拉丁美洲和亚洲都能找到相互矛盾的例子。从20世纪70年代到21世纪，拉丁美洲的专制政权有很多，但它们似乎没有像亚洲国家那样起到有利于积累的作用。此外，我们没有发现任何证据能够证明进口替代型增长和出口导向型增长存在明显的对立关系，加入民主体制或选择专制体制也同样不存在明确的对立。调节学派学者早期的研究成果（Marques - Pereira & Théret, 2001）就已经显现出了对拉丁美洲和亚洲各自象征性案例进行对比的兴趣，同时也强调了经济策略和政治体制联系的复杂性。在这两大地理区域内部能够发现对比极度鲜明的国家的发展轨迹。

有时政治体制和经济体制是相配的，有时它们则会产生冲突，而且从一种结构转变到另一种结构的动因十分复杂。稳定是例外，变化才是常态，这也使得许多引入经济学理性选择理论的政治学家所作的分析都不具效力，因为经济学考察的时期可能从未在历史上出现过（Marques - Pereira & Théret, 2001：133）。

（三）地缘靠近不代表资本主义形式相同

通过前文的论述，我们可以在三大地缘区域得出相同的结论：属于同一地区绝不意味着向同一资本主义形式趋同。在这方面，中国和日本之间的对比令人印象深刻，尽管这种差异可以从多种角度解释：两国不属于同一发展阶段，即便中国、日本和韩国有着相同的发展风格（Aoki，2013）。

拉丁美洲发展模式的多样性也十分丰富，甚至同属于一个区域一体化组织内的国家，其发展模式也有较大差异。阿根廷的发展轨迹与巴西就形成了鲜明对比。美国和墨西哥之间的比较也让我们得出了同样的结论：这些国家的资本主义形式具有互补性，而非趋同性。最后，我们已经发现了欧洲社会创新体系之间的差异是多么明显，欧盟内部至少有三种形式的资本主义共存：金融主导的英国、主要依靠国家推动的法国，以及典型社会民主型的北欧。

这就是为什么在本书中，调节模式和发展模式是按照分析方式来定义的，而不是按照地域进行区分的。这一点非常合乎逻辑，因为自然地理学不能决定资本主义的转型。

七、透视当代资本主义

许多研究成果都以将当代经济的不同组成部分进行归类作为出发点。第一批研究成果关注经合组织国家，并确定了社会创新系统与资本主义类型之间的联系（Amable et al.，1997）。这些早期的分析影响广泛，也符合时代特点，并且提出了五种形式的资本主义（Amable，2003）。而最新的分析已扩展到东南亚国家（Harada & Tohyama，2011），并得出了当今世界七种资本主义共存的结论。

（一）老牌工业化国家的三种资本主义

通过扩大参与分类研究的国家的数量，老牌工业化国家的资本主义类型可以从五种精简到三种：

（1）资本和金融主导型资本主义，定义了大多数同类资本主义研究成果中的一类国家。所有英语国家都属于这一类型，不太容易找出这些资本主义国家的共同模板，除非都采用判例法体系可以算作共有特征。

（2）第二组国家对应的是家族型资本主义，南欧国家和法国属于此种类型。这些国家内部市场竞争不激烈，保护性劳动法使之形成了与前一类国家不同的劳资关系。

（3）综观所有考察到的国家，包括经合组织国家和东南亚国家，社会民主型资本主义似乎与德国、奥地利和瑞士接近。

当我们在十年间不断重复检验这种分类方式时，并没有观察到这些类型的资本主义存在任何广义的趋同运动。虽然思想、话语和表现的同质化越来越明显，但制度差异依然鲜明。

（二）仍有四种不同的亚洲资本主义

令人惊讶的是，这些亚洲的资本主义与上述资本主义类型差别很大，可能只有日本比较接近德国这一例外。这四种亚洲资本主义的共同点在于，政府对市场和劳动力的干预更为明显，当然，它们之间也有显著差异：

（1）城市型资本主义（新加坡和中国香港）建立在高度融入国际化和高教育水平的基础之上。这不禁让人回想起商业资本主义时代的威尼斯或阿姆斯特丹。

（2）半农耕岛屿型资本主义（印度尼西亚和菲律宾）见证了这些地区极不平衡的经济发展，其融入全球化的历史也与一般国家不同。

（3）创新驱动型资本主义（日本、韩国和中国台湾地区）与福特主义危机后出现的资本主义相对应。它符合国际上一些研究声称的“知识经济”和一些非主流经济作品中描述的“认知资本主义”（Moulier – Boutang，2007）。

（4）第四组是最具异质性的，因被冠以工业资本主义的名字而为世人所熟知。这种类型是由贸易（马来西亚和泰国）或投资主导的。

面对雷曼兄弟银行破产给全球经济带来的冲击，这七种类型的资本主义将经历不同的发展轨迹。各自制度架构的特殊性将给这些国家带来不同，甚至是完全相反的宏观经济发展结果。

八、结论：诞生于扩张和危机时期的体制

典型的苏联体制被认定与资本主义产生了竞争，并且意图长期取代资本主义。但是这一体制在20世纪90年代崩溃了。由于缺乏有公信力的替代方案，资本主义取得了胜利，并且拥有了光明未来。但一方面由于亚洲类型的资本主义突然崛起，另一方面由于2008年开始的危机影响严重且旷日持久，资本主义历史这一问题又被抛回了人们的视野。但即便经济增长是靠一连串泡沫带动的，美国资本主义却没有重蹈其前竞争对手苏联崩溃的覆辙。

因此，资本主义是时间和空间的主宰，那些铭记史册的事件（重大危机）是资本主义引起的，也是资本主义将物理、文化和政治的地缘转变为一种符合自身状况的经济地缘。资本主义的创新性和抗冲击性也体现于此。首先，一旦资本主义处在崩溃的边缘，它便会触发创新战略，为积累开辟新的前景。其次，得益于其融入和改造新社会的能力，资本主义在各地都游刃有余。

调节理论试图同时理解资本主义这种社会经济制度的脆弱性和力量，将这两个特点紧密交织在一起。事实上，资本主义的特性是通过调动包括信贷在内的相应手段来规划未来。然而资本主义引发的矛盾和不平衡会酿成危机，其中最严重

的危机会让人质疑它存在的合理性。到目前为止，资本主义已经找到了克服这种危机的办法，那就是不断扩大其地理基础并加深其对社会的控制。

这种特点引出了接下来两章的主题。如何在全球范围内分析国际体系的演变，以及在政治权力缺位的情况下国际体系稳定机制是什么样的（见第九章）？我们能否对那些标志着资本主义进入新阶段的创新进程提出一些假设（见第十章）？

第九章

调节层级：国家、区域、超国家和世界

对于为何选择国家层次作为分析的基本单位，大多数调节学派的基础理论研究并没有给出充分解释。事实上，如果说早期开创性的研究成果主要集中于研究国家的发展轨迹，那是因为欧洲民族国家的形成贯穿了整个 19 世纪和 20 世纪的大半部分。所以民族国家这种结构形式在历史上和地理上都适合成为早期研究的对象。可以想象，持续而强大的国际化运动必将导致基础性概念的调整和延伸，目的是将各国经济日益深化的相互依存度融入理论研究。可见宏观经济不再是唯一的概念范畴和研究框架，随着时间的推移，国际经济已经成为一种必要的补充。

一、国家框架是福特主义存在的空间

如果我们向前追溯就会发现，福特主义的结构不具备典型性。

（一）国内妥协优先于国际限制

事实上，正是由于一些国际条件的存在，国家层面的调节模式和积累体制才得以建立和展开。二战后的“美式和平”对国际关系进行了重组，以避免两次世界大战之间惨烈的场面重现。固定汇率制度、国际贸易的重要框架和旨在促进欧洲经济重建和现代化的公共资本流动等制度的建立，都为创建国家层面的新调节模式提供了可能。国内政治妥协的核心是建立能够为员工提供养老金并使其融入经济建设的劳资关系。因此，这种制度形式在很大程度上决定了竞争类型，即寡头垄断，因为工资按照生产率指数化往往会削减生产能力和有效需求之间的不平衡。同样地，名义工资成为价格形成的变量，新式的货币政策也会考虑到这一点，同时，为了实现劳动本位制而放弃了典型的货币本位制（即以前的金本位制）（Hicks，1955；Boyer，1993）。因此，当时的调节模式的特点来源于劳资关系主导地位下的制度等级制（见图9－1）。

宏观经济规律印证了这种结构：工资驱动力成为决定消费的一个基本要素，并且通过加速器效应，工资也可以决定投资，因为工资和利润的分配在福特制积累体制中几乎是稳定不变的。由于货币政策默许了一定程度的通货膨胀率以更好地保证接近充分就业水平，价格—工资循环往往会滋生永久性通货膨胀。各国通胀增速不同导致我们需要对汇率进行

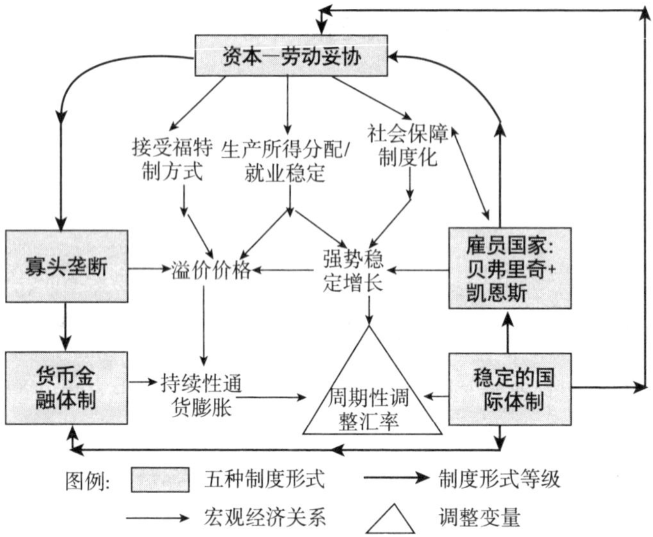

图9－1　福特制例外论：国家妥协优先

周期性调整，但这些调整要由政府决定。鉴于美国霸权影响下国际体系的结构稳定性，融入国际时允许各国之间在政治妥协以及劳资关系演变方面存在显著差异。

这一时期也不乏区域一体化的发展动力，它们似乎是国家层面制度形式在区域空间的缩影。例如，福特主义特有的劳动分工主要体现为各个区域之间的等级化，这种等级划分取决于一个区域专业化从事何种工作——产品设计、定制化产品生产（如资本产品）还是标准化产品生产（Lipietz & Leborgne, 1988）。专业化生产的发展动力建立在某些地区可能存在集群效应的基础之上，但它对某一国家的宏观经济发展动力的影响甚微（甚至全无）。可见国际体系的包容性允许各国建立调节模式，这些模式本身可以塑造区域内的经济活动分布。

（二）对空间等级制的质疑

从20世纪70年代中期起，空间等级制因两种强度不均的运动而饱受质疑。

（1）国际化运动。经济增长富有活力和生活水平提高导致经济出现外倾活动，经济依次向贸易、国际投资和金融流通领域开放。在这方面，两种要素将结合起来，使融入国际成为制度结构重组强力的制约因素。首先，利用大规模生产获得递增收益受到国内市场狭小的阻碍，从而导致企业采取出口战略。因此，曾经决定劳资关系可行性的竞争要素重新出现，改革的目标是使劳资关系更加灵活，以此应对世界市场带来的竞争。

随之而来的是美国经济统治地位逐渐被削弱，这使得一种矛盾清楚地暴露在世人面前，即美国保证国际秩序稳定和保护本国利益之间的矛盾。因此，国际经济形势变得更加不稳定和难以预测，这导致了几乎所有制度形式的重组：修正国家和经济的关系，货币政策制定难度增加——主要体现在内部目标（优化通货膨胀和失业之间的关系）和外部目标（控制汇率）的冲突上。最后，竞争的僵化很大程度上取决于国内经济的开放度能否提升，所以国际经济占据了主导地位。

（2）区域多样化和自主化运动。以往规则被破坏导致企业和政府试验性地采取了各种不同的对策。这些对策根据企业、行业和地区的不同有着显著差异。落后地区的追赶趋于停止，而对应地，一些过去发展不利的区域能够达成妥协并在某些情况下超越最繁荣的地区（Benko & Lipietz，2000）。这种运动在拥有联邦制结构的国家中更为明显，因为联邦制下允许各州试验自己的对策。结果是在新环境下获得成功的区域试图要求减少区域间转移机制（Streeck，1997）。在同一国家内，我们能观察到地区差异化的趋势，这种差异在某些情况下使得本国调节模式的合理性甚至存在性出现问题。

二、制度等级翻转的两个阶段

这些变化开启了近30年来的一系列进程。起初，这些变化似乎致力于寻找新的生产模式，以此回应市场管制放开并强调市场竞争原则。但在此期间，金融主导体制的崛起引发了一系列金融泡沫，信息通信技术给未来发展带来了新的希望，同时也滋生了这些泡沫，而后这些泡沫又蔓延到房地产领域。在经历了这一系列漫长的变化之后，金融占据了制度等级的顶峰。

（一）国际竞争涌入

我们已经指出，一旦跨过了开放这道门槛，调节模式就会倒向新的体制。事实上，工资曾经是有效需求的基本组成部分，现在则成为造成对外贸易损失的成本负担（见第四章图4－1）。但国际竞争的影响力也要依靠众多其他领域才能得到发挥。在寻找能够克服福特制生产率增长枯竭的工业生产范式过程中，各经济体逐渐走向竞争，而压力则会转向劳动重组。所以所追寻的生产范式必须对全球经济形势的变化更敏感，这使得提高劳动强度成为新的调整变量。为了对抗通胀和随后的滞胀，许多政府开始减少甚至取消与消费价格指数相关的工资指数化。最后劳资关系承担了国际竞争带来的大部分压力（见图9－2）。

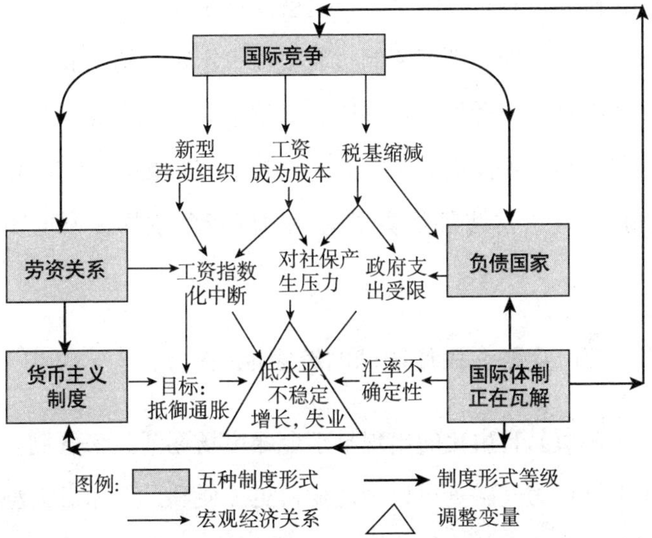

图9－2　制度等级第一次翻转：开放国际竞争

由于20世纪70年代美国货币政策突然转向，全球经济开始进入反通货膨胀进程，而其他国家的中央银行也不得不跟上这一形势。这时各国中央银行已不再奉行凯恩斯主义，因为要在通货膨胀与失业二者之间进行权衡的原则已被抛弃，承接而来的是货币主义思潮，他们自始至终将通货膨胀视为一种纯粹的货币现象。由于社会保障支出在工资成本中占相当大的比例，竞争加剧会让我们觉得货币主义的观点更加“合理”。此外，经济增速长期趋缓，这导致政府收入增长减缓与公共社会支出持续增长之间出现了结构性赤字，各国政府被迫增加债务并为国际金融市场打开大门。而且生产链外迁和国际化进程也逐渐铺开，这就降低了老牌工业化国家的税基。最后，向浮动汇率制过渡会引发本币价值不稳定，从而使生产性投资受损。这些因素导致了一种与主导福特制的调节模式截然不同的调节模式：增长速度减缓，经济政策出现顺周期性，这些都加剧了这种国际竞争主导体制的不稳定性。

（二）金融在民族国家的统治地位

国际贸易自由化的出现早于金融市场逐渐放松管制。最初债务国认为其融资可以因此变得更加便利，但随后大型企业成为优化融资的主体，这要得益于进入21世纪后流动性几乎完全放开。结果调节模式也逐渐由金融主导，因为所有制度形式都必须满足国际金融的要求（见图9－3）。

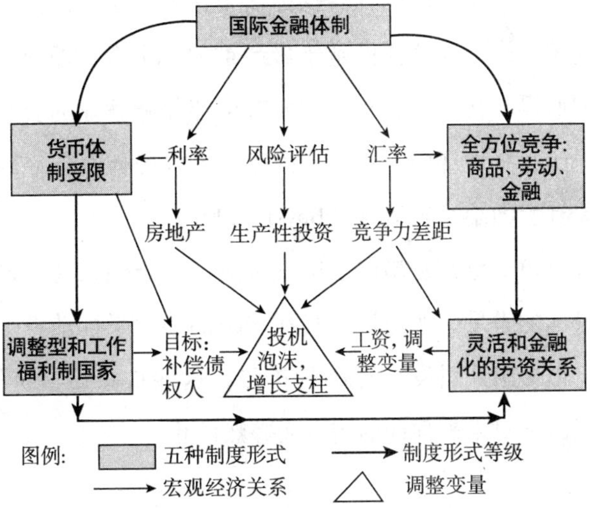

图 9-3　制度等级第二次翻转：国际金融的强权与普遍存在

一旦克服了福特制遗留下来的通货膨胀，利率就会向下调整，这有利于大型企业的股市估值。在金融主导的资本主义中，养老金制度向资本化过渡（Montagne，2000）会促使大量资本涌向高投资回报率领域，而这也意味着要承担重大风险。中央银行成为与金融家对话的关键主体，它试图引导金融家们对未来的看法（Boyer，2011b）。劳资关系本身意味着雇员承担风险的增加，其目的是确保股东报酬的稳定性。

国家与金融家之间的权力关系也发生了转变：一旦非长住人口持有公债超过一定限度，政府官员就不得不说服金融家其政策具有可信度，即政府具有偿还债务的能力，或者说有延期债务的能力（Lemoine，2014）。在这种情况下，失业保障或者更广义层面的社会保障需要进行改革，以便让失业者重返工作岗位，这样做基于最严重的不平等，即缺乏就业渠道的假设。在这一过程中，所有可能保障就业的公共服务都交付给了私有部门。自此，国家社会保障体系依靠经济逻辑而非社会团结逻辑运行（Boyer，2007）。

调节模式也开始趋向于第三种形态：金融家拥有调动大规模资本的力量，他们根据其在未来的表现来推动整个社会前进，也会由此引发一连串的扩张，这些扩张靠信贷拉动，也可能由于对未来预期的转变而骤然停止。

三、各类调节模式应对全球化的重新配置

刚刚描述的进程适合大多数当代社会，但这些进程又有着不同的结构形态，判别依据是其是否能够掌控金融活动和发展程度。

（一）金融主导体制：内在的脆弱性

世界经济的两个推动中心之一仍然是美国，它依靠其霸权地位和世界金融中心角色引领世界经济发展，虽然其霸权地位在逐渐下降，世界金融中心地位也因2008年危机而饱受质疑。根据之前的论述（见第四章专栏4－4），我们重点强调了曾经支持这一模型的结构性关系。而通过观察过去几年的发展，我们可以对比出这种政治经济体制的优势和弱点：

金融危机和损害生产性资本的扭曲积累会在这种模式中交替出现（见图9－4）。

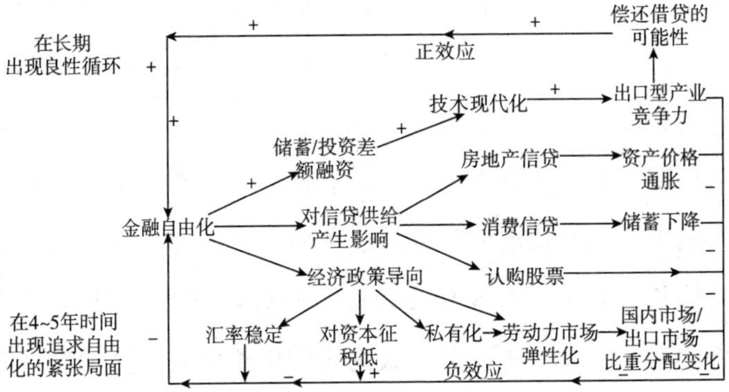

图9－4　金融自由化：中期与长期的矛盾效应

一方面，金融自由化实际上大幅度催生了新工具，其中一些是专门设计用来促进创新、技术进步以及提振经济竞争力的——只要将它们放在长期来看。但是金融化恰恰强调投资组合优化的短期主义。

另一方面，放宽信贷约束有利于获得房地产信贷、采购耐用品和进行股票市场投机活动，但这些都不利于生产性投资，因为生产性投资具有风险性高和不可逆转的性质。由于大型企业纷纷采用转战避税天堂的战略，经济政策本身只得通过降低税率的方式来应对资本外流。创造性税收回报率超过了长期创新项目的回报率。按照这种逻辑，统计物理学的研究人员就不会成为金融工程师吗？

这就解释了为什么金融泡沫可以不断扶持互联网新兴企业、给生物技术带来希望、投资房地产市场使其价格虽受审查但仍能保持不跌，而最后却将投机泡沫转移到了自然资源和农产品上。这一问题虽然被广泛讨论，但我们却可以做出不同的解读。金融资本主义的批评者认为导致投机是其低效率的证明。而一些研究内生增长的理论学家则提出了可以包含金融泡沫的增长模型，但是这种模型证明金融泡沫延缓了经济增长（Yanagawa & Grossman，1992）。解决方案则是重新加强金融管制以便找到更令人满意的增长方式。其他经济学家则认为，只有金融泡沫在一定程度上能够阻止经济增长的长期趋缓，因为技术进步对生产率的提升作用已经越来越不显著（Gordon，2012；Summers，2014）。

根据上面的研究，金融主导的积累体制应该早已成为过去时了，只有金融家运用手中权力在试图延续它的存在。

（二）国际投资和信贷拉动的发展：惊人的危机

另一个政治经济体制也已经显示出其局限性：那些在20世纪90年代选择在吸引国际资本以弥补储蓄和国内投资疲软的基础上建立发展模式的国家，都经历了重大危机（Bresser－Pereira，2009）。其中最令世人震惊的是2000—2001年阿根廷爆发的危机，这场危机也是制度主义和调节学派联合分析的对象（Boyer & Neffa，2004，2007）。

这一模式旨在修正以高通胀和宏观经济不稳定为特征的非均衡发展模式。采用本币兑美元永久固定汇率的货币制度，并且完全取消对资本流入的限制，这两种做法引起了大量的直接投资和投资组合涌入本国。因此，这种汇率制度被证明是合理的，其能够让国家获得资本性商品以实现工业出口部门的现代化，同时也有助于维持购买力，这是消费增长的基础条件。然而汇率高估虽然可以提高收益，却会引发工业基础的萎缩，甚至会发展到损害本国偿还以美元计价外债的能力（Kalantzis，2006）。金融市场和国际货币基金组织持续的有利评价暂时掩盖了阿根廷工业基础的脆弱性，而阿根廷经济对1997年危机的良好应对也印证了这些评价。

货币政策和财政政策呈顺周期性的事实进一步加剧了宏观经济失衡。当国际市场上的金融家意识到这一点时，他们操纵资本骤然撤出从而引发了银行危机。阿根廷因此无力偿还公共债务，同时还伴有社会危机发生，而社会危机又演变为政府的不稳定性。基于调节学派理论来看，这无疑是一场重大危机。

因此，我们可以看到在积累体制中，受美国和英国金融的推动，这些进程正在扩展范围：开放国际资本的短期收益掩盖了其对偿还累积外债能力的负面影响（Boyer et al.，2004）。阿根廷的危机尤其剧烈，因为政府以外币举债，而美国则拥有可以无限制地发行美元的中央银行。

我们会发现在金融主导的国家与依赖国际投资的国家之间存在着不对称性。

（三）当代工业资本主义的两种体制

美国和中国的比较（见第八章）表明，当代世界的典型对立存在于金融资本主义和工业资本主义之间。然而对德国和法国发展轨迹的观察表明，在老牌工业化国家中至少要区分出两种体制。一些国家通过创新以及工业品的服务和质量差异化来寻求市场力量；另一些国家则展现出了福特制时期的强大惯性，继续从事相对标准化商品的生产，对于这些国家而言，竞争的关键是降低成本。

这种对立也印证了工业领域价格制定者和价格接受者的差别，而想要理解在欧洲相同的汇率冲击为何会导致不同的宏观经济发展，这种差别是至关重要的（Aglietta et al.，1980a，1980b）。

根据经济测算得出的参数，我们可以明显找出三种结构配置：

（1）法国的专业化生产程度较低。由于欧洲一体化，法国国内市场面临激烈的竞争，国内工资受价格指数化影响，规模报酬是生产率提高的来源。这些不利的因素解释了法国经济因无法克服专业化生产障碍而出现的恶性循环。

（2）德国正在探索良性循环，由于货币升值既刺激了投资又改善了贸易平衡，这种良性循环可以巩固其在高端设备和耐用品方面的全球优势。

（3）日本则拥有另一种良性结构。从根本上说，这种结构的关键在于日本国内市场不受国际竞争的影响，而国内工资水平又可以根据经济形势做出调整，当然，日本的经济形势也与全球经济形势紧密相关。因此，投资并未受损，且专业化程度可以继续加深。

上述参考标准出现的时间较早，这三个国家目前的组织结构已经发生了变化，但从2010年的经济形势来看，并不违背这一分析结论。

（四）社会民主体制：危机与恢复力并存

从某种意义上说，这些社会民主体制国家与德国属于同一类别，因为它们会建立一种创新体系，让自身通过生产具有高附加值的产品而跻身全球化。我们已经指出了创新体系和社会保障体系之间的互补性（见第六章）。但我们仍需要解释的是，为什么社会民主经济体，例如瑞典，在20世纪90年代出现了严重的金融危机的情况下依然能够保持这种特性。

原因在于，在北欧国家，经济和政治的相互嵌套被认为代表了整个社会（Boyer，2015b）。社会保障是公民问题而不是工作中的团结问题，这种认识赋予了雇员稳定的协商能力。

而在盎格鲁—撒克逊社会中，政治介入与经济领域成功与否有关，政治秩序确保所有利益相关者都能够参与决策过程。这是民主的两大条件之一（Tilly，2007），另一个条件则是国家机器在审议通过后执行决策的能力。大多数北欧经济体的情况正是如此，对于这些国家而言，公民对政府透明度的要求最严格。

四、食利体制及其国际角色

在30年辉煌经济增长被打断，以及2008年重大危机后原材料炒作延期交割等事件中，能源和原材料价格的作用已经凸显。传统意义上，宏观经济学将能源价格变动这类事件视为外生的，且往往是偶发的。当我们的视角从民族国家转向世界经济时，就需要构建制成品和自然资源二者相对价格形成的新理论。在何种政治经济体制中自然资源可以被开采和售卖？这引发了我们对食利国家的关注。

这也曾经是一些研究增长极限的学者们关注的焦点，但他们所用的表述不同。他们敢于为马尔萨斯预言正名：急剧的经济增长将受到不可再生资源有限性的制约（Meadows & Randers，1972）。

（一）资本主义历史发展与能源价格变化合拍

我们再一次发现，历史分析方法有利于食利国体制的理论化（见表9－1）。

在20世纪90年代，当日本似乎在工业模式方面取代了美国时，股市和房地产领域的投机泡沫开始累积起来（Boyer & Yamada, 2000）。在石油利息阶段过后，就进入了第二阶段，这一阶段主要体现了金融利息的内生性。需要注意的是，在“新经济”的框架下类似的进程正在发生：地理上向硅谷集中导致了房地产行业的爆炸式增长，这反过来又损害了这个新产业区的崛起和发展。在这两种情况下，对技术性革命或组织性革命的预期都与地方性利息典型的稀缺性产生了冲突。

在美国，自由化和金融创新（在这种情况下是指将质量不佳的房地产信贷证券化）积累了前所未有的房地产泡沫。传统意义上的利息和复杂金融工具供给的不对称性所带来的利息再一次结合起来。在追求极高收益的最后一阶段中，则可能会出现对原材料、黄金甚至农产品的投机泡沫。

表 9－1　利息回归的各个阶段

时间	利息性质事件/现象	利息类型	经济影响	政策结果
1973 年、1979 年	欧佩克决定石油价格突然上涨	石油利息	除工业化经济体外，其他国家出现滞胀、衰退和储蓄积累	误判（供给侧冲击）出现新经济政策
20 世纪 80 年代	预测日本工业占据统治地位	土地利息（地租），有利于金融发展的城市化利息	快速发展，然后陷入长期停滞	经济政策无法应对通货紧缩的特点凸显
20 世纪 90 年代	美国“新经济”技术革命	创新部分转化为硅谷的地租	经济增长加速，然后开始衰退	由于低通胀和复苏需求，维持非常低的利率
2000—2007 年	美国金融自由化和大规模资产证券化	信息不对称带来的金融利息＋城市地租	系统性危机出现在美国，然后蔓延到全球	非传统经济政策的普及
2008—2013 年	资本流动性极高以寻求高收益	全球范围对自然资源和农业土地资源的投机行为	世界经济极不稳定	中国/新兴国家/工业化国家间的紧张对峙

令人惊讶的是，一般的宏观经济研究很少关注食利现象。而一些调节学派研究人员却提出了几乎完全依靠石油出口和相应利息分配为国家增长动力的宏观经济理论（Hausmann & Marquez，1986）。这一分析框架在理解拉美经济体的结构性失衡方面被证明是十分宝贵的（见第八章表8－5）。

（二）利息回归需要理论化

当福特主义生产模式陷入危机时，凯恩斯主义范式也被熊彼特创新驱动所取代。事实上，后者允许建立寡头垄断利润甚至垄断利润，以重塑收益率并振兴投资浪潮。第二种利息类型与城市化加速发展有关，同时也伴随着工业现代化：这一现象对于理解21世纪以来中国经济增长动力至关重要（见第八章）。由于城市化发展和气候变化导致农业用地减少，我们发现农业利息正在逐渐回归，甚至可以用来支撑金融投机行为。

在世界某些地区，获得水资源变得十分困难并且成为酿成冲突的因素之一，甚至出现了“水利息”。另外，随着稀缺的某些矿产资源（如稀土）成为高科技产品原料的必要组成部分，下一轮阻碍经济增长的“幽灵”正在卷土重来。

事实上，上述各类利息反映出资本主义的地理延伸及其对其他领域的影响——城市、农业、采矿业等，同时我们也知道在最后金融可以攫取这一切资源并将它们转变成新的利润源泉。进入 21 世纪以来，金融利息似乎可以囊括所有资本主义在新时代发生转变所制造的利息。

在目前的经济文献中，对这一问题的论述尚不完善。从历史上看，宏观经济学家试图借助荷兰发现石油或天然气的时机，将利息引入典型资本主义体制下的工业化经济中（Corden & Neary，1982）。其结论要表明由此产生的高估汇率以工业发展为代价，并最终抑制经济增长。这便是著名的"荷兰病"或"资源诅咒"。该模式进而被不加区分地套用在纯粹依靠利息生活的国家身上。这种同化是存在问题的，因为这种做法掩盖了相对于工业资本主义的另一种非典型资本主义体制的特性。

（三）食利体制不是资本主义

在一个纯粹的食利体制中，许多特征都是异于资本主义体制的（见图 9－5）。首先，其专业化领域非常局限：委内瑞拉、沙特阿拉伯和阿尔及利亚依赖石油或天然气出口，而智利在 20 世纪 50 年代主要依赖铜矿出口。在 2010 年后，俄罗斯也跻身这一行列，因为其石油和天然气占其出口的 70%和公共预算的 52%（The Economist，2014）。但其相关能源需求要依赖工业化国家，因此，工业化国家的经济周期和重大危机很快便会在食利国家中展现出来，可见与世界经济相比，这些食利国家的自主权十分脆弱。

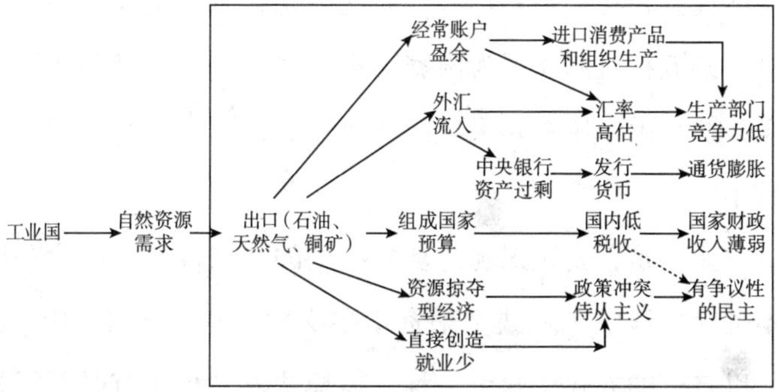

图9-5 食利体制的异质性

资料来源：图表分析摘自 Hausmann & Marquez（1986）。

这种对出口对象国经济形势的依赖通过五种主要机制塑造了整体的调节模式。第一种机制是经常账户盈余导致本币币值被高估，而这些国家人口稀少，又缺少自主发展规划。第二种机制表现为高估本币会损害本就薄弱的国内生产体系，因为进口商品比国内产品更具竞争力。第三种机制则更为基础：出口带动的资本流入使中央银行在制定计划时信心满满，但却遇到了竞争力低下的产品部门和信贷激增，最终演变为严重且不稳定的通货膨胀。第四种机制通过预算收入结构展现出来：在大多数情况下，保证出口量构成主要的财政来源，这导致了国家财政的脆弱性。当世界市场上的成交量和价格下降时，食利国预算就会出现赤字，而这部分赤字又难以依靠提升国内税收来弥补。实际上，在资源掠夺型经济中，处于有利地位的团体和个人都会试图获取部分利息。他们不愿意缴纳税款，特别是累进税。因此，食利体制是最不平等的体制。第五种机制表现为国家根本上属于侍从主义而非民主主义，这是由于原料开采部门就业较少，同时生产部门规模也较小。

重要的是，要认识到纯食利制度的特殊性：这些食利国家不是简单地在工业或金融资本主义模式中引入不和因素，而是以自己的方式构建了一种发展模式——当然有时可能是非发展模式。不应该把它们与融合型体制混为一谈，例如，巴西的体制（见第八章）也不同于挪威的社会民主资本主义，因为对于挪威的体制而言，通过全球投资型主权基金管理石油利息不会动摇其社会的根本性妥协。

（四）食利体制与全球经济增长动力

通过观察全球层面的经常项目账户盈余、赤字以及外汇储备的分布，不难发现食利国是全球经济均衡和发展动力的重要参与者。准确地说，通过与工业和金融资本主义发展动力的相互作用，食利体制调节模式的异质性塑造了世界经济增长和贸易发展的轨迹。

按照尼古拉斯·卡尔多的分析（Kaldor，1963，1967），世界经济发展动力可以视为两种不同逻辑相互作用的结果（Boyer，2011c）：

一方面，在工业资本主义中，对于带来规模报酬递增的制造业生产而言，其发展可能会遭遇两重限制：需求乏力以及劳动力或自然资源的匮乏。需求乏力对于从扩张转向衰退十分关键。而考虑到全球范围内劳动力供应充足，第二重增长的限制主要体现为自然资源匮乏，显然自然资源绝不会随制造业生产同速增长。

另一方面，食利部门即自然资源部门，其特点是在短期内需求增加时生产率递减。需求增长和满足需求之间的时间差通常比生产花费的时间要长。由此可见，全球扩张阶段会以遭遇自然资源价格上涨而告终，因为自然资源价格上涨会损害利润率，从而影响投资和扩大生产能力。另外，自然资源价格激增使得开新矿有利可图，并且会引发降低开采成本的技术创新。经过一段相当长的时间后，自然资源部门的产能过剩会导致价格降低，并开始新的周期循环。

而在当代社会，我们必须引入第三种逻辑，即拥有独立时间性的金融资本主义。一方面，由于信贷的供给弹性很强，金融资本主义改变了工业周期的形态。另一方面，金融资本主义在一些不可再生资源稀缺的阶段也找到了新的投机工具。可以说，进入21世纪后，贸易的长期恶化状况发生了反转，部分原因在于金融资本主义的创新性，它与诸如中国等国家的工业化速度相关，这些国家必须进口制造业所需的大部分原材料。

世界经济不再是两极化，而是三极化，这对全球经济增长动力具有重要影响。事实上，当代经济的结构配置不禁让人联想到亨利·庞加莱（Poincaré，1923）在他的天体力学研究中建立的三体问题模型。相应的动力体系构建了包括混沌演化在内的各种演化，尽管引力方程似乎在解释稳定演化方面更适用。当然，描述这三种制度之间的相互作用不同于物理学的研究，但在概念上参考物理学体系可以提示我们这种多极化经济的新颖性。多极化经济既可以变得稳定也可以变得脆弱，因为它源于危机，当然，这里危机的含义是跨越了超混沌发展的岔路口（Thom，1972，1983）。

五、全球化：一个过于全面的概念

研究人员、经济学家以及管理学、地理学、政治学和历史学的理论家们或多或少都研究过我们在前文提到的那些变化。我们所参考的数量庞大的文献可以被简要地纳入一个具有象征意义的词汇——globalisation（英文），即全球化。

这是一个多层面、复杂的过程。回溯过往，辉煌30年可能标志着民族国家发展的巅峰。事实上，在当时一个包容稳定的国际体系允许在国家的基础上重组生产结构。因为福特式的现代化发展侵蚀了许多承自过去的特征，所以地区的发展动力似乎只是国家制度形式在某一空间的投影。

在20世纪80年代，寻求转变成为主流趋势：民族国家干预能力的衰退是国际化双向运动的结果，主要由跨国公司和分权化推动，目的是寻求本地或区域性的竞争力基础。但这种表述不够完善，因为全球化还有其他的表现形式。如果我们将目光锁定在 2010 年后，便会发现国际化的新颖性体现为五种层次的调节交错共存（Boyer，2000d）。

硅谷、班加罗尔、德国联邦州、加泰罗尼亚、苏格兰和佛兰德斯，这些地区都发展了创新、生产或攫取利息的新流程，新流程使它们成功地融入了全球经济。因此，这些地区会向中央政府要求更大的自主权。地区政治领袖希望尽可能多地保留参与国际化给其社会带来的好处。这类运动的普遍化引出了“新领土利己主义”的概念（Davezies，2015）。从这个角度看，由于地区和国家同属于欧洲联盟这一经济一体化区域，欧洲未来的前景可能是由地区组成的欧洲，而不再是国家组成的欧洲。

全球化的第二种方式是跨国部门协议的增加。在过去，跨国部门协议主要集中在石油、农业、航空运输等领域；而 2010 年以后，跨国部门协议又涵盖了环境（第六章的生物多样性公约）和工业生产过程的质量标准、会计标准以及尚在酝酿中的电子商务标准，而不是中央银行首脑团体重新定义货币政策的概念。

现有的文献已充分认识到跨国公司在全球化中扮演的重要角色。从某种意义上说，跨国公司将超越国境的生产过程内化。最初跨国公司的兴起削弱了国家寡头垄断的势力，但由于大量的规模报酬以及在全球销售同一产品的营销组织，这些跨国公司已经几乎形成了全球性垄断力量（谷歌、脸书、微软）。如今政府已经很难控制这些跨国公司了，一来是由于政府面临跨国公司的竞争，二来由于那些被经济理论低估的避税天堂难以消除（Chavagneux & Palan，2012）。这种现象被投资银行加以利用，投行在全球的影响力和它们与跨国公司的关系有助于约束那些任由债台高筑的民族国家（Chavagneux & Filipponnat，2014）。

在这些第三类主体（地方政治力量、全球范围的部门利益和跨国公司）的压力下，大多数民族国家——但并非全部，如中国（见第八章）——已经认识到它们的主权范围受到限制。因此，民族国家会采取一种策略，即将其一些主权特权交付给超国家层面，例如欧洲，以便重新获得在全球范围的谈判能力。

自由贸易条约谈判是国际化的第五种形式，也是最传统的形式。我们见证了大量的市场开放的双边互惠条约，而世界贸易组织为建立一个更大范围的新多边机制所作的努力尚未取得成功，因为发达国家和发展中国家寻求的利益性质全然不同。从这个意义上说，我们不能奢求一种能够支配国家贸易的全球制度。我们也发现，全球共同利益出现同样会受到阻碍。

六、在国家层次与全球层次之间：欧洲一体化

我们曾经见到过建立关税同盟或货币联盟的尝试，但很少能经得住时间的考验。在缺少类似世界政府的组织和继承布雷顿森林体系的国际体系的情况下，区域一体化是否能成为民族国家和全球化两难困境的解决方案呢？

（一）调动多重社会科学学科和工具

在介绍欧元创建的文献中，经济分析发挥了决定性作用：通过固定汇率来制定欧洲经济政策的优势和劣势分别是什么？对称冲击优势、弹性价格以及资本和劳动流动性这些最优货币区的条件是否已经满足？由于当时条件尚未满足，新古典宏观经济学派断言过渡到单一货币的不可逆性可能会使所有参与者，无论是公共部门还是私人部门的参与者，其期望呈两极化发展，以便着手进行将欧洲转变为最优货币区的改革。

赋予欧元合法地位本应该是在通盘掌握经济形势的前提下，为实现更高经济效率而产生的结果。但对于货币制度主义理论而言，这种观念是错误的，因为任何货币都必须依靠政治秩序和政治权力，这一点在货币危机中表现得更为明显（Aglietta & Orléan, 2002；Théret, 1996b）。所以欧元完全按照经济效率设立，就意味着忽视了欧盟建设的政治合法性才是欧盟长期存在的必要条件之一。显然我们很少基于对不同联

邦制形式的政治分析来讨论欧元问题，而这正是调节理论启发下的研究方法（Théret，2008；Boismenu & Petit，2008）。

因此，随着授予欧洲层面的权力逐步延伸，对欧盟的分析也应当有其他角度方法对经济分析方法进行补充，例如，优先分析权力问题以及研究能够替代成员国政府并立的治理方式（见图 9－6）。

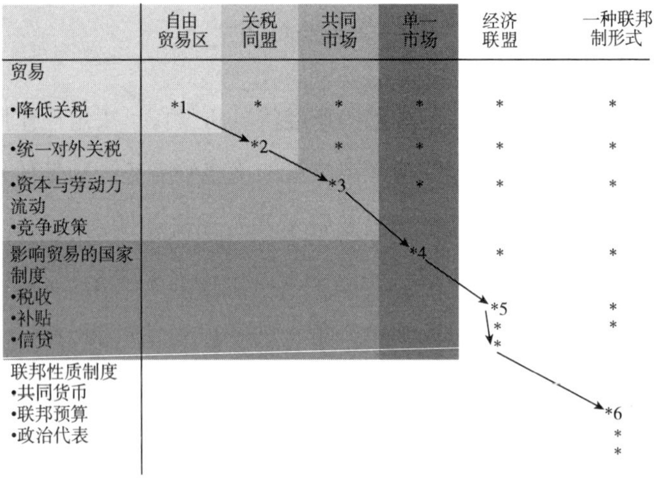

图 9－6 从经济分析到政治学

（二）欧盟建设：政治与经济的轮替

从历史的角度来看，欧盟建设从一开始便是一项政治计划：为了避免重蹈两次世界大战的覆辙，同时组建起欧洲国家之间的经济竞争，首先是在有限的煤炭和钢铁领域，随后扩展到越来越多的工业和农业产品领域。在这一阶段，制定的最终目标是政治，而经济则作为实现目标的手段被调动起来。

随后便进入了建立单一市场的漫长阶段，却周期性地受到汇率危机反复出现的干扰，主要表现为德国马克的升值和法郎、里拉的贬值。正是从这个时期开始，欧洲一体化进程推进开始转向功能主义方法。为了维持庞大的欧洲市场，汇率稳定显得十分重要。由于国际资本流动自由化，汇率稳定变得越来越困难。为什么不能永久性地固定汇率平价并且创造一种货币呢？当然不是像英国专家提出的那种通用货币，而是建立在法德两国政府间妥协基础上的单一货币。

考虑到货币主义的政策占据主导地位，欧洲央行的任务便是稳定通货膨胀，禁止为国家公共债务再融资。为了增加这一决心的可信性，《稳定与增长公约》为赤字率和公债率设定了比例限制。由于汇率风险消失且财政政策可以得到控制，金融市场将这一新体系解释为允许将其投资重新部署在欧洲范围内。但人们忽略了货币稳定并不能保证金融稳定，相反，西班牙或希腊的公共债务造成的低利率会引发房地产泡沫，以及消费者和政府信贷拉动的经济增长。

随着 2010 年开始的主权债务危机，欧盟官员意识到必须建立相关工具来处理公共债务危机以及银行信贷危机，因为商业银行是其所在国家国债的主要买家。银行业联盟的准则被广泛接受，从而保障了公共财政，但这又引发了欧洲国家之间的团结问题——这个政治领域的问题曾在欧元发行准备阶段的讨论中被巧妙地规避了。经济与政治的轮替是欧洲一体化的核心，但一体化却在2010年迎来了关键转折点：在之前一体化阶段取得成功的功能主义方法遭遇了瓶颈，因为功能主义不足以建立全面的政治妥协，在这种妥协中，管理良好的“规则欧洲”会与成员国之间“转让欧洲”带来的团结形成互补（Boyer，2013b，2013c）。而“团结”一词正是由那些意识到一体化利益与风险共担受阻的国家政府所创造出来的。

（三）引发误判的表现

如何解释主权债务危机的严重性和持久性？我们必须要再次回顾一下欧元发行伊始的抗议之声。随着凯恩斯主义的宏观经济学被放弃，新古典宏观经济学逐步成为学术界和中央银行的参考。新古典宏观经济学的基本假设被证明无法限定欧元的后果，因为衡量这些结果要站在自我均衡的市场经济角度（见表9－2）。

表 9－2　新古典宏观经济学对欧元可行性的结果分析

前提假设	涉及机制	欧元可行性	现实达成度
外生货币由唯一的中央银行创造	传统货币主义在长期，货币中性	价格稳定是央行的核心目标	在现代金融体系中，货币是内生的，是银行信贷的结果
充分就业实现均衡	工资和就业完全弹性； 失业是自愿的	不存在通货膨胀和失业二者的权衡取舍	欧盟中大量和永久的非自愿失业
对称冲击盖过了对每个国家的非对称冲击	共同货币政策保证了宏观经济调节的基础	即使欧元区不是最优货币区，也可能是可行的	由于国家调节的异质性，相同的货币政策导致差异变化
所有经济主体的理性预期： ——企业； ——家庭； ——政府	对于新的经济政策规则，私人和公共部门主体	欧元的不可逆转性对其信誉至关重要	企业和银行正在适应……但并非所有侍从主义政府都是如此
所有参与者规模相同	存在所有国家共性机制	欧元将加速名义上和实际上的趋同	单一市场正在导致劳动分工的深化，从而增加了异质性

首先，令人惊讶的是货币外生论，即货币在没有任何商业银行参与的情况下由各国中央银行创造出来，而在现代金融体系中货币却源起于信贷，货币是再融资的需求，最终还是源于中央银行的干预。这种从货币主义概念出发的理论参考文献自 20 世纪 80 年代以来就显得过时了，它掩盖了与低名义利率引发的私人信贷增长有关的投机泡沫。

其次，在新古典主义和新凯恩斯主义综合派看来，充分就业应该占据主导地位，因为所观察到的失业只能是自愿性失业。当经济出现衰退，甚至如希腊一般出现经济萧条时，这种解释就无法站稳脚跟了，因为经济衰退表现为设备利用率低下且出现典型的非自愿失业。其结果是推动了解除劳动力市场的管制。其特殊性在于，强调了对货币联盟候选经济体冲击的本质：如果冲击是对称性的，那么货币政策可以应对；如果冲击是针对具体国家的，则需要通过国家财政政策进行处理。我们经常忽略信贷周期的内生性质，以及在过去各国货币政策和汇率政策保证不同调节模式具备兼容性的事实。相反，单一货币政策却揭示了调节模式间的异质性。

另外，这两种假设会继续干扰对欧元可行性的分析。一方面，所有经济主体在长期被认为都能够形成对欧元未来结果的明确判断，并伴有一些不确定性。这种理性预期假设有些许讽刺意味，通常是企业、雇员、消费者和政府做出的。如果连最权威的货币问题专家几乎都对欧元可行性做出了错误的判断，那么个人又如何能够做出更准确的预期呢？另一方面，货币联盟的所有成员国被认为应具有相同类型的调节，当然这其中也会有规模效应的影响。即便希腊的生产能力、公共部门体系品质以及融入国际的方式均与德国完全不同，单一货币仍然会加剧宏观经济的分化。我们观察到的事实的确如此，这一点并不令人意外（Boyer，2015a）。

政策制定者和专家们对欧元一致的看法和表述并非危机的唯一起源，但却阻碍了危机示警信号被捕捉到，并有效推迟了对欧元问题的现实性诊断。

（四）国家经济政策的调整产生的问题

假设采用更为基本的方法，我们便能从一开始就发现欲重新分配经济政策效能，就需要重新考虑国家政策并设计新工具。事实上，政府必须拥有与达成经济政策各类目标数量一样多的工具（Tinbergen，1952，1991）。

这个条件在战后的黄金时代得到了满足。从广义角度来看，货币政策的任务是抵御通货膨胀，财政政策是为了保持充分就业，汇率政策则是为了保证外部均衡，而产业政策和创新政策的任务是促进经济的长期增长（Boyer，2013b）。

当欧洲各国政府试图对各国货币之间的汇率不稳定做出反应时，对经济形势进行细微调整就变得更加困难，因为考虑到资本流动性，我们不能再控制汇率和维持货币政策的自主性。加入欧元区的条件意味着要控制财政赤字和公共债务。名义趋同给人的印象是：一旦创造出单一货币就很容易维持——除了少数例外，如希腊。

从《马斯特里赫特条约》开始算起，欧洲各项条约已经取缔了三项关键的国家经济政策工具。不论经济情形如何，货币政策对所有国家都是一样的，欧元在市场上实行固定汇率，而欧洲央行不能直接为政府再融资。放弃这三项主权意味着欧元区国家会转而采取其他替代手段：制定收入政策以阻止生产成本无限上涨，巩固创新政策以实现经济增长，而借助国际市场为公共债务融资更应谨慎。实际上，国际市场在经济繁荣时期会持乐观态度，甚至在这一时期对投机泡沫置若罔闻，然后在经济形势转变时封锁信贷。

显然不同的成员国能够有效实施这些政策的能力也千差万别，由此便产生了宏观经济分化的风险。因此，我们从一开始便能预料到欧洲经济调整的危机（Crouch，2000；Boyer，2000c），也能预见到欧洲经济治理的缺陷（Boyer，1999a）。

（五）激进性被低估的制度创新

对于调节理论而言，政府面临的挑战不仅局限于追求新的经济政策。事实上，真正产生问题的是新兴调节模式间是否存在一致性。以前在国家层级，五种制度形式表现出了一致性，不仅国际化重构了大部分制度形式，而且能力分配导致三种层级的调节交织在一起：国家层级、欧洲层级和全球层级（见表9-3）：

（1）劳资关系继续在国家层级发挥作用，因为里斯本战略引入的标准化管理（benchmarketing）进程（Rodrigues，2002，2004）几乎不具备强制力。但竞争力却将经济形势和结构性调节的重任寄予这一进程，当然这要通过就业、工资和社会保障等方面才能实现（见图9－3和图9－4）。

（2）竞争体制则倾向于在欧盟层面建立，限制兼并收购以及公共补贴的可能性。

（3）货币制度完全是欧盟层面的，这使欧洲央行成为“欧洲联邦”的萌芽，虽然这个词从未被政治家们使用过，因为他们面对选民时必须将自己表现成国家主权的维护者。

（4）融入国际化仍然由国家专业化分工决定，但也受到欧元兑美元汇率大幅变动的制约，因为汇率并不受欧盟及其成员国领导人的控制。虽然资本和商品的流动受欧洲法规的制约，但移民流动管理仍然基本上依靠国家的能力。

（5）国家—经济关系的演变受到其他制度形式的约束。流动性较强的领域税收负担减轻（资本、高水平劳动），而其他领域税收则会增加（普通劳动、房地产、增值税等）。

鉴于上述关系的复杂性，与欧元相关的调节模式之间的一致性就会产生问题，不仅体现在经济活动方面，也体现在理解方面，因为各社会科学学科的范式都难以克服它们的“原罪”，即由民族国家产生的问题。很少有学者预测到欧元发行的创新性和激进性特点（Dehove，1997；Théret，1996b），也因此没有陷入一些美国经济学家提出的灾难性视角。当然，他们指出没有主权国家就没有可行性货币，这一点并无问题，但他们却错误地预测了欧元会迅速崩溃（Krugman，2000，2011a，2011b）。

表 9－3　欧元标志着一种被政治家低估了的时代变化

制度	时期			
	1945—1971 年“黄金时代”	1972—1999 年“苦难岁月”	2000—2009 年欧元幻想期	2010 年后充斥危险的年代
1. 货币制度	国家层级	寻求汇率稳定逐步丧失货币政策自主权	欧元制度，单一货币而非共同货币；相同的货币利率和汇率	重新审视欧洲央行的主导思想；金融稳定原则和银行业联盟作为对欧元的补充
2. 劳资关系	国家层级	寻求转变以应对国际竞争	仍是国家特权，但在欧盟层面推出最优方案标准并加以政策推广	在欧盟内部实施固定汇率制，工资收紧、推行社保和劳动制度改革成为保持竞争力的必要手段
3. 竞争形式	基本上属于国家层级	有利于竞争的欧盟政策影响力增加	在产业和研究领域取消公共补贴	全球范围产能过剩，影响欧洲产品价格构成
4. 融入国际化以及汇率制度	国际开放程度；低汇率可以由政治操控	国际贸易相对生产持续快速发展、金融流向成为汇率主要决定因素	欧盟内部与对外贸易份额稳定，欧元兑美元有升值趋势，但竞争力发展依据通胀率差异度	在欧盟层面保持/重建贸易盈余、工资收紧、财政削减和社保降低带来痛苦的“内部贬值”

续表

制度	时期			
	1945—1971年“黄金时代”	1972—1999年“苦难岁月”	2000—2009年欧元幻想期	2010年后充斥危险的年代
5. 国家—经济关系	社保大幅增加；税收再分配	政府预算和社保赤字反复出现；降低累进税	南欧北欧赤字差距拉大；资本流动导致税基被侵蚀	主权债务危机，各国不平等加剧；紧缩政策的累退特点

（六）欧元衬托下各种调节模式的共存：不可能完成的任务?

欧元亟须解决的矛盾，是如何制定一种与各类调节模式共存的资本主义形式，即调节模式相兼容的共同货币政策。

由欧洲央行设定的利率几乎不可能符合调节模式的多样性：这对于需要刺激增长的良性循环国家而言，利率可能过高，而对于处在扩张期的高通胀国家来说又过低。之后我们便会发现发展失调的第二个来源：根据欧洲央行内部的决策程序，最终采取的政策可能会与站在欧盟整体角度的最优政策相去甚远（Steclebout，2004）。欧元发行最初几年的模拟证实了这一点。无可否认，每个时期都会有不同的国家享受到共同货币政策的福利，因为那时共同货币政策与这些国家假如保留货币自主权所制订出的政策恰巧吻合，但大多数时候共同货币政策对于成员国而言都是失调的，所以在各成员国内部，共同货币政策通常会引发激烈批判。因此，这些政策的累积可能会加剧那些在加入欧元区时业已显现的国家发展异质性。

（七）宏观经济发展轨迹分歧加剧

2010—2014 年所发生的情况，证明了欧元启动时未经言明的一种假设是无效的，即抑制通货膨胀和保持货币稳定应有利于各成员国在生产率、生活水平和宏观经济表现方面逐步趋同。但我们观察到的大多数指标是朝相反趋势发展的（Artus，2014）。其中最引人瞩目的指标无疑是失业：自 2010 年欧洲爆发危机以来，德国的失业率显著下降，而欧洲其他地区的失业率却出现了爆发式增长。一部分原因是 2010 年以来德国经济增长加快的结果，经济增长复苏有助于恢复预算平衡，而在欧洲其他国家，国家预算平衡仅仅是局部性的，并且通过严格限制公共支出和社保支出才得以实现。另外，贸易平衡得到巨大的发展：如果说在 20 世纪 90 年代末德国还遭受着统一带来的不利影响，而推出欧元恰逢德国恢复大规模贸易顺差，自 2010 年起德国贸易顺差约占其 GDP 的 7%。相比之下，欧洲其他国家一直积累到 2008 年的贸易赤字难以为继，从那时起其资本再次流向国外，而这些国家也面临主权债务违约的风险。

（八）北欧与南欧之间出现裂痕？

两个国家集团之间的对立不仅体现在宏观经济的表现上，也体现在对欧盟规划的观点冲突方面。两组国家相互对立，第一组国家以德国为核心，第二组国家包括了大部分南欧国家，而法国占据了中间位置（见图9－7）。两个阵营之间出现了多重裂痕。

对于法律秩序而言，必须严格遵守，社会才能存在和维系，但与法律秩序这一概念相对立的是一种更为务实的观点，这种观点将法律视为“力量角逐间的媒介”，其以协商为出发点，所以遵守合同字面规定不再必要。如果说在北欧，资本主义是通过各方参与协商达成的，那么在其他地方资本主义则成为反复争吵的对象。北欧地区盛行的国家作用概念是非常特殊的，要么是法律秩序稳定的维护者，要么是社会民主计划的执行者；而在南欧地区，国家的作用是十分具有争议性且以干预主义为主的，有时也会采用侍从主义。

这些制度差异也会或多或少地有利于应对环境变化和推行改革。在某些情况下，北欧集团进行改革需要时间，因为改革必须与所有参与方进行协调，而南欧集团有时推进的改革则会让历史遗留下来的深刻社会冲突再次浮出水面。

经济专业化分工虽不相似，却似乎更具补充性。在北欧集团中，工业资本主义漫长的成熟发展使得工业能够充分调动员

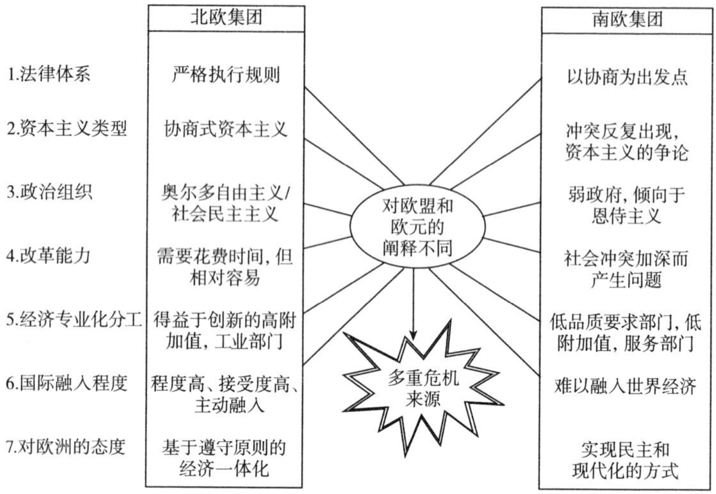

图 9-7　利益和代表性的冲突给欧盟条约重新协商造成困难

工的积极性和创新能力；而在南欧集团，迟滞并受阻的工业化进程导致了免受国际竞争的保护部门增多。公民对全球化的态度在两个阵营也有巨大差异：一方将全球化视为必要和有利的，另一方则认为全球化是对社会基础性妥协质疑的源泉。

当各成员国政府首脑在欧洲峰会上会面，并试图为欧洲一体化后续危机寻找解决方案时，两大阵营对一体化看法的冲突是难以调和的。自 2010 年开始的主权债务危机让双方观点和策略的对立更加凸显。因此，欧元的未来是颇具开放性的，这引发了多种关于欧元未来的设计方案（Mazier et al.，2013；Boyer，2014）和一系列改革提案（Aglietta & Brand，2013；Théret，2008）。

七、何种国际制度？

欧盟当前的危机是否标志着区域一体化作为全球治理替代方案的希望破灭了？我们是否可以认为在长期，融入国际化进程能在全球各地推动有效的发展模式？调节理论是否有对当代全球化的独到看法？

（一）区域化进程的多样性

直到 21 世纪，更准确地说是在欧元启动之前，欧洲一体化的成功可以解释为一切可行性条件共同作用的结果。

从欧盟的经验中吸取教训。首要的是合作伙伴之间要有近乎相同的发展目标，虽然各经济体的体量规模有所差异，但为了实现最终计划还是会谨慎地迈出第一步。一旦一体化超过一定程度，超国家实体就必须捍卫内部成员的共同计划、补偿在一体化中利益受损的成员，证明其有助于化解生产系统重组中的社会阻碍。无论美国还是欧洲，在经过整合的市场上实行竞争原则必然引发其他集体性商品的一体化建设，例如，货币统一（Boyer & Dehove，2006）。最后，通过超国家司法权解决一体化带来的冲突至关重要，超国家司法机构负责解释条约和创建判例。

虽然我们会根据这些标准对各类区域一体化进程进行评估，但一些地理区域却采取了更实际的方法。由此产生的制度化迟滞一直被解释为一体化的弱点，2010 年以来欧盟在克服危机时遭遇了重重困难，也因此重建了对各种区域一体化尝试优缺点更为均衡的评判标准。

自 20 世纪 90 年代以来，亚洲国家之间经济联系加强就是一个反例。在欧洲，超国家制度安排是先于经济活动的，而在亚洲，个别国家政府对第二次世界大战的反思不够导致各国间难以产生信任，所以政治先行是无法想象的。结果是来自日本的跨国公司开始了生产活动外迁，这导致了亚洲国家跨国公司间贸易和跨国公司内部贸易的频繁往来（Wang et al.，2011）。随着日本经济增长长期停滞和中国工业的复兴，国家间劳动分工发生变化，随后跨国公司开始了产业回迁战略的尝试（Yan，2011）。如果中国最终将生产转回面向国内需求，那么亚洲地区对世界其他地区的整体依赖将会减少。

（二）亚洲一体化的经验：保持汇率弹性

我们能从亚洲正在进行的经济一体化中汲取丰富的经验。首先，亚洲一体化证明劳动分工的深化要早于一体化协调的需求，例如在货币政策和汇率政策方面。其次是经济一体化和汇率制度之间的联系。20 世纪 90 年代末，欧洲当局深信应对资本运动不稳定的最佳方案是永久固定汇率和建立单一货币。根据亚洲和北美地区的经验，弹性汇率政策并不会阻碍经济一体化进程。另外，欧洲放弃了国家竞争力再平衡的传统工具，导致其陷入了重大危机，因为替代性工具——降税、减薪、削减预算——都会使经济陷入衰退，并进一步扩大公债率（Boyer，2012b）。

（三）全球化？四大政治经济体制间的相互依赖性增强

这是2010年后调节学派所提出的最新的理论观点概括。我们可以找到六个论据来支持这一观点（见图9－8）：

第一个论据是对传统国际贸易理论的概括：专业化分工不再仅仅依赖于“自然”禀赋，而是依靠随着时间的推移而建立起来的制度优势（Hall & Soskice，2002）。

美国和中国宏观经济体制的互补性是世界经济凝聚团结的第二个因素。前者的贸易逆差在很大程度上是后者贸易盈余的结果。美国的生活成本较低，这部分是由中国制造业带来的竞争压力所致，这也消除了美国员工收入中位数停滞不前带来的弊端。同样重要的一点是，中国储蓄盈余首先支撑起了美国金融体系，而后又转变为全球范围的直接投资。美国的地方社团主义为了竞争而压低收入，将次级贷款授予条件最差的人，这虽然缓解了美国社会的紧张程度，但最终加速了2008年的经济危机。从根本上说，国际化保证了结构性失衡的积累体制在国内范围仍保持可行性，但由于内生代谢的过程，这种可行性在时间上仍然受限。在美国，福特制妥协的断裂催生了另一种增长体制，新增长体制首先依赖出口，然后转为依靠美国企业利润在全球范围内操作带来的金融红利。与此相对，在中国国民收入中工资所占比重下降，而同时国际贸易经常账户却出现大量余额（见第八章）。

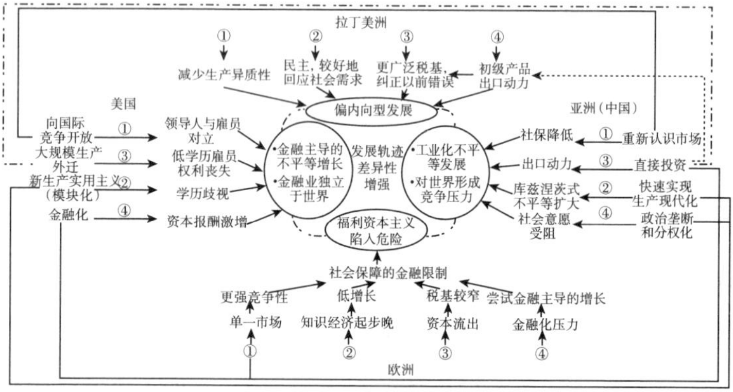

图 9－8　国际化让四种发展模式和不平等体制呈现出互补性

全球经济开放巩固了每个社会中霸权集团的地位。在美国，共和党人和民主党人都选择与跨国公司结盟，这并不只是因为跨国公司能创造更多利润，还因为它们能够影响经济政策的选择（Boyer，2014）。中国加入世贸组织有利于在一定程度上用出口动力替代基于国有企业投资和基础设施投资的旧增长模式。而在欧洲，经济、政治甚至学术领域的精英在国际化中获取利益，并认为欧洲一体化的深入推进以及雇员为此做出的牺牲是十分必要的（Streeck，2012）。

中国、美国和欧洲三种发展模式的特点截然不同，但却有着同一种意想不到却又弥足珍贵的结果，即促进了世界经济的稳定。当三方处于经济增长阶段时，就会使自然资源价格飙升，随之而来的便是金融资本主义重大危机，进而导致世界经济陷入衰退。然而得益于中国政府大力振兴经济以补偿出口萎缩，全球经济并未陷入如1929—1932年一样的萧条。而从2010年起，欧洲领导人在经济政策上犯下的错误将会被载入史册：他们同步采取了紧缩措施并加以推广，除了给私人经济主体减债之外，这无疑又让经济停滞雪上加霜。而在美国，中央银行的实用主义和政府的决心最终阻止了经济萧条并重新找到增长途径，即使这样做会冒相当大的风险。

相互依存性意味着发展模式多样性、不平等体制（见第六章表6－4）以及非典型发展路径将会继续保持并进一步深化。传统的解释是将全球化视作世界各地不平等现象爆发的成因。那又如何解释拉丁美洲这片最不平等的大陆为什么自21世纪以来反而开始扭转近一个世纪的不平等趋势呢（CEPAL，2012）？因此，必须理解“国家体制相互依存性增加”的概念。可见国家调节与世界经济增长动力的联系十分紧密。

这种相互依存关系网导致了欧洲福利资本主义的不稳定。汇率不稳定、全球经济增长波动以及重建根本妥协的难度，使欧洲成为国际体系的调整变量。站在经济分析的视角，欧洲必须应对金融资本主义导致的投机激增，也必须面对在某些产品方面与亚洲的竞争，这种竞争局面由于中国经济新动向带来的技术追赶而加剧（The Economist，2015）。欧洲大陆的不平等现象比盎格鲁—撒克逊世界更为温和，但随着欧陆国家更多选择拥抱劳动力市场和金融市场的自由竞争策略，不平等现象也在逐渐加剧。

意识到资本主义的多样性对于理解资本主义共同发展变化是十分必要的。而随着全球范围内舆论和分析逐步同化，这种必要性就愈加凸显：至少对于媒体而言，思想意识上的模仿是否会成为收益递增的新源泉？

八、结论：受调节学派启发的地缘政治学

全球经济开放已经持续了近半个世纪，虽然中途反复受到保护主义的阻断，但也开启了与二战后美国霸权体系截然不同的世界体系。国际化的力量塑造了大多数经济组织、制度乃至政治进程。国际化也竖立起了一道分界线，一面是发展制度建立在全球化开放的观点之上的国家，另一面则是融入国际化进程受到制约、缺乏兼容制度架构的国家。

生产活动和直接投资的地理扩张创造了工业资本主义的新形式，新工业资本主义具有良好的经济互补性，同时也可以与美国金融资本主义进行地缘政治对抗。食利国家在整个福特制时期遭受了贸易条件恶化的不利影响，而两种资本主义的相互作用则为食利体制提供了机遇。同时它们也酝酿了经济危机，因为其力量可能会扭转贸易和金融投机的地位。

每种社会经济体制，即各类资本主义制度和食利制度，都是世界经济的体现，这与各国捍卫其自身利益相关，却并不与激烈的地缘政治竞争相悖。人们只需想想崎岖动荡的中美关系和中日关系便能一目了然，这使得一些理论家所呼吁的新全球公共物品难以成形。工业资本主义需要金融市场的稳定，但金融资本主义却依赖金融市场的不稳定性。工业产品出口国希望商品价格相对于自然资源价格稳定，却遭到了自然资源出口国的抵制。因此，国际化增加了资本主义的多样性，催生了新发展模式，并削减了各国之间的不平等，但它却加剧了几乎各国国内的不平等现象。

我们又一次看清了资本主义的矛盾性特点：资本主义会延伸到新的空间，这首先会巩固资本主义，随后又导致资本主义出现前所未有的复杂性危机，因为没有任何政治力量能够取代民族国家丧失的影响力。

第十章 过渡到另一种调节模式

自从调节学派研究方法诞生以来，许多理论试图揭示制度的起源及影响，其中的大部分理论都集中于对制度的特征和内在联系进行静态分析。主流经济理论用制度僵化来解释经济失衡，无论经济失衡表现为通货膨胀、失业还是从增长过渡到停滞。调节学派框架则直接去探究界定资本主义的制度及其发展动力。积累是一个不断改变生产结构、生活方式甚至市场组织的过程。通过不同的长期历史研究，我们会发现两个形成鲜明对比的阶段相继出现。首先，制度结构塑造了发展模式，发展模式又赋予政治和经济主体稳定性和可预测性。但是随着发展模式的成熟，紧张局势的扩展最终演变为重大危机，这主要体现为之前的微观和宏观经济规则消失殆尽（见第四章表4－2）。

一、制度转变因何如此困难?

稳定性是制度的重要特征之一：制度会在一定时期内安排其参与者进行互动，这一时期通常要比经济周期长得多。如何解释这种特性？这一性质是否会阻碍当前制度向其他制度结构过渡？

（一）仅仅是由于制度惰性？

最传统的解释是引入制度特有的时间常数，它通常要长于经济主体的短期时间。正如我们在下文将要提到的，这种观点并非老套乏味，但却掩盖了一个更本质的特性。我们可以想象任何利益冲突都可以参考纯粹协调博弈来消弭，并将工资关系简化为一纸协议，我们也可以假设企业和员工都相信合作型的劳资关系会为他们带来超额收入。此外，还要假设在一个社会中人与人相遇都是完全偶然性的。随着这些明显有利条件的不断积累，向“高级”劳资关系转变已不言而喻。

但实际情况并非如此，一个简单的模型就可以证明这一点（见专栏 10－1）。与模型相关的均衡，即进化论中的稳态，其特性即阻止向所有参与者普遍认为高级的结构配置过渡。

（二）稳态，却并非高效

稳态的这一特性基于对理性的最狭义定义：参与者根据其掌握的当地信息做出最优抉择。因此，参与者并不能直接地了解他所在制度结构的性质。这就形成了与理性选择制度主义的本质区别，后者中经济主体会自发地调配到更高级的均衡中，即一种合作性劳资关系占主导地位的均衡。在因袭主义和调节学派的研究方法中，制度的功能是协调经济主体，而不是根据帕累托最优来优化结果。

而在长期中，制度秩序会发生变更。这些变更是通过何种机制实现的呢？对基本模型进行一些一般化推演将为我们提供一系列的线索（Boyer & Orléan，1991，1992）。

（三）集体行为与改变

为了克服制度均衡达到进化论意义上稳态所带来的障碍（Sugden，1986，1989），经济主体必须超越个人主义，共同协商以协调其求变策略。这里举三个例子加以说明：

专栏 10-1　在低级结构中停滞不前：进化论意义上稳态均衡的结果

一场雇员与企业之间的代表性博弈

我们假设雇员（参与者 1）与企业（参与者 2）都同意合作性劳资关系比之前的福特制劳资关系更高级。因为已经排除了一切的利益冲突，所以参与双方的互动受纯协调博弈支配。当然这是一种很极端的假设，其目的是让结果更具普遍意义。但这一假设仍不足以保证博弈双方向新策略趋同。

参与者2

		A	*b*	
参与者1	*A*	*UA* / *UA*	0 / 0	博弈G1
	b	1 / 0	*UB* / *UB*	

A: 福特式策略
B: 合作性策略

$0<UA<UB$

一场可以延伸至全民的博弈

假设我们考察一组庞大的人群，并从中随机抽取一组人员（包括一名雇员和一名企业代表）来进行上述博弈。其中 $p(t)$ 即采取福特制策略 A 的小组比例。两种策略的代表性结果如下：

$U(A,\ p)\ = p.\ UA$

$U(B,\ p)\ = (1-p)\ .\ UB.$

下面的简图可以表示出将博弈范围扩展到 GE 时的结果。

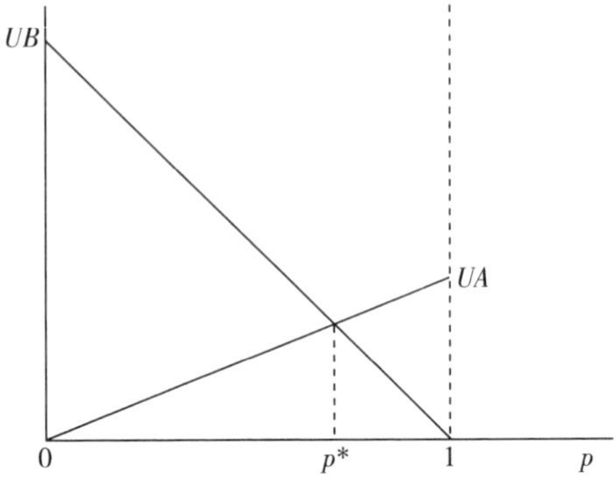

存在一种比例 p^*，代表两种策略选择是等价的，即：

$$p^* = UB/(UA+UB)$$

如果福特式从一开始就占主导地位，即 p 值大于 p^* 且接近于 1，那么更高级的策略选择 B 就会受到策略 A 的阻碍，虽然 A 相对于 B 更低级。因此参与者会在偶然间相互影响，并且缺乏预先协调。只要我们认同下面这条简单且具有一般意义的公式，福特式策略将会达到进化论意义的稳态。

将参与者相互作用本地化的结果

如果我们抛开随机配对的假设，为了产生直线所表示的相互作用，每个参与者都可以按照下面的公式产生远程相互作用：

$$U+(i) = \sum_{j>i} ka^{j-i} E[X(i), X(j)]$$

不难看出，通过参数 a 来衡量的远程行为相隔距离越短，新策略渗透的可能性就越高。所以本地化的组合可能会打破现有的均衡。与之相反，如果相互作用涉及所有参与者（即a值趋近于1），那么转变就似乎不可能实现了。就某种意义而言，如果制度形式具有普遍性，例如货币体系，那么个体的本地化行为就不会去改变它。只有位于本地相互作用之上的政治行为才拥有这种特征。

资料来源：Boyer和Oriéan（1992）。

“入侵”是制度变更的第一重机制。这就需要由来自外部的参与者带来新惯例，且他们人数需要足够多以移动阈值 p^*（见专栏10-1）。我们可以继续就劳资关系的例子加以说明，比如在美国的日本汽车跨国公司。这些公司拥有足够多的员工愿意接受日本的惯例。因此，可以说这些跨国公司创造了一个相对美国劳资关系而言的境外飞地（Boyer，1998）。

“转译”是第二重机制，当我们试图在新旧惯例之间搭设舷梯过渡时它便会发挥作用。这种机制并不适用于劳资关系，它专注于影响汇率制度的选择：起初灵活的汇率制度很难转变成货币之间最终固定的平价兑换，但我们可以通过设置类似于货币蛇形浮动体系的过渡方式来实现。

“修补”是一种智力层面的操作，它需要人们在认知资本，即曾经或现存的价值、思想、惯例、协议等方面的储备中提取。认知资本形成了总人口p之中个体对文化和历史的认识边界，这又决定了新惯例是否可以具有合法性。换言之，这个过程的基础是我们在前文所介绍的理性概念。我们因此可以理解亨利·福特从工资政策的角度来解释移民工人的生活方式和必要的美国化过程具有一般特征。这一行为可以证实经济变量的某些搭配组合。关键在于新惯例已经融入旧协定中并形成某种合法性，而基于大众的认知心理倾向，这种合法性又会促成经济主体间形成心照不宣的新协定。因此，即便没有明示的协定，经济主体也有可能采取集体性行为，这便是新惯例产生的办法之一。

（四）没有政策，就没有制度形式的变更

在探索了微观和中观经济层面之后，一切重大制度变更的最后阶段都会最终落到国家行为上。从定义来看，国家可能需要采取某种税收制度、劳动法（可以与商法相配适，也可以是独立自主的）以及货币制度。所以美国的货币统一不是通过战略调整的缓慢过程实现的，而是通过内战强制实施的新政治和货币秩序（Boyer & Coriat，1985a）。欧元也是如此，它是一个彻头彻尾的政策产物，而非经历过多次试验和试错得出的结果。所以这种单边性特征与欧元危机的程度并非毫无关联（见第九章）。变更虽然来自上层，但却不能保证所有参与者采取的策略都能够适应这种变更。

（五）旧秩序的崩溃

最后一种情况是集权式建构主义，对于这种情况而言，崩溃可能是一种变更方式。越来越多的实践证据表明，能够有效缩减竞争力差距的汇率制度比经济一体化区域内固定不可逆性的汇率制度抗冲击性更强，最终结果也更富有成效（Streeck，2012）。

用专栏 10－1 中的模型语言来表述，任何破坏主导性惯例的事件实际上都会促进经济主体向更高级的惯例趋同。这一机制虽然看似平平无奇，却在当代资本主义演变过程中发挥了决定性作用。

二、战争是新调节模式的“锻造模具”吗

以往的文献在提及世界性战争时，通常把重点放在其破坏性方面——生产设备损耗、可就业人口锐减、投资失调，但却忽略了战争对制度变更的贡献，这种贡献体现在三重相互结合的影响之下。首先，制度中一些被奉若神明的信条受到了质疑，例如第一次世界大战期间的金本位制度：这正体现了战争对经济的破坏作用。其次，国防的必要性减轻了国内各社会族群间频发的冲突：国家的保护使经济秩序方面达成协定成为可能，而若在和平时期，这种协定是无法企及的。最后，对特殊情况做出反应的必要性是有利于创新的，例如

生产组织中的创新。

（一）另一阵线：1914—1918 年

第一次世界大战在法国展现出了一种原始性的特征：虽然调节学派理论的根本命题强调社会冲突和对内政策，这短暂的四年时间却见证了现代制度形式的萌芽（Cepremap - Cordès，1977）。

有关货币体制的变更非常重要：由于政府无法按照巨额军事开支成比例地增加税收，金本位制度被抛弃了，以便采用一种直接与信用挂钩和对经济主体具有象征性价值的货币。在竞争形式方面，军需订单的集中化有利于建立国家与企业之间的新联系，这大大降低了市场的竞争性特征。

民族国家对生产组织进行干预也可以追溯到这一时期：干预最开始由战争暴力所驱动，随后则变为惯常的国家行为，并被冠以“产业政策”之名，近年来又被赋予了新名——“创新驱动”。而最具决定性的转变之一是劳资关系的转变。一方面，武器的大规模生产需求有利于现代化劳动组织方式的普及，无论是泰勒式生产还是流水线生产。另一方面，由于大批男性身处前线，战争前所未有地促进了工业劳动力的女性化，后来即便是和平时期男性又重回工业的主导地位，也未曾改变这种趋势。

由于政治干预了经济活动的所有领域，国家与经济的关系被彻底打乱。正是在第一次世界大战期间，资产阶级和精英阶层接受了所得税的观念，而在当时，这种税的税率是较为适中的。退休制度常规化和社会保障组织兴起也可以追溯到一战刚刚结束之时。我们也不应该忽视战争唤起了大众对于生产、收入和信贷全方位的认识，而这些要素正是国民经济核算的必要组成部分，但从第二次世界大战爆发时起国民经济核算体系才正式形成。

我们在本书之前的不同章节中已经广泛描述了行政调节模式，但定义行政调节模式的要素萌芽阶段直至二战时才全面展开。例如，在法国和美国，并非 20 世纪 30 年代的危机对调节模式的转变做出了有利贡献，真正促进这种转变的是第二次世界大战。

（二）一个被普遍低估甚至忽略的主题

这一论断有一部分源自调节理论推崇的历史研究方法。实际上，来自不同理论领域的学者都确认了世界性战争的重大作用，但是由于其通常作为核心理论的附属结论出现，并没有得到应有的重视。

第二次世界大战后，劳动合同制逐渐成为经济名义指标形成的基础。如果说国内通货膨胀无法与融入国际化进程同时发生，原因就在于货币贬值。很少有人认识到货币贬值的真正价值，因为这种变化自资本主义诞生开始就贯穿了整个资本主义发展的历史（Hicks，1955）。需要注意的是，新古典经济学派的创始人十分关注经济增长的动力，并在递增收益中找到了增长动力的来源，而这一切都与美国内战期间的生产活动和与之相关的学习效应有着紧密联系（Lucas，1993）。然后这个机制从军用领域迁移到了民用领域，即迁移到满足大规模消费商品的生产领域。通过研究国家创新体系的起源，我们再次发现了两次世界大战的基本特征。最初，国防问题对于引导政府支出用于研发领域具有至关重要的作用（Freeman，1986）。虽然美苏太空争霸结束之后，个体创新被证明在众多领域领先于军事创新，但国防的导向型特点一直延续至今。

现代税收的诞生也与两次世界大战密不可分。我们从前可能会认为研究税收理论的学者们为了减少不平等现象，一直站在要求征收累进所得税和继承税的前沿，而比较各国发展轨迹我们不难发现，世界性战争标志着税收进入了一个新时代。随着世界大战离我们逐渐远去，由税收水平较低导致的与财富增长相关的不平等现象再次出现，而与此同时，员工薪酬却出现了增长减缓甚至停滞的情况（Piketty，2013）：“1910 年至 1950 年期间，大多数发达国家都经历了不平等现象的缓和，这主要是由于战争和革命的爆发，以及为应对冲击所采取政策造成的结果。同样，1980 年之后不平等现象的再度发生也主要是由于政府采用了和过去几十年间完全相反的政策，尤其在税收和金融政策方面。”由于这一结果与大众的认知相去甚远，作者皮凯蒂又详细阐述了其思想：“当然了，我并不是说战争、革命和其他具有破坏性或暴力的政治冲击是制度变化出现的必要条件……信仰体系、由之而来的税收观念以及政策，都可以通过和平的公众协商方式做出改变。但我们不应当认为这种变化是理所当然、自然发生的。”（Piketty，2015：86）

所有针对公共支出占 GDP 比重与经济增长关系的研究都印证了两段经济增长加速期与两次世界大战的时间相对应。这是由于国家政府支出，甚至对经济活动补贴支出的增长少于社会性支出井喷式的增长，包括医疗、退休、教育的支出，更笼统一点说，即社会转移。这些支出的增加是明示或默示社会契约的结果，它标志着第二次世界大战结束和相应的制度化妥协达成（André & Delorme，1980，1991）。保守派政府削减这些开支的努力已被证明并非完全有效，因为这些支出是社会契约的组成部分，确保了大多数经济体的凝聚力。

战争动员的紧迫性和一致对外性赋予了国家对大部分经济机构进行干预的合法性。因此不同国家应用凯恩斯主义理论的情况大相径庭（见第八章），但无论在哪里，经济学和法学理论的发展都要适应越来越强势的国家角色。最后，资本主义制度和苏联制度的竞争诠释了国家与资本主义二者关系的革新。如果没有两次世界大战，混合型经济的概念可能会难以设想（Shonfield，1965）。

从这方面来看，重大危机最初是调节模式变革的障碍，但第一次世界大战—1929 年经济危机—第二次世界大战的三部曲改变了资本主义，同时引入了资本主义从未有过的稳定机制。随着这些重大事件在历史的长河中离我们逐渐远去，资本主义特有的发展趋势再次显现：国际化、领土竞争、财富集中、不平等以及金融不稳定（Boyer，2011c）。

三、制度架构的重建

即便我们最终清楚地理解了福特式结构的兴起，但积累体制的长期转变却并非如此。在相当长的期间内，可以说没有任何一种积累体制成功地取代了第二次世界大战后确定的秩序。

（一）对道路有何依赖？

制度惰性是新制度主义理论区别于先前理论的概念（North，1990），一直吸引着经济学家的眼球。但通过对技术标准和技术体系的长期分析（David，1985；Arthur，1989），我们发现，在解释一种占主导地位但已落后的技术缘何可以继续发展时，递增收益和沉没成本的重要性已经显露出来。这样的技术仍能发展得益于学习效应的不断积累，以及网状效应带来的递增收益。因此，我们有理由进一步探讨在政治和经济制度层面可以解释道路依赖性假说的要素。然而我们首先要区分开至少三种导致这类现象出现的成因（Thelen，2003）。

（1）学习效应的积累。第一重机制着眼于经济主体面对制度整体的学习效应，理论上这应该可以激起递增收益，且与掌握新技术或采用技术标准带来的递增收益类型相同。社会规范和惯例被认为是分散的个体行为整体达到均衡状态时所产生的，虽然这些行为在一定程度上相互依赖，甚至有模仿的痕迹存在，以至于制度的特殊性并不能被个体所了解，而该机制则可以更好地描述社会规范和惯例的演化（Boyer & Orléan，1992）。事实上，其最初是被刻意设计出来的，之后又经过了时间的检验。制度规定了经济主体之间的关系，这在本质上又与企业接受技术标准，或者使用者在严格技术层面产生学习效应的过程有所不同。另外，这种机制是具有普遍意义的，但很少有实证研究来证明其在现实中的重要性。

（2）运行成本低于制度创立成本。对道路依赖的第二重机制在于设立制度带来的沉没成本，这是一种类似于进入工业经济需跨过某种门槛一样的机制。虽未言明，但各类制度一直处在竞争关系中，建立时间较长的制度则拥有某种优势，因为可以长期存在足以表明这些制度具有坚韧性和持久性，虽然它们可能已经变得效率低下，甚至过时了（Sutton，1991）。该分析角度考虑到了制度成立的时期，这与其后天运行是分隔开的。然而，想要严格界定这些成本包含的内容却异常困难，因为在某种程度上这类成本恰好对应了市场上产生的交易成本。在此背景下，这种机制相当于更有意趣地类比了制度惰性的明确成因。

（3）历史限制了制度的再配适。第三重机制尤其会引发社会科学研究人员的关注。它从更加实际和经验论的角度强调了经济主体在决定其行为策略时，会考虑到其所处的体系，以及其自身之前在该体系中做出的一系列选择结果（Sewell，1996）。因此，一系列看似微不足道的决定可能会最终导致一种具有约束性的体系，这与经济主体最初可以进行多样化自由选择形成了鲜明对比。这便是不可逆性的来源，因为我们不可能轻松且迅速地返回到以前的某个选择岔口。可见这种模式与递增收益蕴含的原理截然不同，因为递增收益假设承继自历史的条件可以在一定程度上决定当前的策略选择，而决定论的发展轨迹却并没有发挥应有的作用。

然而，经济主体可能会在相同的历史继承基础上发展出多种多样的行动策略。因此，各种发展路径是先前存在的，但其影响范围却比理性选择理论所涉及的要窄得多，因为理性选择理论存在的背景是一个无历史的世界，这种世界的特征就是具有完全可逆性。因此，这是对道路依赖较弱的机制，由于我们没有获知非事实性历史的能力，最终难以验证当前的道路是否准确合适。

总之，道路依赖在制度分析中引入了一个有趣的机制，但却没有提供足够精确的解释框架（Crouch & Farrell，2002）。

（二）历史比较制度主义与调节理论

历史比较分析的著作（Thelen，2003）以及对从前“共产主义”国家劳动力转变的研究（Stark，1997；Stark & Bruszt，1998），共提出了三种可以进行或引导制度变革的机制（见表10－1）。

（1）转化。事实上，我们可以对道路依赖的分析提出另一种批判，即这些分析忽略了决定制度运行的相互作用十分复杂，而与之相对的却是在两种呈现规模报酬的技术中进行简单选择。即便在做出选择时，价格可以作为巩固正向循环的指标，而在决定制度运行的相互作用中，一切都要取决于制度的目标、程序以及实体化之间关系的本质，而这些要素又受到经济主体博弈和解释的制约。制度本身是一种复合型实体，其发展演变并不遵循严格意义上的决定论，因为其对前文提到的四大组成部分的各种重新组合安排都有可能发生并产生影响。

制度转化可以定义为在其某一组成部分发生变化的情况下，制度获得其新结构的过程。

制度的建立和实体化可能会引发其设立的最初目标永久性地改变或消失。如果我们将制度的问题迁移到组织上，可以法国存款与信托金库为例，其作用是资产管理，并受公共权力命令或审慎监管条令的约束，当然在不同时期其角色定位也会被重新定义。“制度的天然倾向”是否就是推动其发生转化的动力呢？

看起来，最初为特定目标而设计的程序可能具有更广泛的作用，因为这些程序可以被应用于其他领域和情形。例如，我们时常震惊于某些国家制度的恢复力（例如美国），这些国家的制度会制定出足够宽泛的规则以便能够将其持续应用到新领域且不会影响效率。这里我们又要提到组织，不难发现，网状结构企业可以在很多配给领域发展起来，如水、电、交通、电信等领域，这难道不是得益于这些配给领域的运行机制和管理模式具有一致性吗（Lorrain，2002）？

决定制度运行的规则很少有固定的类型，因为这些规则长期受到经济主体意见的制约，而对规则内涵的重新定义则是因为经济主体表现出的协商能力有所提高，或是由于所处环境发生了根本性变化。实际上，最近的研究表明，无论在宏观层面还是微观层面上，这些规则都不断地得到新的诠释，且它们的影响也在不断地被重新定义（Reynaud，2002）。因此，在法国，《奥鲁法案》本应该赋予雇员协商权力，同时下放一部分工会和雇主组织之间的协商权[①]，但由于在高增长时期过后出现了失业攀升、技术变革、产业部门重组和全球化并存的情况，这些经济环境的逆转让该法案起到了与预

① 法语 les Lois Auroux，是四部对法国劳动法进行重大修正的法案总称，于 1982 年颁布，以时任劳动部长让·奥鲁名字命名。——译者注

期相反的作用。由此可见，同样的规则无法取得同样的效果。

最后我们介绍转化的第四个例子。最初设定的目标在以此为目的设立的实体内部可能越来越难以实现，直至促进另一种拥有相同目标和不同组织的制度创立起来，以更好地适应环境。例如，学院派和因袭派会逐渐掌控现存制度以促进研究和创造。因此，我们可以想象有一些实体会接连出现以延续最初的目标，因为有一种假说认为借助新实体要比改革旧实体简单得多。严格意义上说，这不再属于转化范畴，而更像是沉积的一种。

（2）沉积。事实上，当代经济中存在着大量的多余制度，这是由于它们通过长期的沉积/叠加过程而形成（Thelen，2003）。

经济史上这样的例子有很多。以战争经济名义建立的制度（第一次和第二次世界大战）在恢复和平后并没有消失，而是经常被恢复使用以取代或补充其他过时甚至无效率的制度。在当代法国，劳资关系改革的困境导致劳动法中固定期限合同与非固定期限合同叠加在一起，就此开启了一个足以改变就业特征的合同类型甄选过程。

（3）再复合：新旧融合。对于一系列独立的制度而言，它们所定义的结构性质可能取决于制度互相之间联系的数量和强度。由此可见，再复合是一种制度结构演化的载体，其出发点便是制度化实体的多样性和异质性。制度化实体之间的关系可能呈现出制度同构、互补甚至是等级化的形式。同时应当注意到，一些制度可能是兼容但不互补的（Höpner，2003），或者在某些情况下，一些制度孤立起来，不与整体结构建立任何功能性关系。面对制度的丰富性，一些集体性主体和族群可能通过建立新的联系或断绝已经失去优势的旧联系，来重新定义自己的身份、提高自身地位，当然，究竟采取何种方式要依据情况的变化而定。

这种观点似乎诞生于苏联经济体制转轨的实践观察，尤其是对产权和权力关系演变的观察。与之前认为旧秩序会完全崩溃的错觉相反，转轨后政治和经济网并未被完全摧毁，而是重新发展了起来（Stark，1997；Stark & Bruszt，1998）。再复合的假设有助于理解中欧和东欧国家发展轨迹的多样性，以及这些国家相应经济制度展现出的惊人特性（见表 8－1）。

如此多的变化都可以证明，本身复杂多样的制度主义理论预测并不可靠。我们仅举以下这个例子：产权学派认为其定义的明确性是资本主义发展的必要条件。毫无疑问，这也是某些对世界经济或俄罗斯经济的研究想要证实的观点。然而，自 1978 年改革以来，中国经济的活力有一部分正来源于大量所有权形式的叠加和再复合，所以最积极的企业家们可以在其中选择最符合追求个人利益的形式（Boyer，2011d）。有一种表层的（或许是意识形态方面的?）看法认为，中国共产党是资本充分积累的阻碍（Lun，2003）；但与之相反，另一种观点则认为得益于中国共产党，经济网络和政权形式才得以显著地复合（Huchet & Xiangjun，1996；Oi & Walder，1999）。在此情况下，再复合过程的出现会受到新所有权形式和外国参与者的影响，这意味着某种协同作用在两种演化机制之间发挥着作用，即沉积和再复合。

（三）理解当代资本主义演变的关键

在五种政治经济体制中，转化似乎是传播最广泛和最普遍的进程（见表10－1）。

表 10－1　比较历史视角下某些调节模式的转变

调节机制	金融主导型	新兴工业型	工业受制型	工业主导型	食利/混合型
道路依赖性	弱	中 （不同于俄罗斯）	强 （法制化带来惰性）	中/强 （工业专门化）	中/强 （专门化/不平等）
转化	从劳工团结式社会保障转向支持金融化	从集体化农业转向市场繁荣	从凯恩斯式国家到紧缩型国家	从行业工会制到中观社团制	从“守夜人”国家到包容型国家
	企业家自身面对雇员	从共产党（正层面）到精英阶层（经济/政治层面）	从保护型劳动法到放任型劳动法	联邦州之间团结削弱	新发展主义
沉积	金融流通激增	国企林立	劳动合同类型多样化	对低学历雇员设立新规	体现在社会权利方面
	领导者新型报酬模式	所有制多样化	全方位法制化	可见/隐蔽式的对立加重	两种经济模式共存
再复合	根据股东价值重新调整	政策连贯性，从苏联模式到竞争驱动型增长	对立的调节模式并行，蕴藏潜在危机	日本化：中观社团调节模式	食利思想与发展主义思想的冲突：2014 年危机公开化
代表性国家	美国	中国	法国	德国	巴西

四、从一系列边缘变化到另一个霸权集团的兴起

这些重构过程的出现似乎十分抽象，且在某种意义上功能性不强：这些转变的参与主体现在何处？如何解释体制受质疑的统治集团会被削弱？其潜在继承集团又如何形成？

金融在潜移默化中接管权力。我们可以详细描述这一过程，同时阐明联盟倾覆的各个阶段。联盟最初包含雇员和企业家，但最后却将前者排除在外了。这一变化过程中并没有爆发公开的冲突，也不存在明显的分支点（Amable，2003：66－73）。正如上文所说，第一阶段的出现伴随着国际开放程度的提高，国际开放使工资变成一种成本，为国内企业满足市场需求增加了负担（见第四章图4－1）。企业则采用了新的组织形式，根据雇员对国际竞争的贡献能力将工资待遇进行分割。如果这些措施还不足以提高利润，企业就会外迁到更容易获利的地区，这种威胁会让最有危机感的员工屈服。

伴随着外部自由化，联盟倾覆的额外阶段也顺利度过。外部自由化是在国际化程度最高的企业施压下产生的，这些企业希望国内资源重新配置以保持其获得现有投资，并从全世界范围持续获得新投资。奉行凯恩斯主义的国家被受约瑟夫·熊彼特思想影响的国家所取代，因为熊彼特主义有鼓励创新的功能（Jessop，2002）。由于内部自由化，雇员的影响

力已经跌破底线。一方面，企业作为国际化的受益者开始质疑工会保护的必要性；另一方面，雇员作为失败者则被排除在统治集团之外。雇员的地位逐步被金融所取代，这与公司治理的转变具有一致性（见第九章）。

这一观点的新颖之处在于局部且连续的互补性：国际化与公司治理间的互补性、公司治理与经济政策之间的互补性，以及外部与内部自由化之间的互补性。在更迭的过程中，我们发现制度形式被再次结合到一起，且统治集团的倾覆也变得可能。

五、参与者在相互连通网络中的博弈

上述的两种变化进程分别对应了暴力冲击下的变更和随着时间推移潜移默化式的变更。在探讨过这两种进程之后，我们便可以开始探索第三种进程了。第三种进程建立在这样的事实之上：经济学被镶嵌进其他场域，而这些场域又会受到经济学逻辑的影响而成为制度变迁的载体。

此外，个案研究让我们更能认清个体行为，而不再仅仅探索全体雇员、企业甚至是国家一样的大型实体的集体行为。某些个体能否改变行业和/或地区的历史呢？

（一）网状结构十分关键

对各个场域中网络的分析经常能够得出较为一致的结论，

即这些案例并不是随机过程产生的结果，而是特殊几何形状对其性质产生了至关重要的影响。以勃艮第葡萄酒为例，正是参与者的案例影响了质量标准的改变。在经济范畴内占主导地位的标准是怎样受到质疑的呢？

事实上，最初博讷的红酒批发商依靠品牌商标占据着市场，而这一商标混合了不同产地的葡萄酒（Laferté，2006）。而第戎周边的庄园主则主张根据葡萄种植土壤来定位葡萄酒，但他们只是少数派，只能被少部分自诩贵族的公众所认可。在葡萄品种描绘方面有两位代表人物：第戎的市长加斯顿·热拉尔，以及夜圣乔治—默尔索产区种植园的一位庄园主朱尔·拉方。此时博讷的商人出现了信任危机，因为他们在酒的质量上作假。这种对第戎地区参与者产生有利影响的因素，其实严格意义上属于经济领域。但这个因素并不能解释即将发生的地位翻转以及规定监管法定产区的法律诞生。

（二）在文化和政治场域可以克服经济的支配

通过简单的分析我们可以发现，博讷和第戎之间的关系结构在经济领域是相对具有对称性的［见图 10－1（a）］。但文化场域的案例却并非如此，例如新地理的出现、美食旅游、葡萄种植土壤功效的标志性建设等案例［见图 10－1（b）］。来自第戎以及夜圣乔治—默尔索产区的红酒商人占据了主导地位，这主要得益于他们与“百人美食俱乐部”[①] 的密切关系。而博讷的葡萄酒商在政治场域相对独立［见图 10－1（c）］：第戎市政府在政治资源动员方面表现十分活跃，和学术界也保持着密切联系，反观博讷市政府却在政治和学术场域与巴黎交集甚少。

当我们将三种网状结构叠加时，博讷与第戎两地地位的翻转就会清晰可见：在所有场域的共同作用下，第戎及其产区依靠标志性的土壤最终弥补了经济场域的劣势［见图 10－1（d）］。但重要的是，第戎及其产区的参与者们需要通过政治手段来推进一项法律，使这种新的葡萄酒质量认定原则合法化。由于行动局限在经济场域内，博讷的商人们失去了主动权。而第戎“土壤品质论”的支持者通过在三个场域间建立联盟获得了最终的胜利。地位翻转的第一个结果是标准发生了变化，进而使习俗和制度形式也产生了变化，而这些转变发挥作用的范围超过了严格意义上的经济范畴。我们由此可以得出一个贯穿本章各个部分的结论：集体行动、国家掌控、被战争掩盖的社会冲突、各场域间互补性的运用等都是制度变迁的载体（见专栏 10－2）。

---

① 法语 Club des Cent，亦称 Compagnons de Cocagne，是成立于 1912 年的法国美食和酒类鉴赏俱乐部，因其成员仅有一百人而得名。——译者注

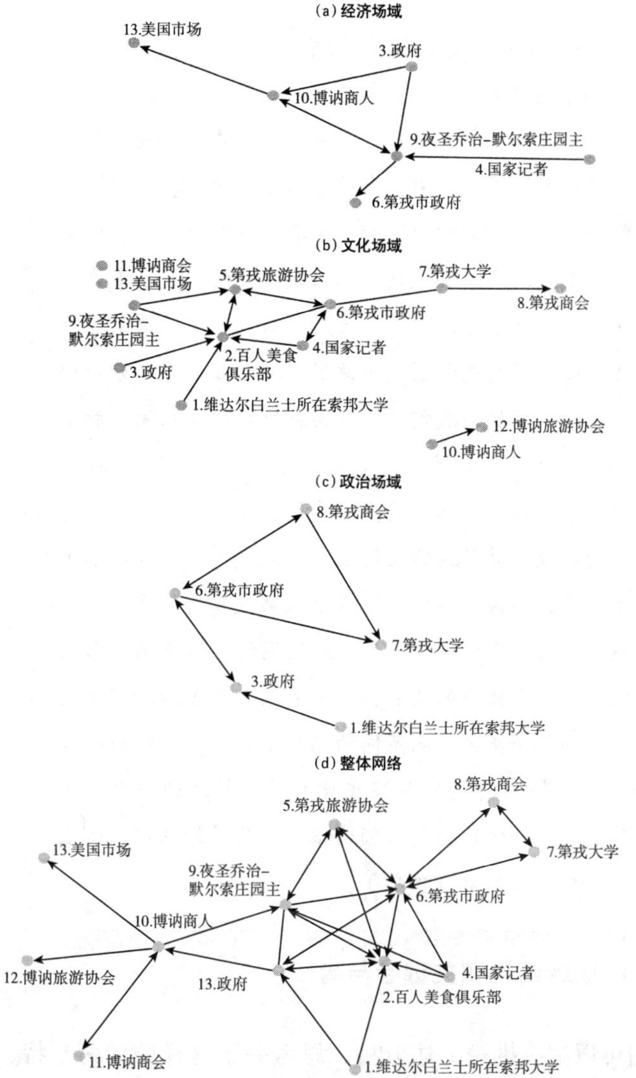

图 10－1　三重场域叠加导致富有新特质的网络产生

资料来源：Boyer & Boyer（2004：26－27）。

专栏 10 – 2　勃艮第葡萄酒质量标准转变

网状的分析工具让我们能够建立一部分指标，来表明博讷和第戎两地之间的相对地位。首先，第戎市政府及其盟友建立的内外联系更多。此外，集中性指标也印证了图 10 – 1 显示出的判断结果：博讷地区的商人集中在经济场域，但如果我们在经济场域中叠加文化，那么夜圣乔治—默尔索产区的庄园主也会出现在中心位置。最后，当我们考察政治场域时，占据中心位置的则是第戎市政府。如果我们开始分析小型集团，在经济场域内我们只能观察到博讷的商人团体和圣夜乔治—默尔索产区的生产者。如果我们在经济中加入文化，那么又会出现三个额外的小型集团，而且这些集团各自内部都包含第戎及其产区的庄园主。如果我们在经济网络上叠加政治关系，则又会额外出现两个与第戎政府关系密切的集团。最后，在三个场域叠加在一起的网络中，博讷商人团体似乎仅仅是一个孤立的集团，而第戎及其产区的庄园主们则属于其中的三个集团。从不同的指标中我们可以得出一致的结论：主导/被主导的地位在文化和政治场域似乎发挥了决定性作用，尤其体现为商人领域推行的质量标准被庄园主以土地和传统建立的标准推翻了。

（三）场域结构和关键参与者

我们可以继续推进上述分析，思考一下这样的动荡是特异性的，还是包含另一种普遍意义。将之前的物种分析与物理统计技术结合起来进行模型化（Boyer et al.，2010），该模型旨在检验变革过程是否会引入不知名的力量，或者是否少数个体能够在改变网状结构方面发挥关键作用（见专栏10－3）。模拟的结果更倾向于第二个假设。当然，我们绝不能掩饰这个模型的绝对抽象性，但这一模型的机制是十分基础性的，它证明加斯顿·热拉尔和朱尔·拉方可能在质量标准颠覆中发挥了决定性作用。模型化还有另一个好处：在追求自己利益的同时，这两位重要人物颠覆了勃艮第葡萄酒的经济结构。因此，产区葡萄酒的发明得益于制度化的行动者在追求个人利益的推动下，将事先存在的大部分关系重新整合。但在此之后，他们也对新集体性产品的形成做出了贡献，即让勃艮第葡萄酒声名远播。

专栏10－3 借助物理统计学对网状结构分析模型的校验

对于本书前几章内容所阐释的参与者间关系的丰富性，该模型已经将其大幅简化。我们可以将参与者设定为博讷葡萄酒商和第戎市周边的庄园主们。由此我们可以想象在每个场域中，参与者都会根据自身利益的贴合程度来建立新的关系。出于构建模型的需要，我们可以假设两个群体的力量相等，当然这与现实有一定的差距，在现实中，最初博讷的红酒商人在经济领域占据主导地位。第一次，我们假设两个集团都没有与巴黎产生联系，据此开始根据相遇概率来模拟偶然相遇的情况，这里相遇概率仅考虑地区利益因素。我们发现双方最终的配置结构状态是相等的，即在结构配置中两个集团仍具有相等的力量，这种力量是根据加入双方集团的人数来衡量的。第二次，我们赋予一小部分参与主体在经济、政治和文化领域能够与巴黎的主体建立联系的能力，此时模拟的结果出现了两个有趣的现象。如果与巴黎联系的概率较低，那么原有平衡向两集团其中之一倾斜的概率就会增加。此时我们便会发现类似于马克·格兰诺维特曾经强调的弱关系的力量：一小部分的个体也有可能在地方层面影响经济权力的分配。但如果与巴黎联系的概率增加，且进入巴黎圈子对于所有人而言都轻而易举，那么就会出现对称的情况，即建立远距离的联系并不会改变地方层面经济权力的分配（见图 10－2）。

这种非常简单的模型阐明了社会科学的核心问题。一方面，它解释了参与者策略是如何过渡到其他的社会结构；另一方面，它突出了时间在从一种结构过渡到另一种结构时发挥的作用，因为新事物正是诞生于相互作用不断地重复出现。这就相对弱化了传奇英雄的形象，即这些传奇人物凭借其洞察力和威望进行了重大创新并立刻将创新传播到社会领域。社会是如此地复杂化、差异化和冲突化，以至于根本没人能做到这一点。

此外，制度化的主体总是在现有的网络中进行活动，它们或多或少地也为网络的转型做出了贡献。我们发现，整体

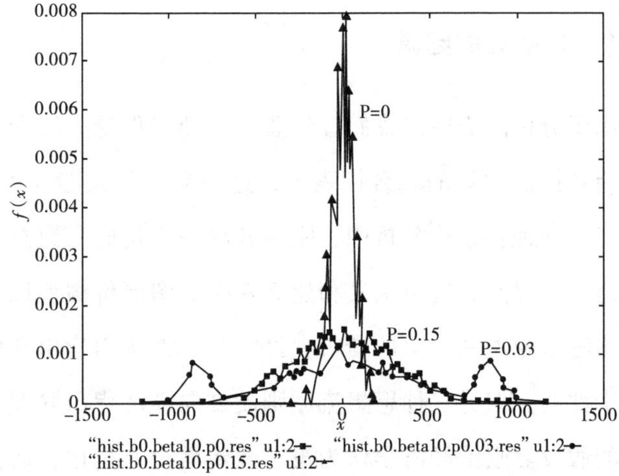

图 10－2 远距离关系频率对地方变化的影响

资料来源：Boyer（2005：8）。

论个人主义（Defalvard，1992）是调节主义方法论的核心：个体行为发生在承继自过去的网络、组织和制度内部，并最终改变了它们。但这些网络、组织和制度的变化本质上是集体性进程无意间造成的结果，而这些变化会影响到宏观经济规则和调节模式的变化。

六、观念、利益和政治偶然催生了新的调节模式

制度变迁的第三重含义是：作为经济学领域和政治领域协同作用的结果，制度变迁不应只局限于分析行业制度结构，因为它也可以用来分析那些能够改变调节模式的创新。

（一）欧元的起源

出于分析的需要，我们首先要区分纯粹理论方法和可以为参与者提供指导的综合性表述，这一点十分关键（Boyer，2012a）。在纯粹理论分析中，距离各派理论达成一致意见还十分遥远。当然，货币主义和建立在李嘉图等价假说以及一般均衡随机模型基础上的新古典经济学，都认为货币在中长期是中性的。但另三种思想流派则质疑向经济货币联盟平稳过渡的假设。政治经济学认为没有政治就没有货币；研究公共财政的计量经济学显示，欧盟成员财政赤字占 GDP 比重不超过 3% 的限制在过去并未被严格遵守，未来也很难保持这一水平；而经济地理学认为根据过去的工业分工将欧洲两极化的做法十分危险，这与欧盟领导人所期待的趋同相矛盾。

这些理论依据还远远不能建立起对决策机制的研究框架，因为决策者们之间的对立十分简单明了：一方面，典型的自由主义和秩序自由主义认为这些对未来的预期使欧盟具有可行性；另一方面，凯恩斯主义者和后凯恩斯主义者则强调《稳定与增长公约》带来的通货紧缩风险。然而，从 20 世纪 90 年代中期开始，干预主义者的影响力已然下降。当两个场域叠加时，天平开始向那些在《马斯特里赫特条约》框架下的欧元区支持者一端倾斜。

第三重场域则将两个社会群体对立起来，其中一方倾向于从欧元区的建立中获益，而另一方则对设立欧元表示担心，因为这意味着他们的购买力下降、获得社会保障更加困难。跨国公司和专业人士比低学历和主要依赖社会救济的人更容易接触到政治。当我们站在民族国家层面时，国家利益的概念引入了第四个新的维度。德国和法国政府从根本上就推行欧元达成了妥协：将货币主权让渡到欧盟集体层面，其代价是对放松财政可能引发的负外部性进行了严格限制。南欧国家民众对加入欧元区抱有极大热情，认为这是现代性和民主的象征（Boyer, 2013b）。

因此，四种场域的结合似乎共同决定了建立单一货币。

（二）政治优先

货币制度选择归根结底是政治领域的事务，因为它是市场的基础制度，因此也是资本主义的基础制度。所以刚刚提到的所有场域的联动必然向政治场域趋同。靠利益逻辑驱使自然无法达成必要的一致意见，因为受损失者会担心欧元影响团结原则，而最有权力的人却掌控着政府的行动。在这方面，法国和荷兰举行的全民公投结果显示，公众明显对欧元持反对意见，而在最近的民意调查中，公众对欧元问题也多数表示沉默，即使在德国等欧元接受度最好的国家，情况亦是如此。在引导经济政策观念的场域中，我们也很容易看到欧盟内部汇率不稳定的危害。在 20 世纪 90 年代，许多专家认为即便在国际资本完全自由流动的背景下，固定汇率制也是最好的制度选择。欧元出现之前的货币体系也存在缺陷，这让我们忽略了欧盟并未达到最优货币区的条件。

最终一切都要依赖于政府间谈判，此时所谓的国家理性就会占据主导地位，但国家理性通常又与内部民主进程严重脱节。而在此方面，欧元似乎是欧元区内部凝聚力问题的解决方案。事实上，货币疲软的国家已经丧失了对货币政策的控制力，因此这些国家希望借助共同货币管理来恢复某种程度的主权。从实际情况来看，频繁的货币调整会危及欧洲大市场的持久性，除非我们能够较为准确地预测成员国国家政策的走向及结果，否则不可撤销的固定汇率的后果无法想象。就地缘政治而言，推行欧元是将德国留在欧洲的一种解决方案，因为在当时，德国工业显然在东欧有更好的发展前景。最后，欧洲联邦的拥护者认为欧元将巩固欧洲的国际地位，因为作为可以与美元抗衡的关键外汇，欧元可以为欧洲在未来国际货币体系的谈判中保留有利地位。

（三）效率低下的紧缩政策持续存在

我们可以运用相同的框架来分析欧盟 2010—2014 年的政策。在 2008 年 9 月金融危机的第一阶段，欧元在消弭过去汇率危机的同时，实际上充当了抵御国际金融危机的“挡箭牌”。但是这种不平衡体现为公共债务大幅上涨，而在 2010

年春季，多数国家的公债难以为继，尤其是西班牙、爱尔兰、葡萄牙、意大利和法国。主流官方观点认为，成员国应当严格遵守财政赤字占 GDP 比重不超过 3% 的限制，但却忽略了债务危机是由自动稳定器和财政系统救助行为产生的。

尽管不断有计量经济数据证明，在产能过剩和不充分就业的情况下财政紧缩政策会加剧赤字，但运用凯恩斯乘数进行分析的方法没有得到认可。事实上，有人曾经在较短的时间内抬出凯恩斯主义以支持财政救助计划，但理智地说，凯恩斯主义并不能支持某些政府同意向破产国家借贷的行为。结果，破产国家被迫接受由欧盟委员会、欧洲央行和国际货币基金组织联合管理的调整计划。

因此，由于缺乏向财政联盟迈进的意愿，债权国开始为欧盟政策定调，并向其他国家强加其宏观经济理念，而这些经济状况也可能是通过数据伪造出来的。

（四）错误理论如何能够延续并证实政策有效性？

前面两个例子说明了参考理论不恰当（这里我们不说理论有误）的情形。这些理论在学术领域被认为是合理的，而由于学术领域与政治和经济领域相关联，所以这些理论也会应用在这两个领域中。从某种程度上说，正是经济领域和政治领域的主导地位才导致学术界对发行欧元和推行紧缩政策的夸大判断。

这种现象可能更具有普遍性，并影响到宏观经济学科自身（Friedson，1986）。科学也是一种组织（Whitley，1984），其结果是所有命题的真实性都要服从于整个学术群体的评判。但问题在于宏观经济理论的真实性可能会受到质疑，因为宏观经济是一门深深嵌入历史的社会科学，过去的事实很有可能成为今日的谬误，反之亦然。我们只要稍稍回想一下 1936 年至 2015 年期间古典理论与凯恩斯理论之间你来我往的情形，便能知晓其中深意。

保罗·大卫（David，2002）曾以一种非常简单的方式解释了研究人员在结果被不确定性干扰时所面临的两难困境。声誉效应是现代学术群体的核心，促成了全员看法一致的现象——面对多数群体，与其保持一致是较为理性的策略。这也就解释了为什么全员看法一致的情形会出现，因为它是由那些理论支持者和屈服于群体规则而被迫采取理性策略的潜在反对者共同达成的。如果将“科学真相”的概念作为一种惯例，而不是超越任何参与者主观想法的客观事实进行分析，那么所谓的真相就会丧失其认识意义上的严谨性（见专栏 10－4）。

专栏 10－4 学术上的意见一致不代表科学真相

研究人员隶属于一个行业

整个科学界都依靠声誉效应来维持话语合理性：学术著作需要得到学者所属的学术团体的认可。因此，现代科学是建立在声誉基础上的组织（Whitely，1984）。我们可以将一个研究人员面临的选择进行简单的模型化处理，并且考虑到目前在一项命题中不确定性占据主流的情况。这名研究人员可以同意并加入这项命题为真的阵营，也可以不同意这项命题并且认为这项命题获得的一致同意实际上是虚假的。最有利的立场是反对者的立场，他们有理由对抗整个团体（$b_4>b_1$）；而最差的立场是研究人员表达了反对意见，但这项命题却是真的，此时便是 $b_2>b_3$ 所展示的情形。根据保罗·大卫（2002）的分析，我们可以得到以下的博弈：

<table>
<tr><td colspan="2" rowspan="4">研究者策略</td><td colspan="2">理论状态</td><td rowspan="8">获取报酬
（象征性报酬或实际报酬）
的分配排序
$b_4>b_3>b_2>b_1$</td></tr>
<tr><td colspan="2">科学命题 S 是</td></tr>
<tr><td>正确的</td><td>错误的</td></tr>
<tr><td>R</td><td>W</td></tr>
<tr><td rowspan="4">服从
争执</td><td>C</td><td>b_1</td><td>b_2</td></tr>
<tr><td>D</td><td>b_3</td><td>b_4</td></tr>
<tr><td></td><td>θ</td><td>$(1-\theta)$</td></tr>
<tr><td colspan="3">θ:命题 S 是正确的主观概率</td></tr>
</table>

我们假设研究者获得报酬的期望最大化，以至于他有两种策略选择，其中一种是服从，这种策略下获得报酬的水平是：

$$\pi_c=\{\theta b_1+(1-\theta)b_2\}$$

另一种是争执，此时他会获得：

$$\pi_d=\{(1-\theta)b_4+\theta b_3\}$$

可见，一旦认为命题正确的主观概率足够大时，研究者就会选择服从型策略：

$$\pi_c>\pi_d\theta>(b_4-b_2)[(b_1-b_3)+(b_4-b_2)]^{-1}=\theta^*$$

服从不利于获得准确的结果，争执可获得最高值

考虑到获得报酬的等级化，所以当 θ^* 值等于 1/2 时便可产生决定性作用。如果最初研究者所属团体认为命题 S 是正确的，我们将会看到采取服从策略的人呈两极化，而服从则扮演了吸引子的角色：整个团体将会对取得一致意见感到满足，因为人们不会考虑怀疑者的意见。反之，如果最初这个团体对命题的真伪并不确定，那么此时争执将会获得更高报酬，而命题 S 也会被证伪。

由此我们可以得出两种对立的学术团体：

——如果表示反对将要付出沉重的代价，那么服从策略将会获胜，因为 $\theta^* > 1/2$。很明显融入性高的团体属于此类情况，例如宏观经济学研究团体。

——如果情况相反，即反对可以获得报酬，那么最终并不会产生服从型的一致意见。这代表了组织程度较弱的团体，在这些团体中争执被视为正向价值。例如法国的社会学团体。

由此我们得到了变迁的要素之一：面对意见一致带来的偏差，持反对意见的人可能会赢过多数人。反之亦然，新范式本身可能会遇到一系列异议和反驳，从而导致新的翻转。这就产生一个矛盾的结果：某种理论的不确定性越大时，越有可能得到一致认可，这种一致意见则为后续新范式翻转提供了可能性。因此，在经济领域我们观察到的更多是经济理念循环式的发展，而非经过实证的定理逐步积累。

七、当代世界的嵌套与复杂性

当前形势的特点在于任何新体制都需要克服一系列非均衡的共同作用。

（一）何种创新可以解决五类需求？

由于发展模式在过去已经解决了最迫切的社会经济问题，我们现在可以在表中罗列出当今大多数的发展模式以及亟待解决的五类需求（见表 10 –2）。

表 10 –2 应对五大需求的各种发展模式

增长模式耗尽新兴模式	技术变迁延缓	环境制约	非增长式繁荣	社会不平等日益严重	金融不稳定、危机复发
信息通信技术与知识经济	影响有限，不同国家影响有差异	可能产生贡献	对福利直接影响很少	自由式资本主义如此，对北欧国家无影响	通信技术加剧不稳定和危机
绿色经济	可能产生熊彼特式革命	产生新导向，但对生产率影响不确定	需要在私人消费和集体福利之间权衡	影响不一（个人 vs 国家）	必须稳定价格预期（能源、CO_2等）
去增长模式	与两个世纪的工业化进程割裂	生态可持续是基础	消费与生产方式重新定位	必须进行高频度再分配	认为国际金融必须符合本地区利益

续表

增长模式耗尽新兴模式	技术变迁延缓	环境制约	非增长式繁荣	社会不平等日益严重	金融不稳定、危机复发
福利经济	公共产品的创新（教育、医疗等）	社会可持续优先于生态可持续	福利评判标准超越GDP标准	强调公共产品有利于进一步实现平等	认为信重归集体掌控
混合型经济	创新体系有某种领航作用	由集体强制融合	在生产和福利之间进行权衡	在收入等级化方面重新加入集体性标准	金融稳定与信贷补贴是国家特权

在老牌工业化经济体中，生产率提高速度放缓会降低增长潜力，从而降低解决分配矛盾和冲突的能力。无论是由于程度问题还是发展现实，信息通信技术的过渡已经对生产和大规模消费产生了影响，但尚未对各类经济体产生类似的激励。因为环境保护预支了用于消费的资源，绿色创新对生产率和购买力的激励并不显著。其他的发展模式已经放弃了追求生产率的目标，转而追求以其他指标衡量的人类福利。

环境制约是当代经济重组两大提议的核心。绿色增长的观点认为所有经济参与者都要努力克服这一障碍，以便一连串根本性创新开启工业历史的新阶段。然而，这一战略有可能加剧社会贫富两极化，并且由于金融市场被证实无法表现出二氧化碳排放等未来导向型价格，所以这项战略也难以坚持下去。

对于非增长式繁荣的观察引出了另一种社会重组的提议，它通常涉及影响人类福利感受的集体产品。从这个角度来看，市场的逻辑和传统的GDP评价体系越来越不符合富国公民的期望。福利经济和混合型经济似乎最能满足人民的向往，而其他三种未来发展模式则很少提及公民的期望。这也表明了其他三种发展模式的弱点，即它们的设计过于专业化、技术化，却鲜与民众呼应。

日益加剧的不平等现象越来越成为社会重组的制约，除极少数个例之外，不平等社会都会出现地位和报酬个体化的特点，由此产生了国内各个领域以及国际层面的团结问题。这些问题如果没有制度创新，是无法单独依靠科学和技术创新来解决的。反之，制度创新的前提是社会运动施加的压力，以及建立包括大多数公民在内的广泛政治联盟。福利经济和混合型经济则专门限制不平等程度扩大，这主要得益于在教育、健康和文化等重要的基础领域大力发展公共产品。

金融不稳定和危机复发是当代经济中最后一个，却不是影响最小的一个弊端。各种未来的发展模式对解决这一问题的贡献是不均等的。虽然信息通信技术和知识经济塑造了这种不稳定，但其他几种发展模式却恰恰与之相反，需要利用金融达成其核心目标：调动金融资源进行绿色投资，恢复金融中介作用，保障财政资金充足和国家集体掌控，以便降低爆发重大金融危机的风险。但对于所有长期在国际金融中负债的国家集体来说，这项任务是艰难的。因此，我们不能摆脱对道路的依赖，这让发展模式的前景更加复杂。

（二）未来不是对过去的翻版

调节理论受到了一条基础性假设的掣肘：在重大危机时期，经济决定论开始让位，而政治联盟逐步形成，但政治联盟却根本无法保证推出严谨且稳定的发展模式。尽管如此，历史还是为我们提供了一些克服重大危机且具有普遍意义的经验教训。

（1）没有任何一场重大危机是对先前模式非核心部分进行的修正。未来不是简单的重复。

（2）在新经济地理和新地缘政治的背景下，只有当组织、制度、能力和公共干预整体协调后，技术革命的成果才会显现。当然这通常得益于统治集团力量的变化。

（3）参与者、利益、观点和策略的数量繁多，意味着想要确立一种可行的体制需要经历漫长的试错和学习过程。

（4）市场融资和政治博弈的短期性往往会与未来社会经济体制的集体掌控性产生矛盾，特别是在生态问题方面。

（5）技术创新、社会创新和政治创新的过程相互嵌套，加之国家间多重相互依赖关系，使摆脱当代危机呈现出前所未有的复杂性。

（6）21 世纪的模式将会是复合式的，因为这些模式源于各项进程间的相互作用。各项进程本质上来自社会运动以及对制度形式施加的必要政治行动。而制度形式又将无数能够改变当代社会各个领域的创新结合起来。

（7）尽管经济学的工具和技术得到了发展，但经济学科仍然缺少分析世界动荡的方法。调节理论建立在资本主义变迁的基础上，探寻到了一部分理解当代世界问题的关键。基于对资本主义变化的分析，仅仅是为当代世界的解读提供了一些关键的信息。

八、结论："默化"带来的挑战

经过四十年对资本主义发展动力的持续研究，当今调节理论遭遇了两重障碍。

第一重障碍有关中国：如何解释这个经济体经历了如此长时期的、迅速的发展，却没有出现重大危机，这与我们观察到的几乎所有其他资本主义经济体的情况都截然相反。这是否与中国不断推进务实化改革，从而可以准确预测和判断可能引发重大危机的不稳定因素有关？

第二重障碍则与前一个相对：为什么在成熟的资本主义中很难发现新兴制度的影子？毫无疑问，调节主义学者们已经找寻了太久类似福特制一样既不复杂又符合理性的体制。但前面一系列章节都向读者展示了多数的调节是复杂且相互嵌套的。从 1967 年到 2015 年，我们并没有观察到如两次世界大战之间一样剧烈的崩溃。那次崩塌曾迫使国家在面对“战争—危机—战争”这样悲惨的连番重创后重建社会联结，正如欧内斯特·拉布鲁斯和费尔迪南·布罗代尔在《法国经济与社会史》一书中对1880—1950年的表述一样。20世纪70年代以来，世界历史上的重大冲击已经演变为各种政策的尝试和失误，企业家和学者面临着巨大的不确定性，这种情形在此前二十年间几乎不存在。人们很快忘记了由2008年金融危机引发的世界末日感，转身又一如既往地为利益奔波了。

上述的两大障碍拥有同一个根源：西方学界有关理性人的研究的优势在于理性人总有向他人强加观点的倾向，但却没有研究过，或者说很少能掌握错综复杂、相互嵌套的进程，以及时时变化的结构所塑造的环境背景。而调节学派理论则应当重新审视其研究，在研究资本主义发展动力这一重大计划框架下，融入弗朗索瓦·于利安（Jullien，2009）提出的“默化”概念。

全书结论 在资本主义历史中分析理解新变局

经过漫长的分析之后，我们可以总结一些主要的经验教训，并回答引言中的七大问题。

一、资本主义制度的深化和复杂性

本书的第一版始于对资本主义概念的捍卫。经济学的核心是市场经济的概念，而现代政治经济学的出发点则是资本主义，这两种学科是相互对立的。从第一版问世起，调节学派就融入了许多其他流派的观点。约瑟夫·斯蒂格利茨（2012）在著作中毫不犹豫地参考了全球化的概念，而全球化本身则与资本主义扩张的动力有关。制度经济学的研究已经表明，制度形式组合的基本原理可以通过参照资本主义经济的特有趋势而变得更加明朗（Streeck，1997，2012；Streeck & Thelen，2005；Thelen，2009；Thelen & Mahoney，2010）。同样地，来自主流经济学派的学者在研究影响一个国家成败的因素时发现了制度的力量（Acemoglu & Robinson，2012，2015）。最后，资本主义作为一种社会经济制度，其存续性可能与资本家的战略产生矛盾（Rajan & Zingales，2003）。

这种方法论和认识论的选择具有重要影响：它不仅关系到市场的权力与扩张，同样关系到所有规范、价值和确立各种市场类型的制度形式。经济领域与社会领域、象征领域和政治领域相互作用，也正是它们之间的相互作用促成了某种资本主义形式或者导致其进入危机（见表11－1）。

表11－1　资本主义的观念表明制度发展动力

	市场经济	资本主义
市场观念	1. 纯抽象的需求供给调整	1. 劳资关系的表达
	2. 主体间的水平协调	2. 水平关系（企业间竞争）和垂直关系（劳资关系）并存
	3. 本质上保持自动均衡	3. 宣传积累的非均衡
各领域间的联系	4. 纯粹经济学准则（经济学的分离）	4. 经济、社会、政治间的结构性相互依存
方法论/认识论	5. 认为“仿佛、好像”式的假设是合理的	5. 取决于背景环境
	6. 大量的理性存在	6. 依托于环境的理性
	7. 用经济学解读经济	7. 经济嵌入
发展分析	8. 长期均衡的前提公设	8. 各种时期的循环构成了长期
	9. 干扰来自外部	9. 本质上是内生的

续表

	市场经济	资本主义
经济体制的唯一性/多样性	10. 帕累托最优准则	10. 历史阶段的循环
	11. 竞争会减少多样性	11. 多种类型的资本主义共存

近几十年来的研究表明，各类制度的多样化和复杂化保证了当代资本主义之间能保持相对稳定。生产模式、社会创新体系以及国家社保体系就是很好的例子。从这个角度看，无数的组织和制度在几个基本市场间进行互动，其中居于首位的是信贷市场和金融市场。这些制度的建设首先表明了资本主义的恢复力：一旦缺少中央银行和国库，资本主义难道不会崩溃吗？但随后，它们也促成新形式的危机：如何在零利率的背景下，摆脱中央银行大举购进债券的非主流货币政策？

建立资本主义经济的必要和充分制度有哪些？这牵扯到制度形式和制度安排的多样性与复杂性，源于资本主义卓越的恢复力。直至今日，资本主义已经能够承受重大危机，而现如今正是社会集体重新控制由其自身创造的市场逻辑内在不稳定性的机会。

二、经济学的嵌入

这便是对第二个问题，即制度结构在什么条件下会产生可行的调节模式的回答。在这一点上，调节学派理论与卡尔·波兰尼的看法一致，双方都强调货币、劳动和与自然的关系必须按照独立于市场竞争之外的模式进行组织，因为它们是市场竞争的背后依靠，这是本书反复强调的观点。货币秩序必须按照高于私有发行者竞争的原则来组建。中央银行必须有与商业银行不同的逻辑，因为它的任务是保证货币本位的可信性和合法性。欧元区陷入危机，是因为它尚未围绕货币和财政团结建立起统一的政治领域。当工作福利制取代社会福利制，当劳资关系的决定逻辑越来越商业化，行政调节就会陷入危机。纯粹食利体制很难找到一种可行的调节方式，比如利息的循环违背了民主和公民原则。

调节理论也因此提出了一项悖论：模拟市场逻辑不利于宏观经济的稳定，而在社会和政治领域嵌入经济学，则可以缓和由积累所导致的非均衡发展。同时，经济调节也被纳入政治和象征秩序中，这种秩序可以评判宏观经济发展的状态是否合法。社会秩序稳定时期便源自等级制，虽然有时这种等级制也呈现出错综复杂的状态（见图 11 -1）。

这一基础性假设在方法论上具有重要影响。细心的读者会注意到本书并不是按照传统的逻辑进行编写的，即并不是从一小部分公理中推导出适用于任何时间和地点的著名模型。在前面的章节中，我们已经介绍了大量的有关具体经济体的特征，并且做了局部模型化的准备工作，其目的就是要强调一般性机制只适用于我们所观察到的机制链条中的一部分。因此我们很难找到资本主义动态发展的一般模型，具体来说，就是因为资本主义发展取决于制度结构，而制度结构又会随着时间和空间不断变化。

这就是为什么金融创新主导的积累制度并不像典型的积累制度，反而与美国或英国的程式化社会关系状态更相似。而在纯食利性政权中，宏观经济运行链则与之大相径庭。同样在老牌工业化国家中，关键变量可能是创新或者工资调整，其不同会影响到调节模式的不同，而这些调节模式很难在同一个货币一体化区域内共存。资本主义的嵌入解释了其异质性，也在某种意义上说明了它们的互补性或兼容性。

三、调节和危机并行

与调节学派理论命名给人的印象相反，发展模式的成功与其标志衰竭的危机类型有关。福特制在 20 世纪 60 年代末期的美国遭遇的结构性开放危机便是很好的例证。将金融创新和信贷主导的增长作模型化处理，有助于探索增长加速超越何种限度就可能导致经济形势突然翻转。当学者们质疑绿色增长的可能性时，同样也会分析相应制度化妥协的可能性。因此，调节和危机是不可分割的（见图 11－1）。这种对称性被看作大缓和时期理论的一大弱点。宏观经济学家认为他们已经对这一时期有了充分的认识并且完成了大量理论化的工作，然而在2008年危机爆发时，他们不得不承认情况并非如此（Blanchard，2008，2011）。而在某些情况下，这种对称性却成为一股强大的力量。以日本为例，在一个经济长期低迷的时期，公共债务的增长替代了制度形式间的再协调。同样，欧元危机逐步发展也体现了调节学派研究方法的准确性：能力分配的不恰当证明了其效率低下，而各民族国家之间的政策冲突阻碍了跨国秩序的产生。危机不是以国内生产总值或失业率下降为评判标准的，而要看制度秩序是否已经没有能力找到可行的调节模式。

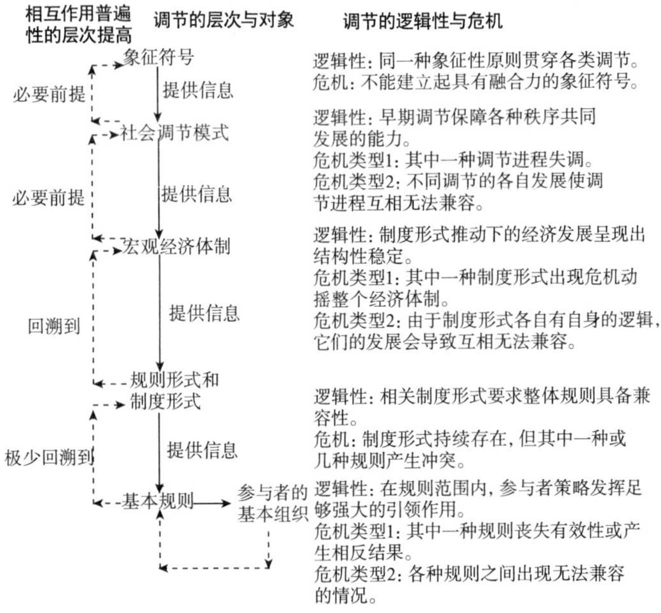

图11－1　调节理论概念的扩展

资料来源：Boyer和Saillard（2002）。

四、制度形式的转变：从外生到内生

资本主义制度是如何发生转变的？经济学家试图在其分析领域中引入一系列外部因素：生产率的负面冲击、全球性危机对国家经济的影响、金融家在寻求快速致富途中意外产生的贪欲、对金融稳定性失去信心等。面对如此种种的“天外来客”，制度形式不得不一一对其进行协调匹配。调节理论则提出了另两种与资本主义本质紧密相连的解释，即资本主义是历史推进的承载者和跨国化发展的推动者。

事实上，资本主义推动了社会历史的发展。积累本身就会产生改变企业组织、竞争本质、生产技术、生活方式，甚至社会根本价值观的效应。因此，内生代谢和交叉融合是比较分析不同资本主义发展动力的两大机制。内生代谢机制描述了具有积累体制特征参数的缓慢转变如何突破结构稳定的界限并引发宏观经济变量的骤然调整。而交叉融合，则是由制度和组织的相互作用衍生而来，制度和组织也同时受主导性资本主义和地方性社会抵抗活动的双重影响。在这场对抗中，有时会产生失败的案例，如英国无法采用美国的大规模生产模式；有时也会建立起新资本主义形式，如 20 世纪 70 年代的日本所经历的情况。

从那时起，调节理论就致力于将来自世界经济的冲击内化，同时开展基于各种形式的资本主义和食利体制相互作用的地缘政治研究。因此，2008年9月几乎蔓延全球的金融市场冻结，其实是基于金融创新的北美积累体制造成的结果。而1973年和1979年的国际原材料价格飙升标志着福特制发展到极限，它也同样只是石油原产国间串谋的结果，最终这些国家的收入却受到了通货膨胀的威胁，可见通货膨胀本身也具有行政调节的特性。上述例子都展现出了一种体制陷入危机的过程。相反，摆脱重大危机则主要呈现出两大特点。首先，没有任何案例可以证明参与者仅在经济层面进行尝试和操作便能克服一场重大危机。如果没有两次世界大战和20世纪30年代危机的冲击，就不会产生从外延式积累到内涵式积累的过渡。其次，更为重要的是，大多数制度形式都源于国家干预，而国家干预又会受到长久性政治联盟的影响，或者更普遍地受到主导集团力量的影响。货币体系是典型的政治选择结果。将劳动合同同化为商业合同或特定法律管辖的合同受政治联盟的影响。至于选择汇率制度也同样是社会问题，而并不是为实现宏观经济稳定而做出的最优化选择。

本书的各个章节表明，对制度结构的承袭并不能最大限度地提高经济效率。从根本上说，制度变迁有两个来源：一是保证某种增长体制红利分配的谈判妥协；二是不过多考虑经济效率而强制转变的霸权逻辑。不难发现福特制的结构属于第一种模式，而在金融主导体制或食利体制中则经常出现第二种模式。我们重新衡量了受新古典主义影响的制度经济学规范性与政治经济学中立性之间的差异。前者描述了世界本应成为的模样，而后者则描述了世界的真实面目。

五、重大危机的反复与新特点

现在我们可以回答这个问题了：为什么资本主义的危机是相继出现的，而不是按照相同的顺序重复出现的？自20世纪80年代金融危机再度爆发以来，经济学家甚至理论学家都对相当漫长的危机历史产生了兴趣（Bordo et al.，2001；Reinhart & Rogoff，2009）。其中一种观点强调了投机泡沫产生、成熟和破灭的过程是具有不变性的（Kindleberger，1978，1994）。调节学派学者对这方面的研究十分感兴趣，但却以不同的方式对其进行了诠释。事实上，按照年鉴学派的观点来看，这些研究证明了任何社会都有与其结构相对应的危机。因此我们能够找到不变量是理所当然的（Boyer et al.，2004；Boyer，2011b，2013a），但至少有三个原因让我们认识到金融危机的发展具有新的特点。

首先是积累体制的多样性：外延式或内涵式的、存在或缺乏大众消费的、是否实现金融化的、通过创新还是工资收紧完成积累的。当然这还没有计入纯粹的食利体制，在这类体制中自然资源价格的上涨也有可能引发重大危机。回望2008年的开放性危机，不难发现美国、中国和欧盟分别对危机做出了不同的回应。所以试图找到一种适用于所有金融危机的标准发展路径无疑是徒劳的，正因如此，我们不再仅对投机泡沫本身保持关注，而开始对宏观经济层面观察到的调节模式进行研究。

其次在于资本主义从来没有出现过两次同样的制度结构。一些学者将新自由主义的成功解释为19世纪典型竞争性调节的回归。而调节学派的研究则弱化了这种判断，因为政治制度已经民主化，国家社保体系得到充分发展，税收制度进行了重新分配并且引出了一个世纪以来都未曾出现的自动稳定机制。因此，2008年的危机并不是对1929年危机的重复，这种想法只是因为记忆效应作祟。无论投机者对金融体系负有怎样的责任，中央银行和税收制度都规定经济的流动性供应必须得到保证。这就是为什么美国2008年的危机与1929年的危机并不相同，因为相应的积累体制已经发生了变化（Eichengreen & O'Rourke，2009，2010）。

最后还应该援引国际关系体系的变化。20世纪30年代的主要问题在于日渐衰落的大英帝国与生机勃勃的美利坚之间的霸权转变（Kindleberger，1973）。而在当今这个多极化的世界，问题则完全不同了：无论是美国还是中国，都无法发挥冯·斯坦博格（von Stackelberg，1934）所定义的主导作用，因为这两大经济体之间紧密的相互依存关系已经超越了霸权竞争关系。因此，考虑到货物和资本的边界已经持续开放，每个民族国家面临的国际环境已不再是两次战争期间那样的环境，但劳动力的流动边界尚未打开。

因此，资本主义按照螺旋式推进发展：一边在不断重复，另一边则在创新，对资本主义研究的理论本身也出现了类似的发展情况，这一点不足为奇。大体上看来，随着追求统一模式的希望逐渐破灭，资本主义形式的多样性在逐步发展，这一点既体现在理论特点上，也体现在地域归属上。正如上文所提到的，拉丁美洲经济体所面临的失衡与东南亚国家遭遇的失衡并不相同，世界体系的特征也不再是 19 世纪或者 20 世纪的特征，这也导致了新形式的危机和新体制出现的特殊条件（见图 11 -2）。

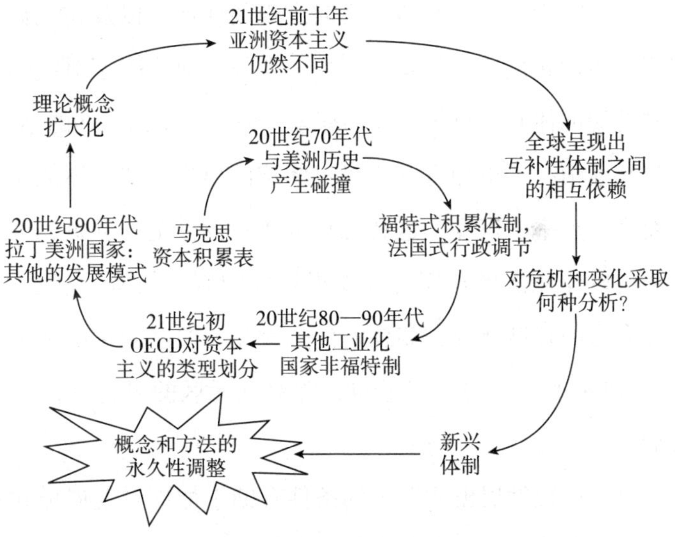

图 11 -2　调节理论研究发展的图形展现

六、21世纪的资本主义：繁复与不确定性

调节理论是否为分析新资本主义形式的可行性和可能性提供了长效工具？答案是不确定的。

一方面，对中国的研究，或者将范围扩大一点，对与中国联系越来越紧密的经济体的研究呈现出十分有趣的前景。大量地方社团的竞争受到政府的干预，而国家掌握着信贷工具和汇率，这导致了一种历史上从未出现过的结构。从地理上讲，世界是有尽头的，当然这也与气候变化的问题有关；但从制度上来说，资本主义的制度结构则是无尽的。

另一方面，福特制与其之前出现的体制，以及与之后承接它的体制相比并不具备典型性。老牌工业化国家对能够承接福特制的体制进行了长期的探索，但并未得到预期的结果。信息和通信技术更加有利于投机泡沫的出现，却并不能帮助全要素生产率的恢复，这就意味着要减少分配的冲突，因为这样可以让经济增长恢复到受损较轻的制度结构的状态下。最强有力的转型涉及积累体制的金融化，但金融化的运动导致了2008年开始的全球危机，并对欧元区的可行性产生了影响。

重新审视发展模式诞生的条件有助于加深对发展模式的理解，但当代世界中多种力量交织的复杂性和多样性似乎为调节理论制造了障碍。

七、徘徊在马克思主义与历史制度主义之间

有了秩序，社会科学理论才能够在某些地方诞生，并且融入历史。为了突出“秩序”一词，调节学派似乎已经与传统的马克思主义渐行渐远了。在历史主义视角下，对调节学派的抨击仅仅局限在其对过去的描述，而全然不顾其在分析和预测方面的贡献。借此机会我们要明确一下当前调节理论与一小部分仍明确坚持马克思主义传统的学者之间的关联。

首先要明确的是，对福特制以及其后续制度的模型化更偏向于卡莱斯基式，而并非典型的马克思主义式的分析。其目的在于说明，在制度化妥协的背景下，所有积累体制蕴含的矛盾是如何能够持续存在的。因此，利润率趋向下降并非资本主义分析的全部。21 世纪初的制度结构首先让我们回想起了对 1929 年危机的分析：尽管利润在增长，但积累却没有得到直接恢复。所以按照制度主义的逻辑来看，显然是积累体制出现了问题。

2008 年金融危机的特征成为调节学派和马克思主义学派共同研究的主题。一方面，新自由主义被证实无法重建切实可行的积累体制（Duménil & Lévy，2005；Husson，2008）：与金融化相关的利润不会再流向老牌工业化国家的生产性资本并对其进行投资；相反对于竞争主导的积累体制而言，中国的利润增长动力起到了打破稳定而非再均衡的作用。另一

方面，想要理解相应的制度结构，就不得不对具体的执政者集团进行分析，例如，美国和中国的执政者就存在巨大差异（Duménil &Lévy，2013b，2014）。至此以后，我们再也不能设想后凯恩斯主义和马克思主义之间存在协同作用（Duménil &Lévy，2013a），同时我们也不能再期待调节学派的内生代谢理论与后凯恩斯主义的模型能够结合并行了（调节杂志，2011，2014）。

新古典宏观经济学理论的崩溃对学术领域的结构化产生了一定影响，在此背景之下，我们对学派亲缘关系梳理的必要性会日渐突出。

大事记年表 调节理论的起源与发展阶段（1976—2015年）

20 世纪

70 年代初期

一些为政府部门（国家经济研究统计局、经济预测署）工作的经济学家，同时也是宏观计量模型的设计者们［Bernard Billaudot（DECA 模型）、Michel Aglietta（FIFI 模型）、Robert Boyer 和 Jacques Mazier（STAR 模型）］观察到自 1967 年起经济规律性出现了矛盾情况：法国失业缓慢但稳定地上升、通货膨胀加速上涨、第一次石油危机后经济增速开始放缓。由于受到米哈尔·卡莱斯基、尼古拉斯·卡尔多以及琼·罗宾逊的启发，同时被资本主义转变的长期分析所吸引，这些经济学家们开始大力发展马克思主义中最具解释力的某些观点。

就这些经济学家而言，其中一部分受到了保罗·波卡拉（Boccara，1974）与国家资本主义（CME）学派的影响，组建了资本主义经济调节研究团体（GRREC），由热拉尔·德塔纳德贝尔尼领导。团体建立了研究当代资本主义转变的分析计划。他们借用了著名认知论领域专家乔治·康吉扬（Canguilhem，1974）提出的“调节”概念，并赋予了其新的含义。

1976 年

米歇尔·阿格列塔出版了 *Régulation et crises du capitalisme*（《调节与资本主义危机》）一书。该书是调节理论一个分支的奠基之作，这一分支日后与国家资本主义学派渐行渐远。20 世纪 70 年代的危机是福特制的危机，在福特制中，雇员的消费是增长的动力。其原因在于集体协议、对信贷货币的管理以及企业集团竞争形式都发生了重大变化。

1977 年

一批来自经济与应用研究中心（Cepremap）的经济学家证实，米歇尔·阿格列塔对法国的研究也适用于美国的情形。19 世纪与两次世界大战之间的竞争式调节接替了福特制的垄断式调节，而两次世界大战中间的时期实际上成为过渡连接期，其标志是1929年危机。

CEPREMAP－CORDÈS，*Approches de l'inflation*（《通货膨胀到来》）：以法国为例。

1978年

ROBERT BOYER，JACQUES MISTRAL，*Accumulation，inflation，crises*（《积累、通货膨胀与危机》）。

1979年

ALAIN LIPIETZ，*Crises et inflation. Pourquoi？*（《危机与通货膨胀，原因何在?》）。

80年代

首批研究成果引发了学者们对调节理论基础的思考（勒内·吉拉尔的拟态理论、对国家职能的分析、阶层斗争替代了阶级斗争等）。

1982年

MICHEL AGLIETTA，ANDRÉ ORLÉAN，*La Violence de la monnaie*（《货币的暴力》）。

1983 年

ROBERT DELORME, CHRISTINE ANDRÉ, *L'État et l'économie*（《国家与经济》）。

1984 年

MICHEL AGLIETTA, ANTON BRENDER, *Les Métamorphoses de la société salariale*（《薪酬型社会的转变》）。

·虽然仍有一部分学者坚持将福特制当作潜在的普世模型，但随着比较研究和对长期历史的分析逐渐增多，研究人员揭开了积累体制的神秘面纱。

MAURICE BASLÉ, JACQUES MAZIER, JEAN－FRANÇOIS VIDAL, *Quand les crises durent*…（《当危机延续时》）。

1985 年

JACQUES SAPIR, *Les Fluctuations économiques en URSS, 1941—1985*（《苏联的经济波动：1941—1985》）。

ALAIN LIPIETZ, *Mirages et miracles*（《梦幻与奇迹》）。

1986 年

CARLOS OMINAMI, *Le Tiers Monde dans la crise*（《危机

中的第三世界》)。

ROBERT BOYER（dir.），*La Flexibilité du travail en Europe*（《欧洲的劳动弹性》)。

PASCAL PETIT, *Slow growth in a service economy*（《服务型经济的慢增长》)。

·此时出现了十年间研究的首次综合：

ROBERT BOYER，*Theéorie de la régulation. Une analyse critique*（《调节理论：一种批判性分析》)。

·格勒诺布尔学派和巴黎学派的研究道路开始分岔：

GRREC，*Crise et régulation*（《危机与调节》)。

Robert BOYER（dir.），*Capitalismes fin de siècle*（《世纪末的资本主义》)。

1988 年

·有关调节理论的国际研讨会在巴塞罗那召开。

ROBERT BOYER, *Les théories de la régulation ：Paris, Barcelone, New York…Réflexions autour du Colloque international sur les théories de la régulation*（《调节理论：巴黎、巴塞罗那、纽约——围绕调节理论国际研讨会的思考》)。

90 年代

这是基础概念深化的第二阶段，同时不同方向和不同领域的研究也日趋专业化：后福特制、国家理论、竞争、金融。调节理论开始与公约理论建立起联系。

1991 年

BENJAMIN CORIAT, *Penser à l'envers*（《反向思考》）。

1992 年

BRUNO THÉRET, *Régimes économiques de l'ordre politique*（《政治秩序的经济体制》）。

1993 年

ROBERT BOYER, JEAN - PIERRE DURAND, *L'Après - fordisme*（《福特主义之后》）。

1994 年

ANDRÉ ORLÉAN, *Analyse économique des conventions*（《对公约的经济分析》）。

Bruno THÉRET, *L'État, la finance, le social*（《国家、金融与社会问题》），我们在其中发现了汇聚 45 位学者的综合研究。

1995 年

ROBERT BOYER，YVES SAILLARD（dir.），*Théorie de la régulation. L'état des savoirs*（《调节理论：知识型国家》）。

90 年代重大制度转变促使研究的兴趣点发生了变化：全球化、欧盟建设与区域一体化；竞争加深；积累的金融化；制度形式等级制假设的崩塌。

1996 年

BERNARD BILLAUDOT，*L'Ordre économique de la société moderne*（《经济秩序与现代社会》）。

1997 年

· *L'Année de la régulation*，n° 1：*Europe et méthodologie des comparaisons internationales.*（《调节学派年鉴第 1 期：欧洲与国际比较研究方法》）。

FRÉDÉRIC LORDON，*Les Quadratures de la politique économique*（《经济政策的未竟之业》）。

ROGERS HOLLINGSWORTH，ROBERT BOYER，*Contemporary capitalism：The embeddedness of institutions*（《当代资本主义：制度嵌入》）。

1998 年

· *L'Année de la régulation*, n°2 : *Économie politique internationale et changements institutionnels*（《调节学派年鉴第 2 期：国际政治经济学与制度变化》）其中包括：

PASCAL PETIT, *Formes structurelles et régimes de croissance de l'après – fordisme*（《后福特制时期的结构形式与增长体制》）。

MICHEL AGLIETTA, *Le capitalisme de demain*（《明日资本主义》）。

Michel AGLIETTA, André ORLÉAN, *La Monnaie souveraine*（《主权货币》）。

1999 年

· *L'Année de la régulation*, *n°*3 : *Politique économique*（《调节学派年鉴第 3 期：经济政策》）。

BERNARD CHAVANCE et al., *Capitalisme et socialisme en perspective*（《未来的资本主义与社会主义》）。

ANDRÉ ORLÉAN, *Le Pouvoir de la finance*（《金融的权力》）。

21 世纪

调节学派研究的定位发生改变，开始参考各类制度主义流派，同时开始被国际社会接纳。调节学派开启了对制度化和历史上宏观经济的研究，也产生了对金融主导积累体制是否可行的争论。有学者就国际化对不同资本主义形式产生的影响，以及资本主义多样化进行了研究。同时调节理论对经济政策的构成和制度改革是否取得成功保持了密切关注。

2010 年前

2000 年

· *L'Année de la régulation*, n° 4 : *Fonds de pension et "nouveau capitalisme"*（《调节学派年鉴第 4 期：退休基金与“新资本主义”》）。

ROBERT BOYER, TOSHIO YAMADA, *Japanese Capitalism in Crisis*（《危机中的日本资本主义》）。

2001 年

· *L'Année de la régulation*, n° 5 : *Économie politique du développement*（《调节学派年鉴第 5 期：发展政治经济学》）。

BERNARD BILLAUDOT, *Régulation et croissance*（《调节与增长》）。

ROBERT BOYER, PIERRE – FRANCOIS SOUIRY, *Mondialisation et régulations*（《全球化与调节》）。

BOB JESSOP, *Regulation Theory and the Crisis of Capitalism*（《调节理论与资本主义危机》）。

STEFANO PALOMBARINI , *La Rupture du compromis social italien*（《意大利社会妥协的中断》）。

· 调节学派论坛，巴黎高等师范学院 Jourdan 校区，3 月 10—12 日。

2002 年

· *L'Année de la régulation*, n° 6 : *Économie politique du capitalisme*（《调节学派年鉴第 6 期：资本主义政治经济学》）。

ROBERT BOYER, *La Croissance début de siècle*（《世纪初的增长》）。

2003 年

· *L'Année de la régulation*, n° 7 : *Les institutions et leurs changements*（《调节学派年鉴第 7 期：制度与变化》）。

BRUNO AMABLE , *The diversity of modern capitalism*（《现代资本主义的多样性》）。

学者们意识到调节学派研究与公约主义研究的差异：将伦理融入研究还是研究制度政治经济学？

SABINE MONTAGNE，*Les métamorphoses du trust*（《托拉斯的转变》）。

2004 年

·*L'Année de la régulation*，n° 8：*Idées et espaces*（《调节学派年鉴第 8 期：观念与领域》）。

MICHEL AGLIETTA，ANTOINE REBÉRIOUX，*Les Dérives du capitalisme financier*（《失控的金融资本主义》）。

·调节学派论坛，索邦大学，6 月 28—29 日，主题为"调节理论身处何处？"

2005 年

·让－皮埃尔·尚托（Jean－Pierre Chanteau）创立调节理论系列研究文献。http：//theorie－regulation. org/fonds－documentaire/working－papers－rr/。

2006 年

BENJAMIN CORIAT et al.（dir.），*The hardship of nations—Exploring the paths of modern xapitalism*（《国家的苦难——探索现在资本主义之路》）。

BOB JESSOP, NGAI – LING SUM, *Beyond the regulation approach—Putting capitalist economies in their place*（《超越调节的方式——让资本主义经济归位》）。

2007 年

·《调节学刊》（1991—2007）停止出版。http：//regulation. revues. org/1691。

·创立半年刊《调节期刊》，可通过网页浏览：http：//regulation. revues. org/。

YANN MOULIER – BOUTANG, *Le Capitalisme cognitif—La nouvelle grande transformation*（《认知资本主义——新重大转变》）。

2008 年

·由于 2008 年危机，调节理论再次受到关注：

MICHEL AGLIETTA, *La Crise. Les voies de sortie*（《摆脱危机之路》）。

CHRISTIAN DU TERTRE, CATHERINE LAURENT (dir.), *Secteurs et territoires dans les régulations émergentes*（《新兴调节的行业与地域》）。

·《调节期刊》特刊，总期第 3 – 4 期：《金融的规范与制度》。

2009 年

· 调节学派论坛，巴黎高等师范学院 Jourdan 校区，12 月 1—2 日。

2010 年后

学者们从国际对比研究（首先针对拉丁美洲地区，后转向亚洲国家）出发回归到发展理论研究。同时分析了欧元对调节模式多样性的影响，调动网络分析来研究这一时期创新的起源。他们也开始关注地缘政治，重拾对制度组成的研究兴趣，试图在研究中融入单一社会科学的研究方式。

2010 年

· 《调节期刊》特刊，总期第 6 – 7 期：《制度、调节与发展》。

DENIS BOYER et al. , *La connexion des réseaux comme facteur de changement institutionnel*（《网络连接是制度变化的要素》）。

JEAN – FRANCOIS VIDAL, *Crises et transformations du modèle social – démocrate suédois*（《瑞典社会民主模式的危机与转变》）。

2011 年

·《调节期刊》特刊，总期第 10 期：《后凯恩斯主义与调节理论：共同观点》。

ROBERT BOYER，*Les financiers détruiront - ils le capitalisme?*（《金融家会摧毁资本主义吗?》）。

·重拾对亚洲的研究兴趣：

ROBERT BOYER，HIROYASU UEMURA，AKINORI ISOKAI，*Diversity and transformations of asian capitalisms*，（《亚洲资本主义的多样性与转变》）。

SÉBASTIEN LECHEVALIER，*La Grande Transformation du capitalisme Japonai*（《日本资本主义的重大转变》）。

·试图寻找新的理论基础：

FRÉDÉRIC LORDON，*L'Intérêt souverain—Essai d'anthropologie économique Spinoziste*（《主权利益——斯宾诺莎的经济人类学论文》）。

2012 年

·《调节期刊》特刊，总期第 11 期：《拉丁美洲的资本主义：从经济学到政治学》。

·一系列关于欧元危机的研究：

MICHEL AGLIETTA，*Zone euro. Éclatement ou fédération*

（《欧元区：分裂或走向联邦制》）。

·针对新自由主义的研究：

BRUNO AMABLE et al., *L'Économie politique du néolibéralisme*（《新自由主义政治经济学》）。

·与经济社会学趋同：

WOLFGANG STREECK, *Du temps acheté. La crise sans cesse ajournée du capitalisme démocratique*（《争取的时光——民主资本主义无限推迟的危机》）。

2013 年

·《调节期刊》特刊，总期第 13 - 15 期：《亚洲的政治经济学》。

·《调节期刊》特刊，总期第 14 期：《围绕奥斯特罗姆：普遍性、物权与方法论制度主义》。

·对欧元危机的研究：

Cambridge Journal of Economics: *Contribution to political economy.*（《剑桥经济学报：对经济政策的贡献》）。

JACQUES MAZIER et al., *L'Économie mondiale en* 2030（《2030 年的世界经济》）。

ANDRÉ ORLÉAN, *L'Empire de la valeur—Refonder l'économie*（《价值王国——重建经济》）。

2014 年

·《调节期刊》特刊，总期第 16 期：《革新后凯恩斯主义宏观经济学》。

2015 年

·《调节期刊》特刊，总期第 17 期：《健康的政治经济学》。

·对调节理论的自我反思：

ROBERT BOYER，*La Théorie de la régulation au fil du temps*（《时间长河中的调节理论》）。

PIERRE ALARY，ELSA LAFAYE DE MICHAUX，*Capitalismes asiatiques et puissance Chinoise—Diversité et recomposition des trajectoires nationales.*（《亚洲资本主义与中国力量——国家发展路径的多样性与重组》）。

·调节学派国际研讨会“研究与调节 2015：危机时期的调节理论”，6 月 10—12 日，巴黎。

参考书目 | REFERANCE BIBLIOGRAPHY

ABOITÈS J., MIOTTI L. E. et QUENAN C. [1995], « Les approches régulationnistes et l'accumulation en Amérique latine », *in* BOYER R. et SAILLARD Y. (dir.), *Théorie de la régulation. L'état des savoirs*, La Découverte, Paris, 2002, p. 467-475.

ACEMOGLU D. et ROBINSON J. A. [2012], *Why Nations Fail. The Origins of Power, Prosperity, and Poverty*, Crown, New York.

— [2015], « The rise and decline of general laws of capitalism », *Journal of Economic Perspectives*, vol. 29, n° 1, p 3-28.

AGHION P., CAROLI E. et GARCIA-PENALOSA C. [1999], « Inequality and economic growth : the perspectives of the new growth theories », *Journal of Economic Literature*, vol. 37, n° 4, p. 1615-1660.

AGLIETTA M. [1976], *Régulation et crises du capitalisme*, Calmann-Lévy, Paris, 2e édition 1982. Réédition, nouvelle préface, Odile Jacob, Paris, 1997.

— [1995], *Macroéconomie financière*, tomes 1 et 2, La Découverte, « Repères », Paris, nouvelle édition 2001.

— [1998], « Le capitalisme de demain », *Notes de la Fondation Saint-Simon*, Paris, novembre.

— [2008], *La Crise. Les voies de sortie*, Michalon, Paris.

— [2012], *Zone euro. Éclatement ou fédération*, Michalon, Paris.

AGLIETTA M. et BRAND T. [2013], *Un New Deal pour l'Europe*, Odile Jacob, Paris.

AGLIETTA M. et BRENDER A. [1984], *Les Métamorphoses de la société salariale. La France en projet*, Calmann-Lévy, « Perspectives de l'économique », Paris.

AGLIETTA M. et ORLÉAN A. [1982], *La Violence de la monnaie*, PUF, Paris.

— (dir.) [1998], *La Monnaie souveraine*, Odile Jacob, Paris.

— [2002], *La Monnaie : entre violence et confiance*, Odile Jacob, Paris.

AGLIETTA M., ORLÉAN A. et OUDIZ G. [1980a], « L'industrie française face aux contraintes de change », *Économie et Statistique*, n° 119, février, p. 35-63.

— [1980b], « Contraintes de change et régulations macroéconomiques nationales », *Recherches économiques de Louvain*, vol. 46, n° 3, septembre, p. 175-206.

AGLIETTA M. et REBÉRIOUX A. [2004a], « Du capitalisme financier au renouveau de la social-démocratie », *Prisme*, n° 5.

— [2004b], *Les Dérives du capitalisme financier*, Albin Michel, Paris.

AKERLOF G. [1970], « The market for "Lemons". Quality uncertainty and the market mechanisms »,

Quarterly Journal of Economics, n° 84, p. 488-500.

— [1984], *An Economic Theorist's Book of Tales*, Cambridge University Press, Cambridge.

AKERLOF G. et SHILLER R. [2009], *Animal Spirits. How Human Psychology Drives the Economy and Why it Matters for Global Capitalism*, Princeton University Press, Princeton.

ALARY P. [2009], « La genèse de la monnaie : les théories économiques face aux enseignements de l'anthropologie et de l'histoire », *Cahiers d'économie politique/Papers in Political Economy*, 2009, vol. 1, n° 56, p. 129-149.

ALARY P. et LAFAYE DE MICHAUX E. [2015], *Capitalismes asiatiques et puissance chinoise. Diversité et recomposition des trajectoires nationales*, Presses de Sciences Po, Paris.

ALBERT M. [1991], *Capitalisme contre capitalisme*, Seuil, Paris.

ALLOUCHE J. et AMANN B. [2000], « L'entreprise familiale, un état de l'art », *Finance, Contrôle, Stratégie*, vol. 3, n° 1 p. 33-79.

AMABLE B. [2003], *The Diversity of Modern Capitalism*, Oxford University Press, Oxford.

AMABLE B., BARRÉ R. et BOYER R. [1997], *Les Systèmes d'innovation à l'ère de la globalisation*, OST/Economica, Paris.

AMABLE B., GUILLAUD E. et PALOMBARINI S. [2012], *L'Économie politique du néolibéralisme. Le cas de la France et de l'Italie*, Éditions de l'ENS, Paris.

AMABLE B. et PALOMBARINI S. [2005], *L'Économie n'est pas une science morale*, Raisons d'agir, Paris.

ANDERSSON J. [2006], *Between Growth and Security. Swedish Social Democracy from a Strong Society to a Third Way*, Manchester University Press, Manchester.

ANDRÉ C. [2007], « Les typologies des systèmes de santé en Europe. Quelles évolutions ? », *Économie appliquée*, vol. 40, n° 1, p. 37-68.

— [2014], « Un "noyau dur" des systèmes de santé ? Le cas de l'Europe en longue période », *Document de travail*, Cepremap.

ANDRÉ C. et DELORME R. [1980], « Matériaux pour une comparaison internationale des dépenses publiques en longue période. Le cas de six pays industrialisés », *Statistiques et études financières*, ministère de l'Économie, des Finances et du Budget, Paris.

— [1991], « Deux siècles de finances publiques. De l'État circonscrit à l'État inséré », *Revue d'économie financière*, numéro spécial, p. 45-58.

AOKI M. [1988], *Information, Incentives and Bargaining in the Japanese Economy*, Cambridge University Press, Cambridge.

— [2001], *Fondements d'une analyse institutionnelle comparée*, Albin Michel, Paris, 2006.

— [2010], *Corporations in Evolving Diversity. Cognition, Governance, and Institutions*, Oxford University Press, Oxford.

— [2013], « Historical sources of institutional trajectories in economic development : China, Japan and Korea compared », *Socio-Economic Review*, vol. 11, n° 2, p. 233-263.

AOKI M., GUSTAFSSON B. et WILLIAMSON O. [1990], *The Firm as a Nexus of Treaties*, Sage, Londres.

ARROW K. *et al.* [1995], « Economic growth, carrying capacity, and the environment », *Science*, n° 268, avril, p. 520-521.

ARTHUR W. B. [1989], « Competing technologies, increasing returns, and lock-in by historical events », *Economic Journal*, n° 99, p. 116-131.

— [1994], *Increasing Returns and Path Dependence in the Economy*, The University of Michigan Press, Ann Arbor.

ARTUS P. [2014], « Comment va vraiment l'Allemagne », *Flash économie*, n° 698, 16 septembre.

BARAN P. et SWEEZY P. [1970], *Le Capitalisme monopoliste*, Maspero, Paris.

BARTOLI P. et BOULET D. [1989], « Dynamique et régulation de la sphère agroalimentaire. L'exemple viticole », thèse d'État, université de Montpellier-I, Inra-ESR.

— [1990], « Conditions d'une approche en termes de régulation sectorielle. Le cas de la sphère viticole », *Cahiers d'économie et sociologie rurales*, n° 17, p. 7-38.

BASLÉ M., MAZIER J. et VIDAL J.-F. [1984], *Quand les crises durent...*, Economica, Paris, nouvelle édition 1993.

BATIFOULIER P. (dir.) [2001], *Théorie des conventions*, Economica, Paris.

BÉBÉAR C. [2003], *Ils vont tuer le capitalisme*, Plon, Paris.

BECKERT J. [2015], *Imagined Futures. Fictional Expectations and Capitalist Dynamics*, Princeton University Press, Princeton.

BECKERT J. et RAZA W. G. [2000], « Theory of regulation and political ecology. An inevitable separation ? », *Économies et Sociétés*, n° 11, p. 55-70.

BÉNASSY J.-P. [1984], *Macroéconomie et théorie du déséquilibre*, Dunod, Paris.

BÉNASSY J.-P., BOYER R. et GELPI R.-M. [1979], « Régulation des économies capitalistes et inflation », *Revue économique*, vol. 30, n° 3, mai 1979, p. 397-441.

BENKO G. et LIPIETZ A. [2000], *La Richesse des régions. La nouvelle géographie socioéconomique*, PUF, Paris.

BEREND I. [2009], *From the Soviet Bloc to the European Union. The Economic and Social Transformation of Central and Eastern Europe since 1973*, Cambridge University Press, Cambridge.

BERGÈRE M.-C. [2007], *Capitalisme et capitalistes en Chine, XIXe-XXe siècles*, Perrin, Paris.

BERLE A. A. et MEANS G. [1932], *The Modern Corporation and Private Property*, Transaction Publishers, The State University, New Brunswick, réédition 1991.

BERTOLDI M. [1989], « The growth of Taiwanese economy : 1949-1989. Success and open problems of a model of growth », *Review of Currency Law and International Economics*, vol. 39, n° 2, p. 245-288.

BERTRAND H. [1983], « Accumulation, régulation, crise : un modèle sectionnel théorique et appliqué », *Revue économique*, vol. 34, n° 6, mars.

BILLAUDOT B. [1996], *L'Ordre économique de la société moderne*, L'Harmattan, Paris.

— [2001], *Régulation et croissance. Une macroéconomie historique et institutionnelle*, L'Harmattan, Paris.

BILLAUDOT B. et GAURON A. [1985], *Croissance et crise*, La Découverte, Paris.

BLAIR M. M. [2003], « Shareholder value, corporate governance, and corporate performance », *in* CORNELIUS P. K. et KOGUT B. (dir.), *Corporate Governance and Capital Flows in a Global Economy*, Oxford University Press, Oxford, p. 53-82.

BLANCHARD O. [2008], « The state of macro », *NBER Working Paper*, n° 14259, août.

— [2011], « Rewriting the macroeconomists' playbook in the wake of the crisis », blog du *Huffington Post*, 3 avril.

BLYTH M. [2002], *Great Transformations. Economic Ideas and Institutional Change in the Twentieth Century*, Cambridge University Press, Cambridge.

— [2008], « The secret life of institutions : on the role of ideas in evolving economic », *Revue de la régulation*, n° 3-4, automne.

BOCCARA P. [1974], *Études sur le capitalisme monopoliste d'État*, Éditions sociales, Paris.

BOISMENU G. et PETIT I. [2008], *L'Europe qui se fait. Regards croisés sur un parcours inachevé*, Éditions de la MSH, Paris.

BOISOT M. et CHILD J. [1996], « From fiefs to clans and network capitalism : explaining China's emerging economic order », *Administrative Science Quarterly*, vol. 41, n° 4, décembre, p. 600-628.

BOISVERT V. et VIVIEN F.-D. [2012], « Towards a political economy approach to the Convention on Biological Diversity », *Cambridge Journal of Economics*, vol. 36, n° 5, p. 1163-1179.

BOLTANSKI L. et CHIAPELLO E. [1999], *Le Nouvel Esprit du capitalisme*, Gallimard, Paris.

BOLTANSKI L. et THÉVENOT L. [1991], *De la justification*, Gallimard, Paris.

BORDO M., EICHENGREEN B., KLINGEBIEL D. et MARTINEZ-PERIA M. S. [2001], « Is the crisis problem growing more severe ? », *Economic Policy. A European Forum*, n° 32, p. 53-82, avril.

BOURDIEU P. [1980], *Le Sens pratique*, Minuit, Paris.

BOUVIER J. [1973], *Un siècle de banque française*, Hachette, Paris.

— [1989], *L'Historien sur son métier*, Éditions des archives contemporaines, Paris.

BOWLES S. [1998], « Endogenous preferences : the cultural consequences of markets and other economic institutions », *Journal of Economic Literature*, n° 36, p. 75-111.

BOWLES S. et BOYER R. [1990], « Notes on employer collusion, centralized wage bargaining and aggregate employment », *in* BRUNETTA R. et DELL'ARINGA C., *Labour Relations and Economic Performances*, McMillan, Londres, p. 304-352.

BOWLES S., GORDON D. M. et WEISKOPF T. E. [1986], *L'Économie du gaspillage. La crise américaine et les politiques reaganiennes*, La Découverte, Paris.

— [1995], « Wages, aggregate demand, and employment in an open economy : a theoretical and empirical investigation », *in* EPSTEIN G. et GINTIS H. (dir.), *Macroeconomic Policy after the Conservative Era : Studies in Investment, Saving and Finance*, Oxford University Press, Oxford.

BOYER D. et BOYER R. [2004], « Les outils d'analyse des réseaux appliqués aux élites bourguignonnes dans l'entre-deux-guerres », *Ronéotype*, Unam et Cepremap, 18 juillet.

BOYER D., BOYER R. et LAFERTÉ G. [2010], « La connexion des réseaux comme facteur de changement institutionnel. L'exemple des vins de Bourgogne », *in* WEISBUCH G. et ZWIRN H. (dir.), *Qu'appelle-t-on aujourd'hui les sciences de la complexité ? Langages, réseaux, marchés, territoires*, Vuibert, « Philosophie des sciences », Paris, p. 73-101.

BOYER R. [1978], « Les salaires en longue période », *Économie et Statistique*, n° 103, septembre 1978, p. 27-57.

— [1985], « The influence of Keynes on French economic policy : past and present », *in* WATTEL H. J. (dir.), *The Politicy Consequences of John Maynard Keynes*, M. E. Sharpe, New York, p. 77-115.

— [1986a], *Théorie de la régulation. Une analyse critique*, La Découverte, Paris.

— (dir.) [1986b], *La Flexibilité du travail en Europe*, La Découverte, Paris.

— (coord.) [1986c], *Capitalismes fin de siècle*, PUF, Paris.

— [1988a], « Formalizing growth regimes », *in* Dosi G., Freeman C., Nelson R., Silverberg G. et Soete L. (dir.), *Technical Change and Economic Theory*, Pinter, Londres.

— [1988b], « Les théories de la régulation : Paris, Barcelone, New York... Réflexions autour du Colloque international sur les théories de la régulation », Barcelone, 16-17-18 juin 1988, *Revue de synthèse*, n° 2, avril-juin, p. 277-291.

— [1989], « Wage labor nexus, technology and long run dynamics : an interpretation and preliminary tests for the US », *in* Di Mateo M., Goodwin R. M. et Vercelli A. (dir.), *Technological and Social Factors in Long Term Fluctuations, Lecture Notes in Economics and Mathematical Systems*, n° 321, Springer Verlag, Berlin, p. 46-65.

— [1990a], « Le bout du tunnel ? Stratégies conservatrices et nouveau régime d'accumulation », *Économies et sociétés*, série « Théorie de la régulation », R, n° 5, décembre, p. 5-66.

— [1990b], « Les problématiques de la régulation face aux spécificités sectorielles. Perspectives ouvertes par la thèse de Pierre Bartoli et Daniel Boulet », *Cahiers d'économie et sociologie rurales*, n° 17, p. 40-76.

— [1991], « Cinquante ans de relations entre économistes et historiens : réflexions d'un économiste sur les cas de la France et des États-Unis », *Le Mouvement social*, n° 155, avril-juin, p. 67-101.

— [1993], « D'une série de "National Labour Standards" à un "European Monetary Standard" ? », *Recherches économiques de Louvain*, vol. 59, n° 1-2, p. 119-153.

— [1994], « Do labour institutions matter for economic development ? » *in* Rodgers G. (dir.), *Workers, Institutions and Economic Growth in Asia*, ILO/ILLS, Genève, p. 25-112.

— [1995], « The future of unions », *British Journal of Industrial Relations*, vol. 33, n° 4, décembre, p. 545-556.

— [1998], « Hybridization and models of production : geography, history, and theory », *in* Boyer R., Charron E., Jürgens U. et Tolliday S. (dir.), *Between Imitation and Innovation*, Oxford University Press, Oxford, p. 23-56.

— [1999a], *Le Gouvernement de la zone euro*, La Documentation française, Paris.

— [1999b], « Le lien salaire/emploi dans la théorie de la régulation. Autant de relations que de configurations institutionnelles », *Cahiers d'économie politique*, n° 34, L'Harmattan, Paris, p. 101-161.

— [2000a], « Les mots et les réalités », *in* Cordelier S. (dir.), *Mondialisation, au-delà des mythes*, La Découverte, Paris, p. 13-56.

— [2000b], « Is a finance-led growth regime a viable alternative to fordism ? A preliminary analysis », *Economy and Society*, vol. 29, n° 1, février, p. 111-145.

— [2000c], « The unanticipated fallout of European monetary union : the political and institutional deficits of the euro », *in* Crouch C., *After the Euro*, Oxford University Press, Oxford, p. 24-88.

— [2000d], « The political in the era of globalization and finance : focus on some regulation school research », *International Journal of Urban and Regional Research*, vol. 24, n° 2, p. 274-322.

— [2001], « L'économiste face aux innovations qui font époque : les relations entre histoire et théorie », *Revue économique*, vol. 52, n° 5, septembre, p. 1065-1115.

— [2002a] « L'après-consensus de Washington : institutionnaliste et

systémique ? » *L'Année de la régulation*, vol. 5, p. 13-56.
— [2002b], *La Croissance, début de siècle. De l'octet au gène*, Albin Michel, Paris.
— [2002c], « Variété des capitalismes et théorie de la régulation », *L'Année de la régulation*, n° 6, p. 182.
— [2002d], « Institutional reforms for growth, employment and social cohesion : elements for a European and national agenda », *in* Rodrigues M. J. (dir.), *The New Knowledge Economy in Europe. A Strategy for International Competitiveness and Social Cohesion*, Edward Elgar, Cheltenham, p. 146-202.
— [2007], « Comment concilier solidarité sociale et efficacité économique à l'ère de la globalisation : une lecture régulationniste », *in* Paugam S. (dir.), *Repenser la solidarité. L'apport des sciences sociales*, PUF, Paris, p. 887-914.
— [2011a], « Succès et résilience de l'industrie allemande », *Les Cahiers du Lasaire. Susciter une nouvelle ambition industrielle pour la France*, n° 42, mars, p. 25-52.
— [2011b], *Les financiers détruiront-ils le capitalisme ?* Economica, Paris.
— [2011c], « Are there laws of motion of capitalism ? », *Socio-Economic Review*, vol. 9, n° 1, p. 59-81.
— [2011d], « A new epoch but still diversity within and between capitalism : China in comparative perspective », *in* Lane C. et Wood G. T. (dir.), *Capitalist Diversity and Diversity within Capitalism*, Routledge, Abingdon, p. 32-68.
— [2012a], « The unfilled promises, but still the power of finance. An invitation to a post-positivist economics », *CRESC Conference*, université de Manchester, 7 septembre.
— [2012b], « The four fallacies of contemporary austerity policies : the lost Keynesian legacy », *Cambridge Journal of Economics*, n° 36, p. 283-312.
— [2013a], « Les crises financières comme conflit de temporalité », *Vingtième Siècle*, n° 117, janvier-mars, p. 69-88.
— [2013b], « The present crisis : a trump for a renewed political economy », *Review of Political Economy*, vol. 25, n° 1, janvier, p. 1-38.
— [2013c], « The euro crisis : undetected by conventional economics, favoured by nationally focused polity », *Cambridge Journal of Economics*, n° 37, 533-569.
— [2013d], « Origins and ways out of the euro crisis : supranational institution building in the era of global finance », *Contributions to Political Economy*, n° 32, 7 juin, p. 97-126.
— [2014], « Is more equality possible in Latin America ? A challenge in a world of contrasted but interdependent inequality regimes », *Working Paper Series*, n° 67.
— [2015a], « The success of Germany from a French perspective : what consequences for the future of the European Union ? », *in* Unger B. (dir.), *The German Model. Seen by its Neighbours*, Hans-Böckler-Stiftung/SE Publishing, Düsseldorf.
— [2015b], « How institutional competitiveness emerged from complementarities between Nordic welfare and innovation systems », *in* Borras S. et Seebrooke L. (dir.), *Sources of National Institutional Competitiveness. Sense-Making and Institutional Change*, Oxford University Press, Oxford, à paraître.
— [2015c], « Le Japon : de la production frugale à un régime anthropogénétique », *in* Paugam A., Ribera T., Tubiana L. et Pachauri R. K. (dir.), *Regards sur la*

terre 2015. Construire un monde durable, Armand Colin, Paris.

— [2015d], « Political organization matters : comparing the reaction to the 2008 world crisis of the North American federal government, the fuzzy European governance and the Chinese party-state », *SASE Conference*, LSE, Londres, 2-4 juillet.

— [2015e], *La Théorie de la régulation au fil du temps*, MSH Paris Nord, Paris, à paraître.

BOYER R. et CAROLI E. [1993], « Production regimes, education and training systems : from complementarity to mismatch ? », *in* BUECHTEMANN C. et SOLOFF D. (dir.), *Education, Training and the Economy*, Fondation Russel Sage, New York.

BOYER R., CHAVANCE B. et GODARD O. (dir.) [1994], *Les Figures de l'irréversibilité en économie*, Éditions de l'EHESS, Paris.

BOYER R. et CORIAT B. [1985a], « Innovations dans les institutions et l'analyse monétaires américaines : les *greenbacks* "revisités" », *Annales. Économies, Sociétés, Civilisations*, n° 6, novembre-décembre, p. 1330-159.

— [1985b], « Marx, la technique et la dynamique longue de l'accumulation », *in* CHAVANCE B. (dir.), *Marx en perspective*, Éditions de l'EHESS, Paris, juin, p. 419-457.

BOYER R. et DEHOVE M. [2006], « La construction européenne. Finalités politiques, normes juridiques et biens publics », *Prisme*, n° 8.

BOYER R., DEHOVE M. et PLIHON D. [2004], *Les Crises financières : analyse et propositions*, Rapport du Conseil d'analyse économique, n° 50, La Documentation française, Paris.

BOYER R. et DURAND J.-P. [1993], *L'Après-fordisme*, Syros, Paris.

BOYER R. et FREYSSENET M. [2000], *Les Modèles productifs*, La Découverte, « Repères », Paris.

BOYER R. et JUILLARD M. [2002], « Les États-Unis : Adieu au fordisme ! » *in* BOYER R. et SAILLARD Y. (dir.), *Théorie de la régulation. L'état des savoirs*, La Découverte, Paris, p. 378-388.

BOYER R. et MISTRAL J. [1978], *Accumulation, inflation, crises*, PUF, Paris, 2e édition 1982.

BOYER R. et NEFFA J. C. (dir.) [2004], *La Crisis argentina (1976-2001). Una vision desde la theorias institucionalistas y regulacionistas*, Miño y Davila, Madrid/Buenos Aires.

— [2007], *Salida de crisis y estrategias alternativas de desarollo. La experiencia argentina*, Miño y Davila, Madrid/Buenos Aires.

BOYER R. et ORLÉAN A. [1991], « Les transformations des conventions salariales entre théorie et histoire », *Revue économique*, n° 2, mars, p. 233-272.

— [1992], « How do conventions evolve ? », *Journal of Evolutionary Economics*, n° 2, p. 165-177.

BOYER R. et SAILLARD Y. (dir.) [1995], *Théorie de la régulation. L'état des savoirs*, La Découverte, Paris, 2002.

BOYER R. et SCHMÉDER G. [1990], « Un retour à Adam Smith », *Revue française d'économie*, vol. 5, n° 1, hiver, p. 125-159.

BOYER R. et SOUIRY P.-F. (dir.) [2001], *Mondialisation et régulations*, La Découverte, Paris.

BOYER R., UEMURA H. et ISOKAI A. (dir.) [2011], *Diversity and Transformations of Asian Capitalisms*, Routledge, Londres, p. 243-263.

BOYER R et YAMADA T. (dir.) [2000], *Japanese Capitalism in Crisis*, Routledge, Londres.

BRAUDEL F. [1979], *Civilisation matérielle, économie et capitalisme, XV-XVIIIe siècle*, 3 tomes, Armand Colin, Paris.

BRESSER-PEREIRA L. C. [2009], *Mondialisation et compétition. Pourquoi certains pays émergents réussissent et d'autres non*, La Découverte, Paris.

BRUNO M. [2008], « Régulation et croissance économique au Brésil après la libéralisation : un régime d'accumulation bloqué par la finance », *Revue de la régulation*, nº 3-4, automne.

BUECHTEMANN C.H. (dir.) [1993], *Employment Security and Labor Market Behavior*, Cornell University Press, Ithaca.

CANGUILHEM G. [1974], « Régulation », *Encyclopaedia Universalis*, vol. 14.

CAROLI E. [1993], « Les fonctions du système éducatif vues par les économistes : quelques conceptions fondatrices », *Éducation et Formations*, nº 35, p. 53-59.

CARSON R. [2010], « The environmental Kuznets curve : seeking empirical regularity and theoretical structure », *Review of Environmental Economics and Policy*, vol. 4, nº 1, p. 3-23.

CASTELLS M. [1998], *La Société en réseaux*, Fayard, Paris, 2001.

CEPAL [2012], « Cambio estructural para la igualdad. Una visión integrada del desarrollo », *Trente-quatrième session de la CEPAL*, San Salvador, Nations unies, août.

CEPREMAP-CORDÈS [1977], « Approches de l'inflation : l'exemple français », BÉNASSY J.-P., BOYER R., GELPI R.-M., LIPIETZ A., MISTRAL J., MUNOZ J. et OMINAMI C., *Rapport de la convention de recherche*, nº 22/176, décembre.

— [1978], « Approches de l'inflation : l'exemple français », *Recherches économiques et sociales*, nº 12, La Documentation française, Paris, octobre, p. 7-59.

CHANDLER A. [1977], *La Main visible des managers*, Economica, Paris, 1988.

CHANG H.-J. [2002], *Kicking Away the Ladder. Development Strategy in Historical Perspective*, Anthem Press, Londres.

CHAVAGNEUX C. et FILIPPONNAT T. [2014], *La Capture. Où l'on verra comment les intérêts financiers ont pris le pas sur l'intérêt général et comment mettre fin à cette situation*, La Découverte, Paris.

CHAVAGNEUX C. et PALAN R. [2012], *Les Paradis fiscaux*, La Découverte, « Repères », Paris, 3e édition.

CHAVANCE B. et MAGNIN É. [2006], « Convergence and diversity in national trajectories of post-socialist transformation », *in* CORIAT B., PETIT P. et SCHMÉDER G. (dir.), *The Hardship of Nations. Exploring the Paths of Modern Capitalism*, Edward Elgar, Cheltenham.

CHAVANCE B., MAGNIN É., MOTAMED-NEJAD R. et SAPIR J. [1999], *Capitalisme et socialisme en perspective. Évolution et transformations des systèmes économiques*, La Découverte, Paris.

COASE R. [1937], « The nature of the firm », *Economica*, vol. 4, nº 16, p. 386-405.

CORDEN M. et NEARY P. [1982], « Booming sector and de-industrialisation in a small open economy », *The Economic Journal*, vol. 92, nº 368, p. 825-848.

CORIAT B. [1991], *Penser à l'envers*, Bourgois, Paris.

— [1995], « La France : un fordisme brisé... sans successeur », *in* BOYER R. et SAILLARD Y. (dir.), *Théorie de la régulation. L'état des savoirs*, La Découverte, Paris, p. 389-397, 2002.

CORIAT B., PETIT P. et SCHMÉDER G. (dir.) [2006], *The Hardship of Nations. Exploring the Paths of Modern Capitalism*, Edward Elgar, Cheltenham.

CORIAT B. et WEINSTEIN O. [1995], *Les Nouvelles Théories de l'entreprise.*

Une présentation critique, Le Livre de Poche, Hachette, Paris.

— [2005], « La construction sociale des marchés », *Lettre de la régulation*, n° 53, septembre.

COUNCIL OF ECONOMIC ADVISERS [1996], *Economic Report of the President of the United States*, Diane Publishing Company, Darby.

CROUCH C. (dir.) [2000], *After the Euro*, Oxford University Press, Oxford.

CROUCH C. et FARRELL H. [2002], « Breaking the path of institutional development ? Alternatives to the new determinism », *Rationality and Society*, vol. 16, n° 1, p. 5-43.

DAVEZIES L. [2015], *Le Nouvel Égoïsme territorial. Le grand malaise des nations*, Seuil, « La République des idées », Paris.

DAVID P. [1985], « Clio and the economics of QWERTY », *American Economic Review*, vol. 75, n° 2, p. 332-337.

— [2002], « Cooperation, creativity and the closure in scientific research networks », *in* TOUFFUT J.-P. (dir.), *Innovation and Growth. Selected Economic Papers*, Edward Elgar, Cheltenham.

DEBREU G. [1954], *La Théorie de la valeur*, Dunod, Paris.

DEFALVARD H. [1992], « Critique de l'individualisme méthodologique revu par l'économie des conventions », *Revue économique*, n° 43.

— [2000], « L'économie des conventions à l'école des institutions », *Document de travail*, Centre d'études de l'emploi, n° 2, juillet.

DEHOVE M. [1997], « L'Union européenne inaugure-t-elle un nouveau grand régime d'organisation des pouvoirs publics et de la société internationale ? », *L'Année de la régulation*, n° 1, p. 11-86.

DELORME R. (dir.) [1996], *À l'Est du nouveau. Changements institutionnels et transformations économiques*, L'Harmattan, Paris.

DELORME R. et ANDRÉ Ch. [1983], *L'État et l'économie. Un essai d'explication de l'évolution des dépenses publiques en France, 1870-1980*, Seuil, Paris.

DESTANNE DE BERNIS G. [1977], « Une alternative à l'hypothèse de l'équilibre économique général : la régulation de l'économie capitaliste », *in* GRREC, *Crise et régulation. Recueils de textes*, tome 1, *1979-1983*, université de Grenoble-2, Grenoble, 1983, p. 12-51.

DOMENACH J.-L. [2008], *La Chine m'inquiète*, Perrin, Paris.

DOSI G. [2000], *Innovation, Organization and Economic Dynamics. Selected Essays*, Edward Elgar, Cheltenham.

DOSI G. et SALVATORE R. [1992], « The structure of industrial production and the boundaries between firms and markets », *in* STORPER M. et SCOTT A. (dir.), *Pathways to Industrialization and Regional Development*, Routledge, Londres.

DOUGLAS M. [1986], *Comment pensent les institutions*, La Découverte, Paris, 1999.

DUMÉNIL G. et LÉVY D. [2002], *Économie marxiste du capitalisme*, La Découverte, « Repères », Paris.

— [2005], « Costs and benefits of neoliberalism : a class analysis », *in* EPSTEIN G., *Financialization and the World Economy*, Edward Elgar, Aldershot.

— [2013a], « Macroeconomics of Keynesian and Marxian inspirations : toward a synthesis », *in* TAYLOR L., REZAI A. et MICHL T., *Social Fairness and Economics. Economic Essays in the Spirit of Duncan Foley*, Routledge and Kegan Paul, Londres/Boston.

— [2013b], *The Crisis of Neoliberalism*, Harvard University Press, Harvard.

— [2014], *La Grande Bifurcation*, La Découverte, Paris.

DU TERTRE C. [1989], *Technologie, flexibilité, emploi. Une approche sectorielle du post-taylorisme*, L'Harmattan, Paris.

— [1994], « Le changement du travail : le rôle majeur des "relations de services" », *Document IRIS*, université de Paris-Dauphine.

— et LAURENT C. (dir.) [2008], *Secteurs et territoires dans les régulations émergentes*, L'Harmattan, Paris.

EICHENGREEN B. et O'ROURKE K. H. [2009], « A tale of two depressions », *Vox*, 1er septembre.

— [2010], « What do the new data tell us ? », *Vox*, 8 mars.

ELBAUM B. et LAZONICK W. [1984], « The decline of the British economy : an institutional perspective », *The Journal of Economic History*, vol. 44, n° 2, p. 567-583.

ÉLIE L., ZUINDEAU B., BÉCUE M., CAMARA M., DOUAI A. et MEUNIÉ A. [2012], « Approche régulationniste de la diversité des dispositifs institutionnels environnementaux des pays de l'OCDE », *Revue de la régulation*, n° 12, automne.

EMMENEGGER P., HÄUSERMANN S., PALIER B. et SEELEIB-KAISER M. (dir.) [2012], *The Age of Dualization. The Changing Face of Inequality in Desindustrializing Societies*, Oxford University Press, Oxford.

ESPING-ANDERSEN G. [1990], *The Three Worlds of Welfare Capitalism*, Princeton University Press, Princeton.

EYMARD-DUVERNAY F. [1989], « Conventions de qualité et formes de coordination », *Revue économique*, vol. 40, p. 329-359.

— [2004], *Économie politique de l'entreprise*, La Découverte, « Repères », Paris.

FAUCHER-KING F. et LE GALÈS P. [2010], *L'Expérience New Labour, 1997-2009*, Presses de Sciences Po, Paris.

FAVEREAU O. [1989], « Organisation et marché », *Revue française d'économie*, vol. 4, n° 1, hiver, p. 65-96.

— [1993a], « L'économie de l'action collective », *in* CHAZEL F. (dir.), *Action collective et mouvements sociaux*, PUF, « Sociologie », Paris, p. 251-256.

— [1993b], « Théorie de la régulation et économie des conventions : canevas pour une confrontation », *Lettre de la régulation*, mai.

— [1997], « L'incomplétude n'est pas le problème, c'est la solution », *in* REYNAUD B. (dir.), *Les Limites de la rationalité*, La Découverte, « Recherches », Paris, p. 219-233.

FAVEREAU O., DUPUY J.-P., EYMARD-DUVERNAY F., ORLÉAN A., SALAIS R. et THÉVENOT L. [1989], « Introduction, marchés internes, marchés externes », *Revue économique*, mars, p. 141-145 et 273-328.

FEDERAL RESERVE [2014], *FOMC Statement Press Release*, Washington, DC.

FELLMAN S., HJERPPE R. et HJERPPE R. [2008], « Sweden », *in* FELLMAN S., IVERSEN J. M., SJÖGREN H. et THRUE L. (dir.) [2008], *Creating Nordic Capitalism. The Business History of a Competitive Periphery*, Palgrave Macmillan, New York.

FELLMAN S., IVERSEN J. M., SJÖGREN H. et THRUE L. (dir.) [2008], *Creating Nordic Capitalism. The Business History of a Competitive Periphery*, Palgrave Macmillan, New York.

FLIGSTEIN N. [1990], *The Transformation of Corporate Control*, Harvard University Press, Cambridge.

— [2001], *The Architecture of Markets. An Economic Sociology of Capitalist Societies*, Princeton University Press, Princeton.

FOURCADE M. [2009], *Economists and Societies*, Princeton University Press, Princeton.

FOURCADE M. et KHURANA R. [2013], « From social control to financial economics : the linked ecologies of economics and business in twentieth-century America », *Theory and Society*, n° 42, p. 121-159.

FOURCADE M., OLLION E. et ALGAN Y. [2015], « The superiority of economists », *The Journal of Economic Perspectives*, vol. 29, n° 1, p. 89-113.

FRANK R. H. [2010], *La Course au luxe. L'économie de la cupidité et la psychologie du bonheur*, Markus Haller, Paris.

FRANK R. H. et COOK P. J. [2010], *The Winner-Take-All Society. Why the Few at the Top Get So Much More Than the Rest of Us*, Virgin Books, New York.

FREEMAN C. [1986], *The Economics of Industrial Innovation*, MIT Press, Cambridge.

— [1987], *Technology Policy and Economic Performance. Lessons from Japan*, Pinter, Londres.

FREYSSENET M., MAIR A., SHIMIZU K. et VOLPATO G. [1998], *One Best Way? Trajectories and Industrial Models of the World's Automobile Producers*, Oxford University Press, Oxford.

FRIEDSON E. [1986], *Professional Powers*, Chicago University Press, Chicago.

FROUD J., MORAN M. et WILLIAMS K. [2012], « Stories and interests in finance : agendas of governance before and after the financial crisis », *Governance*, vol. 25, n° 1.

FUKUYAMA F. [1992], *La Fin de l'histoire et le dernier homme*, Flammarion, Paris.

GARCIA M.-F. [1986], « La construction sociale d'un marché parfait : le marché au cadran de Fontaines-en-Sologne », *Actes de la recherche en sciences sociales*, n° 65, novembre, p. 2-13.

GINTIS H. [2000], « Strong reciprocity and human sociality », *Journal of Theoretical Biology*, n° 206, p. 169-179.

GODECHOT O. [2001], *Les Traders*, La Découverte, « Textes à l'appui », Paris.

GOOD D. et REUVENY R. [2009], « On the collapse of historical civilizations », *American Journal of Agricultural Economics*, vol. 91, n° 4, novembre, p. 863-879.

GOODWIN R. [1967], « A growth cycle », *in* FEINSTEIN C. H. (dir.), *Socialism, Capitalism and Economic Growth*, Cambridge University Press, Cambridge, p. 54-59.

GORDON R. [2012], « Is US economic growth over ? Faltering innovation confronts the six headwinds », *CEPR Policy Insight*, n° 63.

GRAMSCI A. [1978], *Cahiers de prison*, Gallimard, Paris.

GREENSPAN A. [2007], *The Age of Turbulence. Adventures in a New World*, Penguin Press, New York.

— [2013], *The Map and the Territory. Risk, Human, Nature, and the Future of Forecasting*, Penguin Press, New York.

GROSFELD I. [1986], « Modeling planners' investment behavior. Poland 1956-1980 », *Journal of Comparative Economics*, vol. 11, n° 3.

GROSSMAN G. et KRUEGER A. [1995], « Economic growth and the environment », *Quarterly Journal of Economics*, vol. 110, n° 2, p. 353-377.

GRREC [1983 et 1991], *Crise et régulation. Recueils de textes*, tome 1 : *1979-1983*, et tome 2 : *1983-1989*, université de Grenoble-2, Grenoble.

GUERRIEN B. [1996], *L'Économie néoclassique*, La Découverte, « Repères », Paris, 3e édition.

GUIBERT B. [1986], *L'Ordre marchand*, Cerf, Paris.

HACKER J. et PIERSON P. [2011], *Winner-Take-All Politics. How Washington Made the Rich Richer — and Turned its Backs on the Middle Class*, Schuster & Schuster, New York.

HALL P. (dir.) [1989], *The Political Power of Economic Ideas*, Princeton University Press, Princeton.

HALL P. et SOSKICE D. (dir.) [2001], *Varieties of Capitalism. The Institutional Foundations of Comparative*

Advantage, Oxford University Press, Oxford.

— [2002], « Les variétés du capitalisme », *L'Année de la régulation*, n° 6, p. 47-124.

HARADA Y. et TOHYAMA H. [2011], « Asian capitalisms : institutional configurations and firm heterogeneity », *in* BOYER R., UEMURA H. et ISOKAI A. (dir.), *Diversity and Transformations of Asian Capitalisms*, Routledge, Londres, p. 243-263.

HATCHUEL A. [2004], « Repenser la gestion. Un point de vue historique sur les firmes comme innovations institutionnelles », *Lettre de la régulation*, n° 47, p. 1.

HAUSMANN R. et MARQUEZ G. [1986], « Venezuela : du bon côté du choc pétrolier », *in* BOYER R. (dir.), *Capitalismes fin de siècle*, PUF, « Économie en liberté », Paris, p. 141-163.

HAYEK F. VON [1973], *Droit, législation et liberté*, vol. 1 : *Règles et ordre*, University of Chicago Press, Chicago.

HICKS J. R. [1955], « Economic foundations of wage policy », *The Economic Journal*, septembre, p. 389-404.

HILFERDING R. [1970], *Le Capital financier*, Minuit, Paris.

HOCHRAICH D. [2002], *Mondialisation contre développement. Le cas des pays asiatiques*, Syllepse, Paris.

HOLLINGSWORTH R. J. et BOYER R. (dir.) [1997], *Contemporary Capitalism. The Embeddedness of Institutions*, Cambridge University Press, Cambridge.

HOLLINGSWORTH R. J., SCHMITTER P. et STREECK W. [1994], *Governing Capitalist Economies. Performance and Control of Economic Sectors*, Oxford University Press, New York.

HÖPNER M. [2003], « What connects industrial relations with corporate governance ? A review on complementarity », *Mimeograph*, Institut Max Planck, Cologne.

HUCHET J.-F. et XIANGJUN Y. [1996], « Les entreprises d'État chinoises à la croisée des chemins », *Revue Tiers Monde*, vol. 37, n° 147, juillet-septembre, p. 599-627.

HUSSON M. [2008], *Un pur capitalisme*, Page Deux, Paris.

JESSOP B. [1997], « Twenty years of the (Parisian) regulation approach : the paradox of success and failure at home and abroad », *New Political Economy*, vol. 2, n° 3, p. 503-526.

— (dir.) [2001], *Regulation Theory and the Crisis of Capitalism*, Edward Elgar, Cheltenham, 5 volumes, dont *The Parisian Regulation School*, vol. 1, *Regulationist Perspectives on Fordism and Post-Fordism*, vol. 3.

— [2002], *The Future of the Capitalist State*, Polity, Cambridge.

JESSOP B. et SUM N.-L. [2006], *Beyond the Regulation Approach. Putting Capitalist Economies in their Place*, Edward Elgar, Cheltenham.

JIMENEZ J. P. et LOPEZ-AZCUNAGA I. [2012], « De la desigualdad en America Latina ? El rol de la política fiscal », *Working Paper Series*, n° 33, Frei Universität, Berlin.

JUILLARD M. [1993], *Un schéma de reproduction pour l'économie des États-Unis : 1948-1980*, Peter Lang, Paris.

JULLIEN F. [2009], *Les Transformations silencieuses*, Grasset/Fasquelle, Paris.

KAHNEMAN D. [2011], *Thinking, Fast and Slow*, Penguin Books, Londres.

KALANTZIS Y. [2006], « Structure sectorielle et fragilité financière dans les économies émergentes », thèse de doctorat, ENPC, Paris.

KALDOR N. [1963], *Essays on Economic Stability and Growth*, G. Duckworth & Co, Londres.

— [1967], *Strategic Factor in Economic Development*, Ithaca, New York.

KALECKI M. [1943], « Political aspects of full employment », *Political Quarterly*, vol. 14, n° 4, p. 322-331.

KEYNES J. M. [1936], *Théorie générale de l'emploi, de l'intérêt et de la monnaie*, Payot, Paris.

KINDLEBERGER C. P. [1973], *The World in Depression, 1929-1939*, California University Press, Berkeley.

— [1978], *Manias, Panics and Crashes*, Basics Books, New York.

— [1994], *Histoire mondiale de la spéculation financière*, Éditions PAU, Paris.

KNIGHT J. et SHI L. [2005], « Wages, firm profitability and labor market segmentation in urban China », *China Economic Review*, vol. 16, n° 3.

KONDRATIEFF N. [1925], *Les Grands Cycles de la conjoncture*, Economica, Paris, 1992.

KRIPPNER G. R. [2011], *Capitalizing on Crisis. The Political Origins of the Rise of Finance*, Harvard University Press, Cambridge.

KRUG B. et HENDRISCHKE H. [2007], « Framing China : transformation and institutional change through co-evolution », *Management and Organization Review*, vol. 4, n° 1, p. 81-108.

KRUGMAN P. [2000], « Reckonings, blessed are the weak », *The New York Times*, 3 mai.

— [2011a], « Keynes was right », *The New York Times*, 29 décembre.

— [2011b], « Can Europe be saved ? », *The New York Times*, 12 janvier.

KUZNETS S. [1955], « Economic growth and income inequality », *American Economic Review*, n° 45, mars, p. 1-28.

LABROUSSE A. et WEISZ J.-D. (dir.) [2001], *Institutional Economics in France and Germany : German Ordoliberalism Versus the French Regulation School*, Springer, Berlin.

LABROUSSE E. (dir.) [1976], *Histoire économique et sociale de la France*, vol. 2, PUF, Paris.

LABROUSSE E. et BRAUDEL F. [1993], *Histoire économique et sociale de la France*, vol. IV : *1880-1950*, PUF, Paris.

LACROIX A. et MOLLARD A. [1994], « L'approche sectorielle de la régulation, une problématique à partir de l'agriculture », *in* ALLAIRE G. et BOYER R. (dir.), *La Grande Transformation de l'agriculture, lectures conventionnalistes et régulationnistes*, Inra/Economica, Paris.

LAFERTÉ G. [2006], *L'Image de la Bourgogne et de ses vins. Le contrôle politique et culturel du marché*, Albin Michel, Paris.

LAUTIER B. [2012], « La diversité des systèmes de protection sociale en Amérique latine », *Revue de la régulation*, n° 11, 1er semestre.

LECHEVALIER S. [2011], *La Grande Transformation du capitalisme japonais (1980-2010)*, Presses de Sciences Po, Paris.

LEIBENSTEIN H. [1966], « Allocative efficiency *versus* X-efficiency », *American Economic Review*, vol. 66, p. 392-415.

— [1976], *Beyond Economic Man : A New Foundation in Microeconomics*, Harvard University Press, Cambridge.

— [1982], « The prisoners dilemma in the invisible hand : an analysis of intrafirm productivity », *American Economic Review*, vol. 72, n° 2, mai, p. 92-97.

LEMOINE B. [2014], « Discipliner l'État par la dette : la mise en marche et la sectorisation du "problème" de la dette publique », *in* HALPERN C., LASCOUMES P. et LE GALÈS P., *L'Instrumentation de l'action publique*, Presses de Sciences Po, Paris, p. 367-396.

LE RIDER G. [2001], *La Naissance de la monnaie*, PUF, Paris.

LEROY C. [2002], « Les salaires en longue période », *in* BOYER R. et SAILLARD Y. (dir.), *Théorie de la régulation. L'État des savoirs*, La Découverte, Paris, p. 114-125.

LIPIETZ A. [1979], *Crise et inflation, pourquoi ?* Maspero-La Découverte, Paris.
— [1983], *Le Monde enchanté : de la valeur à l'envol inflationniste*, La Découverte, Paris.
— [1985], *Mirages et miracles : problèmes de l'industrialisation dans le Tiers-Monde*, La Découverte, Paris.
— [1998], *La Société en sablier*, La Découverte, Paris.
— [1999], *Qu'est-ce que l'écologie politique ? La grande transformation du XXIe siècle*, La Découverte, Paris.
LIPIETZ A. et LEBORGNE D. [1988], « L'après-fordisme et son espace », *Les Temps modernes*, avril.
LORDON F. [1996], « Formaliser la dynamique économique historique », *Économie appliquée*, tome 49, n° 1, p. 55-84.
— [1997], *Les Quadratures de la politique économique*, Albin Michel, Paris.
— [1999], « Vers une théorie régulationniste de la politique. Croyances économiques et pouvoir symbolique », *L'Année de la régulation*, n° 3, p. 169-207.
— [2000], « La "création de valeur" comme rhétorique et comme pratique. Généalogie et sociologie de la "valeur actionnariale" », *L'Année de la régulation*, vol. 4, p. 115-164.
— [2002], « Théorie de la régulation et politique économique », *in* BOYER R. et SAILLARD Y. (dir.), *Théorie de la régulation. L'état des savoirs*, La Découverte, Paris, p. 198-206.
— [2011], *L'Intérêt souverain. Essai d'anthropologie économique spinoziste*, La Découverte, Paris.
LORENZI H., PASTRÉ O. et TOLEDANO J. [1980], *La Crise du XXe siècle*, Economica, Paris.
LORRAIN D. [2002], « Capitalismes urbains : des modèles européens en compétition », *L'Année de la régulation*, n° 6, p. 195-239.
LUCAS R. E. [1993], « Making a miracle », *Econometrica*, vol. 61, n° 2, p. 251-272.
— [1984], *Studies in Business-Cycle Theory*, The MIT Press, Cambridge.
LUN Z. [2003], *La Vie intellectuelle en Chine depuis la mort de Mao*, Fayard, Paris.
LUXEMBOURG R. [1967], *L'Accumulation du capital*, Minuit, Paris, vol. 1 et 2.
MADDISON A. [2001], *L'Économie mondiale. Une perspective millénaire*, Éditions de l'OCDE, Paris.
MANDEL E. [1978], *La Crise : 1974-1978*, Flammarion, Paris.
MANOW P. [2009], « Electoral rules, class coalitions and welfare state regimes, or how to explain Esping-Andersen with Stein Rokkan », *Socio-Economic Review*, vol. 7, n° 1, p. 101-121.
MARGLIN S. et MYLONDO B. [2014], *L'Économie, une idéologie qui ruine la société*, Éditions du Croquant, Paris.
MARQUES-PEREIRA J. et THÉRET B. [2001], « Régimes politiques, médiations sociales de la régulation et dynamiques macroéconomiques. Quelques enseignements pour la théorie du développement d'une comparaison des caractères nationaux distinctifs du Brésil et du Mexique à l'époque des régimes d'industrialisation par substitution des importations », *L'Année de la régulation*, n° 5, p. 105-143.
MARSHALL A. [1890], *Principes d'économie politique*, Giard et Brière, Paris, 1906.
MARX K. [1890], *Le Capital*, livre I, Les Éditions sociales, Paris, 2015.
MATHIAS G. et SALAMA P. [1983], *L'État surdéveloppé*, La Découverte, Paris.
MAURICE M., SELLIER F. et SILVESTRE J.-J. [1982], *Politique d'éducation et organisation industrielle en France et en Allemagne*, PUF, Paris.

Mazier J., Petit P. et Plihon D. [2013], *L'Économie mondiale en 2030*, Economica, Paris.

Meadows D. et Randers J. [1972], *Les Limites de la croissance (dans un monde fini)*, Rue de l'Échiquier, Paris, 2012.

Ménard C. (dir.) [2000], *Institutions, Contracts and Organizations*, Edward Elgar, Cheltenham.

Milanovic B. [2005], « Can we discern the effect of globalization on income distribution ? Evidence from household surveys », *The World Bank Economic Review*, n° 19, p. 21-44.

Milgrom P. et Roberts J. [1990], « The economics of modern manufacturing : technology, strategy and organization », *American Economic Review*, vol. 80, n° 3, p. 511-528.

Miotti L. et Quenan C. [2004], « Analyse des grandes crises structurelles : le cas de l'Argentine », *in* Boyer R. et Neffa J. C. (dir.), *La Crisis argentina (1976-2001). Una visión desde las theorias institucionalistas y regulacionistas*, Mikno y Darila, Madrid/Buenos Aires.

Miotti E., Quenan C. et Torija Zane E. [2012], « Continuités et ruptures dans l'accumulation et la régulation en Amérique latine dans les années 2000 : le cas de l'Argentine, du Brésil et du Chili », *Revue de la régulation*, n° 11, 1er semestre.

Mistral J. [1986], « Régime international et trajectoires nationales », *in* Boyer R. (dir.), *Capitalismes fin de siècle*, PUF, Paris, p. 167-202.

Mjoset L. [1992], *The Irish Economy in a Comparative Institutional Perspective*, National Economic and Social Council, Dublin.

Montagne S. [2000], « Retraite complémentaire et marchés financiers aux États-Unis », *L'Année de la régulation*, n° 4, p. 13-46.

— [2003], « Les métamorphoses du trust. Les fonds de pensions américains entre protection et spéculation », thèse, université Paris-X-Nanterre, Paris.

Moulier-Boutang Y. [2007], *Le Capitalisme cognitif. La nouvelle grande transformation*, Amsterdam, « Multitudes/Idées », Paris.

Muradian R. [2001], « Ecological thresholds : a survey », *Ecological Economics*, vol. 38, n° 1, p. 7-24.

Musgrave R. [1959], *The Theory of Public Finance. A Study in Public Economy*, McGraw-Hill, New York.

Myant M. et Drahokoupil J. [2010], *Transition Economies. Political Economy in Russia, Eastern Europe, and Central Asia*, John Wiley & Sons, Hoboken.

Nadel H. [1983], *Marx et le salariat*, Le Sycomore, Paris.

Nelson R. (dir.) [1993], *National Innovation Systems. A Comparative Analysis*, Oxford University Press, Oxford.

Nelson R. et Winter S. [1982], *An Evolutionary Theory of Economic Change*, The Belknap Press of Harvard University Press, Harvard.

Nordhaus W. [1975], « The political business cycle », *Review of Economic Studies*, vol. 42, n° 2, p. 169-190.

North D. C. [1990], *Institutions, Institutional Change and Economic Performance*, Cambridge University Press, Cambridge.

Notermans T. [1995], « Social democracy and external constraints », *in* Cox R. W. (dir.), *Spaces of Globalisation*, Guilford, New York.

Oi J. C. [1992], « Fiscal reform and the economic foundations of local state corporatism in China », *World Politics*, vol. 45, n° 1, octobre, p. 99-126.

Oi J. C. et Walder A. G. (dir.) [1999], *Property Rights and Economic Reform in China*, Oxford University Press, Oxford.

Okuma K. [2012], « An analytical framework for the relationship between environmental measures and economic growth based on the regulation theory : key concepts and a simple model », *Evolutionary and Institutional Economics Review*, vol. 9, n° 1, p. 141-168.

OMINAMI C. [1986], *Le Tiers Monde dans la crise*, La Découverte, Paris.

ORLÉAN A. [1999], *Le Pouvoir de la finance*, Odile Jacob, Paris.

— (dir.) [1994], *Analyse économique des conventions*, PUF, « Économie », Paris, nouvelle édition 2004.

— [2004], « Efficience, finance comportementale et convention : une synthèse théorique », *in* BOYER R., DEHOVE M. et PLIHON D. (dir.), *Les Crises financières : analyse et propositions*, rapport du Conseil d'analyse économique, La Documentation française, Paris, p. 241-270.

— [2013], *L'Empire de la valeur. Refonder l'économie*, Seuil, Paris.

PALOMBARINI S. [1999], « Vers une théorie régulationniste de la politique économique », *L'Année de la régulation*, n° 3, p. 97-126.

— [2001], *La Rupture du compromis social italien*, CNRS Éditions, Paris.

PEDERSEN O. [2008], « Corporatism and beyond : the negotiated economy », *in* CAMPBELL J., HALL J. et PEDERSEN O. K., *National Identity and the Varieties of Capitalism. The Danish Experience*, DJOF Publishing, Copenhague, p. 245-270.

PENG Y. [2001], « Chinese villages and townships as industrial corporations. Ownership, governance, and market discipline », *The American Journal of Sociology*, vol. 106, n° 3, mars, p. 1338-1370.

PEREZ C. [2002], *Technological Revolution and Financial Capital. The Dynamics of Bubbles and Golden Ages*, Elgar, Londres.

PETIT P. [1985], *La Croissance tertiaire*, Economica, Paris, 1988.

— [1986], *Slow Growth and the Service Economy*, Frances Pinter, Londres.

— [1998], « Formes structurelles et régimes de croissance de l'après-fordisme », *L'Année de la régulation*, vol. 2, p. 177-206.

PIKETTY T. [2013], *Le Capital au XXIe siècle*, Seuil, Paris.

— [2015], « Putting distribution back at the center of economics », *Journal of Economic Perspectives*, vol. 29, n° 1, p. 67-88.

PIKETTY T. et SAEZ E. [2003], « Income inequality in the United States, 1913-1998 », *Quarterly Journal of Economics*, vol. 118, n° 1, p. 1-39.

PLIHON D. (président) [2002], *Rentabilité et risque dans le nouveau régime de croissance*, rapport du groupe du Commissariat général du Plan, La Documentation française, Paris, octobre.

POINCARÉ H. [1923], *Leçons de mécanique céleste*, J. Gabay, Sceaux, 2003.

POLANYI K. [1944], *The Great Transformation*, trad. fr. Gallimard, Paris, 1983.

POMERANZ K. [2010], *Une grande divergence. La Chine, l'Europe et la construction de l'économie mondiale*, Albin Michel, Paris.

PORTER M. [1985], *Competitive Advantage. Creating and Sustaining Superior Performance*, The Free Press, New York.

POULANTZAS N. [1968], *Pouvoir politique et classes sociales de l'État capitaliste*, Maspero, Paris.

PREBISCH R. [1981], *Capitalismo periférico. Crisis y transformación*, Fondo de Cultura Economica, Mexico.

RAGOT X. [2000], « Division du travail, progrès technique et croissance », thèse EHESS, Paris, 21 décembre.

RAJAN R.G. et ZINGALES L. [2003], *Saving Capitalism from the Capitalists*, Random House, New York.

RAWLS J. [1971], *Théorie de la justice*, Seuil, Paris, 1997.

RÉAL B. [1990], *La Puce et le chômage*, Seuil, Paris.

REICH R. [1991], *L'Économie mondialisée*, Dunod, Paris, 1993.

REINHART C. M. et ROGOFF K. S. [2009], *This Time is Different. Eight Centuries of Financial Folly*, Princeton University Press, Princeton.

Revue de la régulation [2011], *Post-keynésianisme et théorie de la régulation : des perspectives communes*, nº 10.

— [2014], *Renouveler la macroénoconomie postkeynésienne ? Les modèles stock-flux cohérent et multi-agents*, nº 16.

REYNAUD B. [2002], *Operating Rules in Organizations. Macroeconomic and Microeconomic Analysis*, Palgrave Macmillan, Basingstoke.

RIEDEL J. et JIN J. G. J. [2007], *How China Grows. Investment, Finance and Reform*, Princeton University Press, Princeton.

RODRIGUES M. J. (dir.) [2002], *The New Knowledge Economy in Europe. A Strategy for International Competitiveness and Social Cohesion*, Edward Elgar, Cheltenham.

— [2004], *Vers une société européenne de la connaissance. La stratégie de Lisbonne (2000-2010)*, Presses de l'université de Bruxelles, Bruxelles.

ROUSSEAU S. et ZUINDEAU B. [2007], « Théorie de la régulation et développement durable », *Revue de la régulation*, nº 1, juin.

SABEL C. [1997], « Constitutional orders : trust building and response to change », *in* BOYER R. et HOLLINGSWORTH R., *Contemporary Capitalism. The Embeddedness of Institutions*, Cambridge University Press, Cambridge.

SALAIS R. et STORPER M. [1994], *Les Mondes de production*, Éditions de l'EHESS, Paris.

SAPIR J. [1985], *Les Fluctuations économiques en URSS, 1941-1985*, Éditions de l'EHESS, Paris.

— [1998], *Le Krach russe*, La Découverte, Paris.

— [2000], *Les Trous noirs de la science économique. Essai sur l'impossibilité de penser le temps et l'argent*, Albin Michel, Paris.

SCHMITTER P. C. [1990], « Sectors in modern capitalism : models of governance and variations in performance », *in* BRUNETTA R. et DELL'ARINGA C. (dir.), *Labour Relations and Economic Performance*, Palgrave MacMillan, « International Economic Association », Londres.

SEN A. [2012], *Éthique et Économie*, PUF, Paris.

SEO H. J. [1998], « Diversification industrielle des changements du système d'apprentissage : le cas de l'économie coréenne », thèse de doctorat, EHESS, Paris.

SEWELL W. H. [1996], « Three temporalities : toward an eventful sociology », *in* MCDONALD T. J. (dir.), *The Historic Turn in the Human Sciences*, Michigan University Press, Ann Arbor.

SHLEIFER A. [2000], *Clarendon Lectures. Inefficient Markets*, Oxford University Press, Oxford.

SHONFIELD A. [1965], *Le Capitalisme d'aujourd'hui. L'État et l'entreprise*, Gallimard, Paris, 1967.

SIMON H. [1983], *Reason in Human Affairs*, Basil Blackwell, Londres.

— [1997], *Models of Bounded Rationality. Empirically Grounded Economic Reason*, MIT Press, Cambridge.

SONG L. [2001], « The limit of gradual reform without long term perspective : instability of institutional arrangements in mainland China », *Mimeograph*, Nagoya University.

SOROS G. [1998], *The Crisis of Global Capitalism. Open Society Endangered*, Public Affairs, New York.

SPENCE M. [1973], « Job market signaling », *The Quarterly Journal of Economics*, août, p. 353-374.

STACKELBERG H. VON [1934], *Market Structures and Equilibrium*, Springer Verlag, Berlin, 2010.

STARK D. [1997], « Recombinant property in East European capitalism », *in* GRABHER G. et STARK D. (dir.), *Restructuring Networks in Post-Socialism. Legacies Linkages and Localities*, Oxford University Press, Oxford, p. 35-69.

STARK D. et BRUSZT L. [1998], *Postsocialist Pathways. Transforming Politics and Property in East Central Europe*, Cambridge University Press, New York.

STÉCLEBOUT E. [2004], « La formation des politiques économiques européennes. Hétérogénéité, changement institutionnel, processus décisionnels », thèse de doctorat, EHESS, Paris.

STIGLITZ J. E [1987], « Dependence of quality on price », *Journal of Economic Literature*, vol. 25, p. 1-48.

— [2002], *La Grande Désillusion*, Fayard, Paris.

— [2003], *The Roaring Nineties. A New History of the World's Most Prosperous Decade*, W.W. Norton & Company, New York.

— [2012], *The Price of Inequality. How Today's Divided Society Endangers our Future*, W. W. Norton & Company, New York/Londres.

STREECK W. [1997], « German capitalism : does it exist ? Can it survive ? », *in* CROUCH C. et STREECK W. (dir.), *Political Economy of Modern Capitalism. Mapping Convergence et Diversity*, Sage, Londres.

— [2012], *Du temps acheté. La crise sans cesse ajournée du capitalisme démocratique*, Gallimard, Paris, 2014.

STREECK W. et THELEN K. (dir.) [2005], *Beyond Continuity. Institutional Change in Advanced Political Economies*, Oxford University Press, Oxford.

SUGDEN R. [1986], *The Economics of Rights. Cooperation and Welfare*, Basil Blackwell, Oxford.

— [1989], « Spontaneous order », *Journal of Economic Perspectives*, vol. 3, n° 4, p. 85-97.

SUMMERS L. H. [2014], « US economic prospects : secular stagnation, hysteresis and the zero lower bound », *Business Economics*, vol. 49, n° 2, p. 65-73.

SUTTON J. [1991], *Sunk Costs and Market Structure. Price Competition, Advertising and the Evolution of Concentration*, MIT Press, Cambridge.

The Economist [2014], « What Dutch disease is, and why it's bad », 5 novembre.

— [2015], « Rising Chinese wages will only strengthen Asia's hold on manufacturing », 14 mars, p. 61-62.

THELEN K. [2003], « Comment les institutions évoluent : perspectives de l'analyse comparative historique », *L'Année de la régulation*, n° 7, p. 11-43.

— [2009], « Economic regulation and social solidarity : conceptual and analytic innovations in the study in advanced capitalism », *Socio-Economic Review*, octobre, p. 1-21.

THELEN K. et MAHONEY J. [2010], *Explaining Institutional Change. Ambiguity, Agency, and Power*, Cambridge University Press, Cambridge.

THÉRET B. [1992], *Régimes économiques de l'ordre politique : esquisse d'une théorie régulationniste des limites de l'État*, PUF, Paris.

— (dir.) [1994], *L'État, la finance et le social : souveraineté nationale et construction européenne*, La Découverte, Paris.

— [1996a], « Les structures élémentaires de la protection sociale », *Revue française des affaires sociales*, vol. 50, n° 4, p. 165-188.

— (dir.) [1996b], *La Monnaie révélée par ses crises*, Éditions de l'EHESS, Paris, 2007.

— [1997], « Méthodologie des comparaisons internationales, approches de l'effet sociétal et de la régulation : fondements pour une lecture structuraliste des systèmes nationaux de protection sociale », *L'Année de la régulation*, n° 1, p. 163-228.

— [1999], « L'effectivité de la politique économique : de l'autopoïèse des systèmes sociaux à la topologie du social », *L'Année de la régulation*, vol. 3, La Découverte, Paris, p. 127-168.

— [2008], « Le fédéralisme canadien : un modèle pour l'Union européenne ? », *in* Boismenu G. et Petit I., *L'Europe qui se fait. Regards croisés sur un parcours inachevé*, Éditions de la MSH, Paris, p. 22-37.

Thom R. [1972], *Stabilité structurelle et morphogénèse*, Benjamin/Ediscience, New York/Paris.

— [1983], *Paraboles et Catastrophes*, Flammarion, Paris.

Thrift N. [2001], « It's the romance, not the finance that makes the business worth pursuing : disclosing a new market culture », *Economy and Society*, vol. 30, n° 4, p. 412-432.

Tilly C. [2007], *Democracy*, Cambridge University Press, Cambridge.

Tinbergen J. [1952], *On the Theory of Economic Policy*, North Holland, Amsterdam.

— [1991], *Techniques modernes de la politique économique*, Dunod, Paris.

Uni H. [2011], « Increasing wage inequality in Japan since the end of the 1990s : an institutional explanation », *in* Boyer R., Uemura H. et Isogai A. (dir.), *Diversity and Transformations of Asian Capitalisms Power*, Routledge, Londres.

Varian H. [1995], *Analyse microéconomique*, De Boeck, Bruxelles.

Vidal J.-F. [2010], « Crises et transformations du modèle social-démocrate suédois », *Revue de la régulation*, n° 6-7, automne.

— [2010], « Crises et transformations du modèle social-démocrate suédois », *Revue de la régulation*, n° 8, automne.

Visser J. et Hemerijck A. [1997], « *A Dutch Miracle* ». *Job Growth, Welfare Reform and Corporatism in the Netherlands*, Amsterdam University Press, Amsterdam.

Wallerstein I. [1978], *Le Système du monde du xve siècle à nos jours*, Flammarion, Paris.

— [1999], *Le Capitalisme historique*, La Découverte, « Repères », Paris.

Wang J., Nagendra S. et Uemura H. [2011], « Chinese international production linkages and Japanese multinationals : evolving industrial interdependence and coordination », *in* Boyer R., Uemura H. et Isokai A. (dir.), *Diversity and Transformations of Asian Capitalisms*, Routledge, Londres, p. 143-164.

Weber M. [1921], *Économie et Société*, vol. I : *Les catégories de la sociologie*, Pocket, Paris, 2003.

West S. et Mitch A. [2000], *Storyselling for Financial Advisors. How Top Producers Sell*, Kaplan Publishing, Leeds.

White H. C. [2002], *Markets from Networks. Socioeconomic Models of Production*, Princeton University Press, Princeton.

Whitley R. [1984], *The Intellectual and Social Organization of the Science*, Oxford University Press, Oxford.

Williamson O. [1975], *Markets and Hierarchies. Analysis and Antitrust Implications*, The Free Press, New York.

— [1985], *The Economic Institutions of Capitalism*, The Free Press, New York.

Womack J. P., Jones D. T. et Roos D. (dir.) [1990], *The Machine that*

Changed the World, Simon & Schuster, New York.

WTO [2011], « Made in the world initiative. A paradigm shift to analyzing trade », Genève.

XIN K. et PEARCE J. [1996], « Guanxi : connections as substitutes for formal institutional support », *The Academy of Management Journal*, vol. 39, n° 6, décembre, p. 1641-1658.

YAMAMURA K. et STREECK W. (dir.) [2003], *The End of Diversity ? Prospects for German and Japanese Capitalism*, Cornell University Press, Ithaca.

YAN C. [2011], « Analysis of the linkage effect in Chinese export-led growth : according to the subdivisions of Asian international input-output tables », *in* BOYER R., UEMURA H. et ISOKAI A. (dir.), *Diversity and Transformations of Asian Capitalisms Power*, Routledge, Londres.

YANAGAWA N. et GROSSMAN G. M. [1992], « Asset bubbles and endogenous growth », *Journal of Monetary Economics*, vol. 31, n° 1, février, p. 3-19.

ZHAO Z. [2003], « Migration, labor market flexibility and wage determination in China. A review », *Working Paper*, China Center for Economic Growth, novembre.

ZINAM O. [1976], « Peaceful coexistence, US-USSR detente, and the theory of convergence », *Rivista internazionale di scienze economiche e commerciali*, vol. 23, n° 1, janvier, p. 44-65.

ZOU H.-F. [1991], « Socialist economic growth and political investment cycles », *Working Paper*, n° WPS 615, World Bank.

附 录 | APPENDIX

附录Ⅰ 主题词汇翻译索引

A

Accumulation ：积累

— extensive，外延式积累

— intensive，内涵式积累

— intensive avec consommation de masse，带有大众消费的内涵式积累

— périodisation，周期化

— tirée par la finance，金融主导的积累

Voir ：Capital，Régime 详见资本、体制（制度）

AGLIETTA Michel，米歇尔·阿格列塔

Agriculture ：农业

— comme secteur，农业产业

— et crises à l'ancienne，旧式危机

— et régime rentier，食利体制

Allemagne ：德国

— et capitalisme rhénan，莱茵资本主义

B

C

— fondateur，基础性妥协

— institutionnalisé，制度化妥协

Concurrence ：竞争

— comme forme institutionnelle，作为制度形式

— en Chine，在中国

— et construction européenne，与欧洲一体化建设

— et couverture sociale，与社会保障

— et rapport salarial，与劳资关系

— forme de la（ ），竞争形式

— internationale，国际竞争

— régime tiré par la（ ），竞争主导的体制

Configuration ：结构

— institutionnelle，制度结构

— productive，生产（组织）结构

Conflits ：冲突

— capital et gestionnaires d'intérêts，资本与利润管理者

— et justice sociale，社会法制

Constitution，宪令

Voir ：NORTH DOUGLAS 参见诺斯·道格拉斯

Convention ：公约（约定）

— changements des（ ），公约变更

— collectives du travail，劳动的集体公约

D

E

F

G

J

K

L

M

N

Niveaux de régulation ：调节层次

— imbrication des（ ），调节层次的嵌套

— mondial，全球层面调节

— national，国家层面调节

— régional/local，地区/地方调节

— sectoriel，产业层面调节

— supranational，超国家调节

Norme ：标准

— d'effort，付出标准

— de consommation，消费标准

— de qualité，质量标准

— de rendement，回报标准

— environnementale，环境标准

— techniques，技术标准

NORTH DOUGLASS，诺斯·道格拉斯

O

OCDE ：经济合作与发展组织

— analyse comparative des lismes，各种主义的比较分析

Onde longue ：长波

— conséquence de l'interaction entre industrie et ressources naturelles，自然资源与工业相互作用的结果

P

Q

R

S

T

U

V

W

附录Ⅱ　原著致谢及说明

谨以此书献给让 - 保罗·比里乌（Jean - Paul Piriou），他多次问询此书的手稿，却最终无缘见到此书终稿付梓。

同样感谢帕斯卡尔·贡伯玛尔（Pascal Combemale）不断的激励，此书历经多次修改，终稿历时甚久。

如果没有杰奎琳·琼（Jacqueline Jean）的帮助以及她的毅力与才华，本书亦难与读者见面。

本书的第一部分已于2004年以《调节理论：基本原理》为题发表并被收录在 *Repère poche* 系列参考工具书中。